16

十六次境外金融并购

16 Overseas Financial Mergers
and Acquisitions

姜建清◎著

中国金融出版社

责任编辑：李　融　李林子
责任校对：孙　蕊
责任印制：程　颖

图书在版编目（CIP）数据

十六次境外金融并购/姜建清著．—北京：中国金融出版社，2023.6
ISBN 978 - 7 - 5220 - 2043 - 3

Ⅰ.①十…　Ⅱ.①姜…　Ⅲ.①工商银行—企业合并—研究—中国
Ⅳ.①F832.33

中国国家版本馆 CIP 数据核字（2023）第 099441 号

十六次境外金融并购
SHILIU CI JINGWAI JINRONG BINGGOU

出版
发行　中国金融出版社

社址　北京市丰台区益泽路 2 号
市场开发部　（010）66024766，63805472，63439533（传真）
网 上 书 店　www.cfph.cn
　　　　　　　（010）66024766，63372837（传真）
读者服务部　（010）66070833，62568380
邮编　100071
经销　新华书店
印刷　天津市银博印刷集团有限公司
尺寸　169 毫米 ×239 毫米
印张　24.25
字数　319 千
版次　2023 年 6 月第 1 版
印次　2023 年 6 月第 1 次印刷
定价　188.00 元
ISBN 978 - 7 - 5220 - 2043 - 3
如出现印装错误本社负责调换　联系电话（010）63263947

序言：中国工商银行并购之路

    战略并购是许多跨国银行实现国际化、综合化经营的重要手段。20 世纪七八十年代银行并购在全球并购交易中占比为 8.38%，90 年代占比上升至 17.65%。中国工商银行（以下简称工商银行或工行）境外金融并购的首次试水是 1993 年收购香港厦门国际财务有限公司。之后 20 年间工商银行又先后成功完成 15 次金融并购，其中大部分金融并购是在我的任期内完成的。关于境外金融并购的案例介绍不多，而工商银行是境外金融并购最多的一家银行，许多业内人士希望能详尽介绍工商银行境外金融并购的战略目标、决策过程、并购运作、整合过程及并购效果。考虑到工商银行境外金融并购的经验或者教训对正在走向国际化的中国银行业，以及对国内外金融机构和企业都有一定的借鉴作用，于是撰写了此书。

全球并购、金融并购与银行并购

从全球范围看，并购是企业追求协同效应，形成市场控制力，获取优势资产，进入新的地域、行业、市场，强化和扩大核心竞争优势的重要手段。世界财富500强中的绝大多数公司都是数十次甚至数百次并购交易的产物。金融是全球并购交易的多发领域，国外大型跨国银行的成长必然伴随着众多的并购交易。

除中国工商银行之外，中国还有几家大型银行和股份制银行有少数几例并购。但总体看，它们在境外的发展，仍是自我、内生性发展。如果跟当地社会、社区没有多大联系，融入不了当地社会，那很难成功。因此，跨国银行的发展难点是在东道国确立本土化根基。唯有本土化，才能在境外逐步发展壮大。相比自主申设，战略并购投入产出周期较短，可以直接获取目标机构当地的网络、客户、存款基础和本地化经营能力，更容易形成可持续的商业模式。但跨境并购不是一条康庄大道，难度比境内并购大得多。因为它不仅涉及买卖双方的博弈，还涉及不同国家和地区的政治、经济、文化因素，处理不好，成功的捷径就有可能变成苦涩的回乡路。

工行的国际化发展始终坚持自我申设和收购兼并并重，这是工商银行境外发展比较有特色的方面。并购机构现在是工行国际化、综合化发展的主力军。截至2015年末，由并购形成的境外子公司总资产达1914亿美元，净资产为155亿美元，年度实现净利润13亿美元，在工行全部境外机构中的占比超过70%，这当然是并购及在并购后成功运营的结果，但从更长的周期回顾，也可以看到本土化的并购机构的发展比境外分行更具潜力。在并购推动下，截至 2016 年末，工行的国际化网络扩展至 42 个国家和地区，境外机构总资产达 2798 亿美元，拨备后利润 28 亿美元。在 2015 年的前几年增速均保持在 30% 左右，超过境内增速，作为全行新的利润增长点的作用初步显现。截至 2021 年末，工行境外机构已达 49 个国家和地区，境外机构总资产 4898.2 亿美元，拨备后利润 37.64 亿美元（南非标准银行按投资比例计入）。如果把工行境外机构作为一家单独的银行，其资产规模可进入全球千家大银行百强，利润规模与国内一些中型股份制银行相仿。

工行并购的时代背景与环境

20 多年前，很多中国人都不知道什么是并购。今天你百度一下"并购"两个字，就会出现数亿个相关搜索结果。并购对中国人来说已不再陌生。其中最受关注的是跨国并购。联想收购 IBM 的 PC、吉利收购沃尔沃等都曾引起人们热议。以前为什么很少有跨国并购？一是当时中国经济融入全球经济的程度还不深，企业没有跨国并购的需求。当中国企业在采购、销售全球化的时候，不一定需要中国银行业的跟随服务，当中国企业投资、生产和服务全球化的时候，就需有中国银行业的延伸服务。世界资源研究所（WRI）的调查显示，中国"走出去"企业在开展对外投资和并购中所需资金的 80%～90% 源自中国的银行机构。二是当时中国企业不具备跨国并购的实力，包括资金、财务实力，也包括管理能力。随着中国对外投资的加速，人民币国际化进程的推进，境外运营经验的积累，中资企业通过并购向跨国公司发展的条件逐渐成熟，迎来跨境并购的

"黄金时代"。

中国银行业的并购同样具有鲜明的时代特征,工商银行从20世纪90年代开始并购试水,到2000年后的并购加速,至2008年国际金融危机窗口期的并购发力,这与中国银行业发展的阶段特征相吻合,与企业国际化需求相适应,与银行内部管理内控及人才的匹配也基本相适应。

为何选择渐进性并购的道路

境外并购是选择激进并购还是渐进并购道路,始终是银行须面对的一个抉择。大型并购影响巨大、见效较快、效果显著,但缺点是动用资金巨大,收购过程及整合过程风险较大。全球银行业并购领域的失败案例中不少都与大型、超大型并购有关。而小型并购的优缺点正好相反,通常也不太被人关注。但持续的成功小型并购,可以称为渐进并购,往往有积小胜成大胜、积跬步至千里的效果。根据国外机构对6个工业化国家的1700家上市公司并购历史的研究,成功的并购者会在初期做一些小规模的并购,然后逐渐过渡到规模较大的并购,进而逐步进入与核心业务相关的其他领域,增强范围经济。而且企业并购的次数与它能够给股东创造的收益之间存在密切的相关性。一家拥有核心并购能力的企业,其业绩往往超过那些偶尔尝试并购的企业。并购就像是演奏乐器,练习得越多,技巧越精湛。这些实证研究的结论,正为这些年工行所走过的道路所验证,并购的精通来自并购实施中所获得的经验。

"萝卜白菜,各有所爱"。不同企业对收购目标的规模有不同偏好。例如,跨国企业中,GE比较偏向从事大型并购。

思科则对并购较小的企业感兴趣,曾经在 7 年间搞了 70 多次并购。不过,实践证明,大规模并购的风险的确要高于小规模并购,一连串小而美的交易往往胜于一笔大规模交易的效果。事实上,从 1999 年到 2003 年,美国有 75% 的收购案的交易价值都低于 1 亿美元,这还不包括那些没有披露交易价值的交易。

大多数成功收购者有两个有趣的共同点:(1) 被并购公司的规模小,强弱联合是一种更加平稳、渐进的发展方式,风险相对较低,即使失败对集团的冲击也相对较小。在美国,专注小型收购(平均交易规模不到买方规模的 15%)的公司业绩几乎超过专注大型收购(交易规模达到买方规模的 1/3 及以上)的公司业绩的 6 倍。在欧洲,专注小型收购的公司并购成功率是专注大型收购的公司的 1.8 倍。(2) 不断进行交易,收购者可以分为持续型收购者(在整个经济周期内不断实施收购)、经济衰退型收购者(仅在经济衰退期实施收购)、经济扩张型收购者(主要在经济膨胀期实施收购)、经济复苏型收购者(仅在经济萧条和增长交替期实施收购)四类。统计发现,持续型收购者的成功率是最高的。

回顾一下工行的并购路线图,会发现有比较清晰的逻辑:从中国香港市场到新兴市场,再到成熟市场;从收购小型银行到收购主流银行;从收购银行到收购业务线及非银行金融机构。始终量力而行、先易后难,从小型并购起步,从水浅的地方下水,不懈地练习,有把握了再到达能承受的深度,遇到的风险会小一点,也比较容易获得股东和监管机构的支持。

并购实践的几点体会

工行十几次金融并购之所以屡获成功，得益于对每次交易都小心谨慎、如履薄冰，把每次交易的经验都固化成规范化的交易程序。

一是必须有清晰的战略。

并购不是目的，而是为了服务银行长期发展战略的手段。《孙子兵法·计篇》云："夫未战而庙算胜者，得算多也；未战而庙算不胜者，得算少也。多算胜，少算不胜，而况于无算乎！"企业并购如同作战用兵，也要谋定而后动，知止而有得。确定好战略方向后，并购目标选择、尽职调查、价格和协议谈判、并购整合等一系列工作才能朝着一个目标产生合力。那些利润业绩最好、增长最稳定的公司，会严格地投资它们的核心业务，或拓展那些能增强其核心业务的相关领域。

银行跨境并购应着眼长远，追求战略协同，而不追求低买高卖，不致力于短期内银行规模、境外网点以及业务范围的扩张。战略协同主要体现在三方面：首先是并购目标所处的国家和地区一般与中国有一定双边贸易规模，宏观政治经济环境稳定，收益良好。其次是并购目标一般与工行具有较好互补关系，能够通过工行资本、技术、产品、客户等优势的延伸，获得较快发展，或者弥补工行产品服务能力的不足。最后是并购目标一般能与附近国家和地区的机构形成良好协同效应，要有助于实现银行未来长期战略目标。在并购中，要全面、深入地评估并购对银行所带来的整体价值的提升，这种提升不仅是当地经营牌照的获取、市场份额的增加，更在于并购后可能采取的业务分拆、合并、业务条线的协同与整合等，从长期来看，能够实现盈利增长和银行价值的增加，因此我们的并购标的主要着重于发展中国家。国际化经营和多元化发展是近年来国际大型商业银行发展的重要特征和普遍趋势。我国银行业在世界范围内通过跨国并购来推动业务扩张和经营转型也将成为一种常态化的增长方式。兼顾内外经济环境变化，审慎选择并购对象和并购时机，避免盲目扩张，致力于长远发展战略目标的实现。唯有此，我国银行业的国际化之路才能越走越远。

战略执行要有坚持。这种坚持在这个激情澎湃的年代有时是孤独的，要在充满诱惑的时候坚守底线，又要在存在质疑的时候坚定前行。并购时代要坚持自己的节奏、自己的速度，持久而稳健地前行，不要总是期望在100米、1000米，甚至10000米的时候掌声响起来。不要期盼"毕其功于一役"。工行从自身国际化、综合化战略出发，每一步走得都非常扎实。2008年国际金融危机期间，我们抓住一些国家监管放开的窗口期，实现了逆市扩张。金融危机过后，我们也能保持清醒的认识，只做对自己战略效用最大、最能发挥自身优势的并购。

还有一点是要抓住有利的国际窗口机会。中国人做事讲究"天时、地利、人和"。监管政策开放的窗口期和合适的并购对象同时出现的机遇难得，因此一旦出现，要果断抓住。并购首先源自卖方有出售意愿，敌意并购并不受欢迎。所以一旦掌握卖方出售意愿，感觉卖方值得信赖，对目标公司的真正价值心里也有谱儿，该出手时就要出手。

二是必须紧紧守住风险底线。

目前，经济已经高度全球化，但各国仍有不同的经济和金融周期。业务集中在某一区域的银行尽管可以获得特定市场在繁荣时期的高速增长，但经济走势一旦逆转，摆脱困局走出泥潭的难度会很大。银行通过全球业务布局，可以分散不同市场的风险，尽可能熨平周期波动，提升抵御经济周期的能力。

收购兼并要选择风险在承受范围内的并购目标。避免进入一些政治、社会、经济动荡的国家和市场。中国金融机构向海外开拓市场的道路并不平坦，中资企业海外并购失败的案例并不少。2007年，中国某集团投资比利时富通集团，一年多的时间亏损高达228亿元，并在之后与比利时政府进行长达数年的索赔和诉讼；2009年10月某银行入股美国联合银行（UCB），亏损了8.87亿元人民币等。在并购时机选择上，要避免在繁荣期收购。这已经成为业内共识，即便是在危机之后逢低买入，也要审慎选择恰当时机。在危机开始后的很长一段时间内，金融机构资产的问题并未完全暴露，系统性风险尚未彻底释放，被收购方的资产负债表仍会不断恶化，这会给收购方形成极大的负担，甚至会拖垮收购方。并购是有风险的，敢冒一定的风险和过度承担风险在实践中很难区分。一些企业过去由于缺乏约束往往会过分冒险，而激励机制的缺失又会造成"风险嫌恶"，这实际上是一种管理者的懒惰行为。所以要把握好度，处理好取与舍的关系。并购中可能遇到的风险多种多样，每个风险事件都可能使交易功败垂成，因此并购是"沙里淘金"的细活，战略、战术都很重要，战略上要大胆，战术上要心细，既要能够承担一定的风险，又要尽可能防范和规避各种风险。

战术上注重细节体现在几个方面。

首先是尽职调查。工行每次收购都实施了慎重周密的尽职调查。尽职调查可分非现场和现场调查两个阶段。非现场尽职调查主要是审阅目标公司的资料,这些需要审阅的资料范围非常广泛,从公司权属文件、股票到房产证明和物业租赁合同,从历年财务报表到信贷档案,从风险管理制度到业务发展规划,等等。现场尽职调查主要是访谈目标公司管理层,询问和验证非现场尽职调查中发现的问题和潜在风险点,进一步理解目标公司的经营现状和未来发展能力,面对面判断公司管理和运营水平,评估其商业模式有效性和与收购方的战略协同性。除了这两项必需的尽职调查程序,如果目标公司某些领域可能存在风险,工行会组织专项尽职调查,就这些领域详细了解,深入分析,有时就坐在他们的业务人员身边看半天他们的操作。如果签约和尽职调查间隔时间太长,还会在签约前组织补充尽职调查,就尽职调查之后发生的新情况抽查一遍,确认没有新的风险发生。

其次是协议谈判。通过协议对尽职调查期间发现的风险点作出有效的保护。比如,在股份买卖协议中设定对价调整机制以反映签约日到交割日的净资产变化,既激励卖方和被收购机构在此期间勤勉经营,又防范经营风险导致的净资产下降;针对可能造成潜在损失的重大诉讼、税务及监管处罚风险约定卖方赔偿义务;设定可以终止交易的重大不利变化条款等。

全面、深入地了解交易对手的情况,是一项并购交易成功的前提。金融机构交易的复杂性和多样性大大高于其他行业,仅对财务报表进行分析远远不足以全方面了解被并购对象的状况，尤其是涉及跨国并购时，更应该按照严格的流程展开尽职调查，了解当地的行业监管要求、相关法律规范等，及时发现被并购对象在财务和制度上的缺陷，避免遭受损失。要把并购风险防控的关口前移到筛选阶段，让风险过高的项目难以通过这一关。工行股改以来，在部门或管理层层面否决的潜在并购目标有上百个，其中在项目前期初审阶段由总行管理层直接否决的有 50 余个。比如，曾有一家投行来推荐一家日本的消费信贷公司的并购标的，由于不符合我们的发展战略，被我们拒绝了，第二年就传出这家公司破产的消息。2010 年，埃及财政部向工行提出想出售其在当地一家银行的控股权。虽然埃及是工行的空白市场，但工行管理层要求并购工作团队认真论证。2011 年 1 月，又派出工作团队做实地评估，认为当地局势不太稳定，工行管理层果断控制了项目节奏。结果过了一个月，穆巴拉克就下台了，埃及政局陷入动荡。

三是收购价格必须合理。

这是指并购机构未来收益良好，收益率超过银行平均资金回报率，同时要给银行带来诸多方面的综合回报。要在不长的时间将被并购机构纳入工行集团体系，对集团形成协同增值效应；对战略参股机构而言，对集团有良好的财务回报和业务贡献。并购的价格是以价值为基础的。目前银行估值主要采用可比公司法、可比交易法、股息贴现模型法。在实践中，工行会综合三种方法，得出一个较为合理的价格区间，在区间内结合目标公司的净资产溢价确定具体价格，溢价主要是看目标公司能够带来的中长期价值。

交易中遇到的实际情况可能非常复杂。尽管有 PE、PB、成本、收入及成长性等可比数据，但很多因素会影响估值判断。比如交易个案的特殊性，竞购对象稀缺而缺乏可比性，市场在繁荣、萧条期的价格差异等。还有人的心理也容易受到环境的影响，难以做到完全理性和客观。往往在并购市场追涨杀跌，其实市场不景气时价格反而相对低，但由于对未来的预期不好，这时的并购往往难以得到董事会或股东支持。所以必须坚持价值判断，从战略回报角度审视目标机构的真正价值。说得通俗一点就是，如何赚钱、在哪里赚钱以及能赚多少钱，如实反映到交易对价里。

四是必须做到整合便利。

并购如同婚姻，恋爱结婚只是开始，婚后两个人的磨合与包容更重要。但实践中，收购方很容易把注意力放在并购对象的短期财务回报上，而忽略战略目的和长期财务投资价值，缺乏对后期整合的全面系统考虑。麦肯锡在2006年的一项统计显示，过去20年全球大型企业并购事件中，真正取得预期效果的仅50%，而中国企业有67%的海外并购失败，整合不力是核心死结。整合是并购中最重要、最艰难的环节。如果并购方在整合、管理及在改变被并购方的经营绩效方面有及时有效的作为，其能力就容易被并购对象迅速认可。

金融并购除了合理的目标选择外，成功的并购整合是重要经验。当您花了钱投资在一家公司，而又没有管理权，那就只能看着它出问题。所以当您花了钱，就必须负起责任把这家公司经营管理好，把风险控制好。当然，整合要在坚持最终控制的前提下，结合投资主题和被并购机构的特点因地制宜，对于旨在拓展产品、客户取得范围经济的并购，宜做好重点业务和运营领域的选择性整合。对旨在拓展地域或扩大市场份额创造规模经济的并购，则要做好全方位整合以实现成本节省并提高资本利用率。总之，要紧扣能够产生价值这个核心，确保整合真正带来价值。

并购后的整合可以简单概括为以下几个步骤：第一步，稳定人心。工行的做法是，坚持本地化用人原则。另外，行动要快，才能达到安抚人心的目的。再有就是组成两行管理人员共同参与的过渡团队，为交割后的经营管理和整合做准备。第二步，树立信心。通过注入资本、业务和客户资源等措施让被并购企业迅速提升业绩，从而使其对新股东的资源优势、管理模式和业务能力产生信赖并提高信心。第三步，融入集团。整合母子公司的战略、业务、产品使之产生协同效应，始终坚持本地化特色并发挥集团规模优势。第四步，整合系统。工行在境外的并购特别是中小收购，一般会把被收购机构的系统纳入工行统一的 FOVA 系统（境外机构综合业务处理系统）。通过更换被并购机构的系统，实现集团一体化和本土化统筹，不让被并购银行成为孤岛，利用榕树理论加快其发展。选择恰当的并购对象与时机是摆在大型银行国际化道路上的一项重要挑战。第五步，融合文化，"海纳百川，有容乃大"。所谓文化融合，就是以开放的思维，构建兼容并蓄、平等和谐、齐心协力的公司文化。文化融合是一个长期的过程。要尊重被并购方员工和管理层的文化习俗，尊重他们的宗教信仰，使他们心情舒畅并恢复工作效率，融入新公司和新团队。要多沟通，迅速形成新公司统一的愿景，逐步建立新公司统一的价值观和公司文化。新公司的主要负责人应善于沟通和倾听，具有文化的包容性，避免管理文化有剧烈冲突。在并购后，要特别注意经营、税务、用工方面的守法合规。

五是并购需注意的其他事项。

控股权、管理权收购与财务投资性收购。股权收购有两类。一类是控股权、管理权收购，又称为战略性收购，一般收购股比在 50% 以上，或收购股比少一些，但与目标企业有战略合作安排，而且对目标企业董事会有较强控制力。另一类是财务性收购，一般收购股比在 20% 左右。战略性收购主要是为了拓展市场，或者获取新的资源和能力来充实企业的主营业务，着眼长远的发展和收益。财务性收购主要是为了从投资对象获得短期收益。工行的并购一般都是控股权收购。迄今为止，在完成的交易中收购南非标准银行 20% 股权是唯一一次参股收购，相对而言，对非控股权企业的管理更困难一些。需要投资方运用多方面的智慧。

利益相关方的关系处理。并购一家企业后，并购方进入了一个全新的环境。要真正融入新环境、在新环境中站稳脚跟，就要处理好与客户、员工、其他股东等利益相关方的关系。这中间很重要的是要学会"换位思考"。对被收购机构的其他股东，要坚持以诚相待，保持及时有效沟通。

公司治理与董事会的设置。公司治理是现代企业制度的核心。工行在设计被并购机构治理架构时，一般坚持几个原则：首先是符合监管要求，其次是确保贯彻集团战略意图，最后是保持本地化的灵活性和创新性。举个例子，工银安盛的前身是金盛人寿，51% 股份由国际保险业巨头法国安盛集团持有。时任安盛集团董事长亨利·德·卡斯特里（Henri de Castries）第一次跟工行谈合作时，就想在未来的合作中继续起主导作用。但我一开始就跟亨利讲，工行进入保险领域，不仅是为了建设一家中国最好的保险公司，还要在全世界产生一定的影响力，因此工行一定要控股。如果安盛接受降低持股比例的安排与工行合作，工行一定会全力支持这家保险公司的发展，几年后合资保险公司发展起来的时候，安盛集团按照降低后股比享有的利益，可能是现在收益的几倍甚至几十倍。亨利和安盛集团管理层最终被工行设计的合资公司发展战略及前景打动，工行获得了60%股权。但安盛集团认为，自己是全球最大的保险公司之一，最了解保险行业，应该由它来具体管理收购后的公司。工行则提出，工行在国内的网点和渠道优势是保险业务发展最关键的资源，所以管理权应该给工行。经过反复磋商，工行设计了"执行董事长＋总裁、副总裁＋管理委员会"的管理架构，工行派出执行董事长和副总裁、安盛派出总裁，工行、安盛集团、五矿集团三方股东均在管理委员会中占据一定数量席位。这既是一种妥协的结果，也实现了多赢。2015年末工银安盛总资产规模突破660亿元，全年实现保费收入235.4亿元，同比增长53%，在合资和银行系寿险公司中均排名第一。在经营中间安盛公司逐步了解工行的管理和文化，增强了信任，最终将董事长和总裁职位都给了工行。

监管政策与政商关系。一方面，要尊重东道国（地区）监管政策。比如，印度尼西亚央行限制银行把数据输出境外，虽然工行一直坚持数据集中的科技战略，但为尊重监管要求，工银印度尼西亚仅采用了集团统一的系统架构，而把数据留在当地。另一方面，要积极促进当地经济社会发展。针对形形色色的"中国威胁论"和"新殖民论"，要坚持经济效益与商业道德并重，服务好中国与东道国的贸易及投资往来，支持中国企业参与当地能源、矿产、基础设施项目，帮助东道国引进资金和技术，促进当地产业发展、生活和就业改善，扩大与东道国经济社会发展的利益共同点，营造"和实生物"的良好氛围。

社会责任。被并购机构要想实现可持续发展，还要在东道国（地区）主动承担社会责任，注意环境和知识产权保护，在当地社会树立可信赖、负责任的企业形象。

国际化人才与国际经理人队伍建设。金融业的竞争很大程度上是人才的竞争。中国商业银行走向国际，必须要有一支素质过硬的国际经理人队伍。工行派到境外的干部，都是骨干和精英，除了外语好，业务和管理能力强，文化适应能力也比较强。有些干部回国后已经走上了总行和部门、分行的主要领导岗位。工行在境外机构中一直坚持本地化用人原则，本地雇员比例超过90%，在被并购机构中还要更高一些。这些本地雇员中不乏国际水准的管理人员，这大大充实了工行的国际经理人队伍。

工行还实施了两项国际化培训项目。其一，2007年启动了国际资格认证培训项目。通过全行统一考试选拔学员参加集中培训，帮助学员考取国际权威资格认证。可参加的认证培训已从最初的4种，发展到目前的9大类19种，涵盖金融投资、风险管理、财资管理等主要业务领域。2015年末，全行持证人数1.1万人，在业界保持领先。其二，启动了国际化人才培训项目。每年选派200人进行为期1年的境外学习研修与工作实践，准备用10年时间培养出2000名具有国际视野、战略思维及较强领导能力的国际化管理人才。培训采取"境内培训＋境外研修＋境外实践"的方式，参训学员先在国际著名高校研修，然后赴各跨境金融企业开展工作实践，已累计培训学员近500人。

收购上市公司的利与弊。并购有时会遇到标的是上市公司的情况。工行收购的泰国 ACL 银行是上市银行，后来为加快发展实施了退市。2010年工银亚洲从香港联交所退市，结束了其37年的上市历程。收购上市银行能带来一定好处，比如可以提高收购方在当地市场的知名度，从当地资本市场募集资金等。但母子公司同为上市公司，子公司上市的意义就不大了。子公司是上市公司，控股方注资提高子公司资本充足水平可能会因小股东牵制而受限，影响子公司快速发展。子公司还需要频繁召开股东大会和董事会，管理和决策成本较高，信息披露的成本也较高。这些都需要结合公司战略综合考量。

工行收购兼并得到了国家有关部门，人民银行、银保监会，财政部和中投公司大力支持，同时也得到了董事会、高管层和监事会的大力支持。还特别要感谢专事收购兼并工作的历任董秘和战略管理和投资者管理部的辛勤付出。感谢支持工行收购兼并的有关部门和机构。

结语

并购是一门非常复杂的科学，也是一种艺术。曾经在一次国际会议上，主办方让我就并购演讲，我开玩笑说，两句话就足以总结：并购使成功者更加成功，使失败者更加失败，或者使成功者失败，使失败者成功。并购是一门实践的科学，不是在课堂上所能学到的，每一个并购对象都不一样，每一个并购案例又截然不同，按照书本的经验和知识，不能确保并购成功，因为它极其复杂，千差万别，需要大量的实践经验。并购是一个战场，而不是铺满玫瑰的花园，许多轰轰烈烈的、市场寄予厚望的并购常常以无声无息的、令人失望的结局告终。并购成功只不过是成功的第一步，只有整合成功，释放协同效应，才能达到战略并购的预期。还有收购兼并是一个持续的过程，昨天的成功，不代表今天和明天的成功。市场随时变化，环境不断变迁，你如果不应时而变，昨天的成功有可能变成今天和明天的失败。

今天中国企业已迈入全球化时代，并购将成为中国企业向跨国公司发展的利器。在中国银行业中，工行走在了跨国并购的前列，积累了一些经验和教训。我在这里抛砖引玉，希望中国企业以足够开阔的视野、足够冷静的头脑、足够过人的智慧和胆略，以战略为先导，妥善处理好战术细节，做好风险防范，积极应对挑战，将来一定会在世界并购史上写下浓墨重彩的篇章。

2023 年 1 月

目录

第一章

浅滩试水
工商银行境外并购的初次尝试

—— 厦门国际财务公司的收购始末

中国银行业早期国际化的尝试

中国银行业走向海外，虽然已有百年历史，但真正有了大的发展还是在改革开放之后。追溯历史，早在清朝末年，山西的一群商人建起了全国性质的钱庄，从此有了早期遍布全国的信用体系网。当时由于通商活跃，山西商人们已将眼光投到了海外，1907 年 6 月 19 日，山西祁县"合盛元"票号在日本神户开设了第一家分行，从事汇兑和国际借贷业务。此后又在日本的东京、横滨、大阪、下关及朝鲜的仁川、新义州、南奎山等地设立分部。这便是最早的中国金融机构在海外投资的例子。之后山西的永泰裕票号和宝丰隆票号在印度的加尔各答设过分号。一些票号在俄罗斯、日本、朝鲜有分号。1897 年 5 月，中国第一家银行——中国通商银行在上海成立，比西方在中国最早设立的外资银行——丽如银行迟了半个世纪。1908 年 3 月交通银行成立，比上海汇丰银行也晚了 40 多年。清末民初，中国官办银行资本及资金实力比票号更加雄厚，当时中国两家最大的银行分别是始建于 1908 年的交通银行和始建于 1912 年的中国银行，1913 年交通银行总资产约为 813 万英镑，实收股本约为 77 万英镑，纯益约为 6 万英镑；中国银行的总资产约为 317 万英镑，实收股本约为 29 万英镑，纯益约为 3 万英镑。1913 年，交通银行的总资产为当时全球 20 大银行平均资产的 11.3%，为其中最小银行总资产的 18.4%；中国银行的上述两项占比分别为 4.4% 和 7.2%[①]

1908 年（清光绪三十四年）11 月 20 日，交通银行设立了香港分号，1912 年改称香港分行，隶属于广东分行，后受京钞停兑影响，于 1923 年 3 月暂停营业达 12 年之久。1934 年 11 月 27 日交通银行香港分行复业，并以此日为创办日期。交通银行当时在香港只有一个营业点和 36 名员工，以经营押汇和汇兑业务为主。之后交通银行设立在海防、河内、加尔各答、仰光的各分行，均由香港分行负责管辖。香港分行成为当时一个重要的管辖行。1929 年中国银行在英国伦敦设立了分行，这是中资银行在海外设立并持续营业最早的银行。之后，中国银行又在大阪、新加坡、纽约等地开设了 4 家海外机构，1942 年后相继在悉尼、利物浦和哈瓦那等地设立了 6 个行处，使海外机构初具规模。当时中资海外机构的设立，固有商业贸易服务需要，亦有外交政治需求考量，银行业务比较单一，业务规模不大，主要经营与中国外贸汇兑、结算及融资业务，或者当地中国城的华人业务。在一个相当长的历史时期内，近代中国本土银行虽然在国内市场得到政府一定的支持，但由于没有海外分支机构，无法独立开展国际汇兑业务，与外资银行相比存在较大差距，这也使中国在对外贸易融资活动中只能处于附庸地位。当时中国对外贸易成交额和款项调拨额约有 80% 通过上海，而仅上海汇丰

---

① 姜建清：《世界金融百年沧桑记忆 2》，中信出版集团，2019。

银行一家买卖外汇数额就经常占上海外汇市场成交总额的60% ~ 70%。

中华人民共和国成立后，中国银行业仿效苏联，实行以中国人民银行为核心的大一统的财政金融体系。由于国际的封锁，我国长期处于比较封闭的状态，中国银行业"国际化"的脚步处于停滞状态。1978年12月，党的十一届三中全会召开，邓小平在会上提出"解放思想，实事求是"的重要论述，开启了中国改革开放的大门。之后，我国经济体制发生了较大变革，对外开放成为改革的推动力。全党工作重点转移到社会主义现代化建设上来。中国的银行业改革开始启动，中国农业银行、中国银行先后从中国人民银行中分离出来。中国人民建设银行也从财政部独立出来。中国工商银行成立于1984年1月1日，由于直接承接了原由中国人民银行经营的全国城镇居民储蓄存款和工商信贷业务，在成立初年已经拥有1690亿元人民币的存款和2470亿元人民币的贷款，成为中国最大的银行。

1979年，国务院颁布了《关于经济改革的十五项措施》，其中明确提出"允许出国办企业"。在这一政策的号召下，我国一些贸易企业从自身经营发展的需要出发，开始在境外设立窗口从事外贸进出口业务，初步探索了"走出去"的发展路径。它们通过新建、收购等方式在境外建立了一些企业。截至1986年底，我国共批准在境外开办非贸易型企业约261家，累计投资额为4.8亿美元，这些企业分布的国家和地区扩大至53个，其中中国港澳地区最多，合营项目达65项，其次是美国31项，日本为16项，泰国为12项。这一时期的中资企业对外投资大多是尝试性质，投资领域主要集中于餐饮、国际承包工程、咨询服务和其他服务行业。国家出台政策鼓励出口、限制进口，配合外贸体制改革，实行外汇留成办法以调动企业积极性，同时加强留成外汇管理。中国外汇管理体制也逐步实行了政企职责分开，中国人民银行加强了外汇集中管理，经营外汇的金融机构也由一家为主变为多家经营。

随着中国改革开放的不断深化和外向型经济的发展，对外贸易和以特区、开放城市为主体的经济的"内引外联"进展迅速，1980 年 8 月，第五届全国人大常委会第十五次会议批准深圳、珠海、汕头和厦门四个城市为经济特区。1987 年底至 1988 年初，中国国家领导人三次考察了沿海地区，指出沿海地区经济正面临有利机遇，沿海地区必须有领导、有计划、有步骤地走向国际市场，进一步参与国际交流和国际竞争，大力发展外向型经济。因此自 20 世纪 90 年代初开始，国家相继在内陆地区，尤其是内陆的边境和沿江地区开放了一批港口城市和省会城市。开放区域的扩大，促进了我国对外贸易、吸引外资等方面的快速增长。1986 年 7 月，我国正式提出关于恢复我国关贸总协定缔约国地位的申请，从此开始了艰苦的"复关"谈判。

在改革开放的大背景下，当时被赋予了外汇专营使命的中国银行首先迈出了设立境外机构的第一步。1979 年，中国银行卢森堡分行设立，成为改革开放以来中国银行业在境外设立的第一家营业性机构。随后，中国银行先后在纽约（1981 年）、巴黎（1981 年）、开曼群岛（1982 年）、悉尼（1985 年）、东京（1986 年）、澳门（1987 年）和法兰克福（1989 年）等地设立了分支机构。在这一时期，除中国银行外，工商银行、农业银行和建设银行由于专业分工不同，并未在境外设立分支机构，其国际业务的重点为在境内从事外汇业务，并和境外银行建立代理行关系。

首家股份制银行——交通银行的情况比较特别。其历史是这样的，1954 年 6 月，中共中央、政务院决定在交通银行原有机构和干部基础上建立中国人民建设银行。实行一个机构，挂建设银行、交通银行两个牌子。建设银行办理基本建设拨款，交通银行办理公私合营企业财务监督与管理。1955 年，随着公私合营企业的增加，交通银行与建设银行又分设。截至 1955 年底，交通银行在全国共有分支机构 78 个。1958 年，除交通银行香港分行继续营业外，交通银行国内各项业务并入中国人民银行和中国人民建设银行，保留交通银行总管理处名义，划归中国人民银行领导。交通银行香港分行成为中银集团成员。1986年7月24日，国务院批准重新组建交通银行，因为银行选址在上海，而上海原先就有交通银行，因此定名交通银行。1986年原在人民银行的交通银行总管理处迁址上海。1987年4月1日，重新组建的交通银行在上海正式开业，成为中国第一家股份制商业银行。不过除总管理处这个名称外，重新组建的交通银行与历史上的交通银行关系不大。1998年4月14日，经过交通银行多年争取，交通银行香港分行脱离中银集团，回归交通银行总行管理。交通银行因此有了在香港的机构和历史延续。

中国企业"走出去"思想和行动的萌芽

1992年，邓小平在南方谈话中提出要坚持走有中国特色的社会主义道路，抓住当前有利时机，加快改革开放的步伐，集中精力把经济建设搞上去。邓小平指出，社会主义要赢得与资本主义相比较的优势，就必须大胆吸收和借鉴人类社会创造的一切文明成果，吸收和借鉴当今世界各国包括资本主义发达国家的一切反映现代社会化生产规律的先进经营方式、管理方法。①

1992年10月，党的十四大明确提出我国经济体制改革的目标是建立社会主义市场经济体制。提出进一步扩大对外开放，更多更好地利用国内外资金、资源、技术和管理经验，积极开拓国际市场，促进对外贸易多元化，发展外向型经济，积极地扩大我国企业的对外投资和跨国经营。"走出去"战略的雏形开始形成。标志着我国进入改革开放全面推进的阶段。这一阶段，企业管理体制改革深化，对外开放扩大，

① 《在武昌、深圳、珠海、上海等地的谈话要点》，载《邓小平文选》（第三卷），人民出版社，1993。

中国企业走向国际市场的步伐开始加快。企业在境外进行非贸易性直接投资，经历了一个从无到有、从少到多的过程。20 世纪 90 年代初，我国的海外企业已遍布 5 大洲的 120 多个国家和地区。不过在 20 世纪 80 年代和 90 年代，由于当时中国改革开放尚处于"引进来"，而不是"走出去"的阶段，加上缺乏相关配套的法律法规和政策支持，中国企业境外并购案例寥寥无几。有人认为 1984 年中银集团和华润集团联手收购香港最大的上市电子集团公司——康力投资有限公司，是中国企业境外并购第一案。

工商银行早期的国际业务探索

工商银行的国际化是从境内外汇业务开始的。1984 年底，工商银行打破境内由中国银行独家经营外汇业务的局面，获准首先在深圳、珠海、厦门三个经济特区开办外汇业务；1985 年，汕头特区分行也获准开办外汇业务。1986 年，为了解决当时城镇储蓄网点少、大量储户排队办理业务的问题，人民银行出台了新的政策，允许各家银行在吸收居民存款方面实行业务交叉和竞争，允许中国银行开办人民币储蓄存款；允许工商银行、农业银行在中国人民银行批准的地区开办外币存贷款。这些措施标志着各专业银行交叉竞争的开始。随后出现了当时所谓的"工商银行下乡、农行进城、中行上岸、建行破墙"的专业银行竞争局面。这一年，工商银行的外汇业务扩大至 3 省 6 市；1987年又迅速扩展至 13 个省市；同时，工商银行已经与 20 个国家和地区的 55 家外国银行建立了代理行关系。

1988 年，工商银行获得外汇指定银行资格，在当年 3 月召开的天津会议上，工商银行张肖行长第一次提出了"立足国内、增强外向、内外结合、开拓业务"的国际业务发展方针。在 1990 年 8 月召开的青岛会议上，她更是提出了全行办外汇的战略要求，指出了工商银行要真正办成外向型银行。

由于工商银行在成立之初并没有获得国家拨付的外汇资本金，这使工商银行在开办外汇业务的初期为了外汇资本费尽周折。1984年底，工商银行（深圳）特区分行获准开办外汇存贷款业务，按国家外汇管理局规定，分行开办外汇业务必须具有500万美元的资本金。没有资本金怎么办？工商银行总行向国家计划委员会商借了1800万美元，其中1000万美元用作特区分行的外汇营运资金。1986年，工商银行共有9个省市分行开办外汇业务，面临的同样问题就是缺乏外汇资本金。为解决外汇资本金缺乏问题，总行和分行共同努力，千方百计筹措资金。一是依靠内生补充，完成了外汇资本的初始积累。例如，利用外汇利润留成充实外汇资本金。1987年，工商银行已有13家分行开办外汇业务，部分开办行已开始盈利，经国家外汇管理局的特批，在工商银行外汇运营资金不足5亿美元之前，准予工商银行将外汇利润全部留用。这个办法一直实行到1994年外汇体制改革，国家取消外汇利润留成。二是用人民币自有资金购买外汇。1990年，国家外汇管理局限制专业银行购买调剂外汇后，工商银行积极争取到了中央财政的计划外汇，从1989年起，先后使用人民币自有资金购买国家计划外汇累计达5.5亿美元。就这样，国际业务艰难地开展起来了。1989年，工商银行开办国际业务的国内分行已达58家，办理外币业务的储蓄所有1206个。但该年工商银行的外汇存款余额仅为12.8亿美元，外汇贷款余额为8.4亿美元。

有一个案例可以说明当时工商银行外汇资金的拮据状况。20世纪90年代初，上海浦东开发的标志性项目——上海东方明珠广播电视塔建设申请银行贷款3760万美元和29000万元人民币。工商银行上海市分行是工商银行及上海金融界最大的分行之一。但1990年其全年外汇贷款仅发放1114万美元，"巧妇难为无米之炊"，只能依靠各家商业银行组织银团贷款来解决了。工商银行浦东分行作为外汇银团的主牵头行和代理行，最后承担了800万美元的贷款，"众人（各行）拾柴火焰高", 总算把这个项目的外汇需求解决了。

从 1984 年 11 月开始, 工商银行陆续与南洋商业银行、宝生银行、澳门南通银行等建立了代理行关系, 1992 年, 工商银行境外代理行已达 207 家, 总分行合计 1006 家, 遍布 5 大洲 60 多个国家和地区, 其中亚洲 74 家、欧洲 91 家、美洲和大洋洲 42 家。

工商银行收购厦门国际财务公司始末

20 世纪 90 年代初, 尽管工商银行已经在国内开展了外汇业务, 代理行渠道也已得到全面发展, 然而如何更好地延伸工商银行在境内的服务, 在境外开设分支机构, 在国际环境下培养国际化金融人才, 是工商银行一直以来的思考。工商银行首先将与中国内地经济联系紧密、客户资源丰富、金融市场活跃的新加坡、中国香港等地作为工商银行跨境经营试水的首选。1992 年, 设立新加坡代表处, 次年升格为新加坡分行, 成为工商银行首家海外分行。1993 年阿拉木图分行成立。

20 世纪 90 年代初, 香港还没有回归祖国, 但其所具有的经济、金融、地理、人文、语言等方面综合优势, 以及与内地的紧密联系, 势必成为内地企业"走出去"的第一站。1992 年, 香港的本地生产总值是 1042.72 亿美元; 同期内地 GDP 总量折合美元是 4882.22 亿美元, 仅是香港的 4.68 倍。两地的金融总量差距更大。香港还是中资企业境外融资的窗口、外汇及贸易资金流通和清算的枢纽, 以及中国吸收外国直接投资的主要场所。香港更是中资企业的出海口, 洋务运动中在香港创建的轮船招商局香港分局(香港招商局前身)一直延续至今, 中国银行香港分行、中国旅行社、华润公司等老牌在港中资企业都有数十年的历史。1979—1989 年, 中资企业在香港的数量迅速增加, 最多时达 2000 多家, 随后经过 3 年时间的清理、调整、充实, 精简至

1500 家，走上了有序的发展轨道。商业银行跨境发展最主要的一个目的就是跟随客户，因此，作为中资企业出海口的香港顺理成章地成为工商银行国际化发展的重点考虑对象。

从中国银行业的情况来看，跟随企业"走出去"，开展境外业务，带动国内银行"国际化"发展，是众多国内大银行的共有想法。但各大商业银行的基本做法是在境外设立分支机构，开展境外业务。当时中国主要处于引进外资的阶段，国家和银行的外汇资金匮乏。况且内地商业银行自身已经陷入了不良贷款的困境，资本压力巨大。加之并购业务更具复杂性和风险性，内地商业银行又缺乏精通人才，因而一般不会去考虑境外并购，或只在中小并购项目上做些尝试。

1992 年之前，工商银行在香港没有机构，因而在资金调拨和拆借、国际清算、金融信息收集等方面遇到很多困难，但获准在香港设立金融机构的难度不小，因此能否通过并购方式进入香港市场是工商银行领导层一直在思考的问题。这有别于新设机构，不会影响香港金融市场的格局，有利于香港金融市场的稳定，容易获得监管机构的认可，并购阻力小、成本低。

一直关注的并购机会终于出现了。如前所述，工商银行于 1985 年入股了厦门国际银行，全称"厦门国际银行股份有限公司"，它是中国首家中外合资银行。其主要股东为香港闽信公司、工商银行、福建投资公司、厦门建发公司和亚洲开发银行。当时厦门国际银行在香港有一家子公司——厦门国际财务有限公司（以下简称厦门国际财务公司）。工商银行将目标锁定为厦门国际财务公司，主要是基于以下几个方面：一方面，厦门拥有作为经济特区的特惠政策和活跃的对外贸易，给厦门国际财务公司带来了客户和业务。另一方面，工商银行已参股厦门国际银行，对于厦门国际财务公司在了解程度、谈判透明度以及合作力度上都具有一定的基础和优势。同时，厦门国际财务公司获得工商银行增资后，有望从财务公司升格为有限制牌照银行，自身业务也可以获得较快发展。

　　1991 年，工商银行与厦门国际银行开始就入股厦门国际财务公司事宜进行研究磋商，并很快达成了一致。经向人民银行多次请示汇报，工商银行入股厦门国际财务公司的交易于 1992 年获得人民银行批准。1993 年 12 月，工商银行通过下属子公司中国工商银行信托投资公司（以下简称工行信托公司）以增资方式入股厦门国际财务公司，获得 49% 的股权，初始投资金额约为 1.8 亿港元，厦门国际银行持有 51% 的股权。但由于工商银行持有厦门国际银行 18.75% 的股份，因此工商银行实质持有厦门国际财务公司 58.65% 的股份。根据工商银行与厦门国际银行签署的股东协议，厦门国际财务公司董事会由 12 名董事构成，工商银行和厦门国际银行分别有权任命 6 名，董事长由工商银行任命。工商银行派出了包括时任副行长黄玉峻在内的 6 名高级管理人员担任厦门国际财务公司的董事，黄玉峻副行长担任董事长。工商银行入股后，厦门国际财务公司经营稳健，经营规模不断扩大，成为工商银行在香港经营的桥头堡。1996 年，在获得香港金融管理局批准后，厦门国际财务公司升级为有限制牌照银行，并更名为工商国际金融有限公司（以下简称工商国际）。同年，为了配合工商国际由总行直接管理的管理模式，经向人民银行申请，工商银行在工商国际的股份由工商银行信托公司转为工商银行总行直接持有。

1991 年 10 月 30 日，时任厦门国际银行董事长吾惠冬代表厦门国际银行签约

这里要介绍一下香港的银行分级制度，在 1970 年之前，香港已经出现了财务公司，但大多数是银行的附属公司，主要业务是高息吸收大额存款。20 世纪 70 年代开始，香港财务公司迅速发展，主要从事与股票、地产有关的贷款活动。它们不是持牌银行，不受"利率协定"的限制，业务灵活多样，导致银行体系存款大量流失。1973 年前后，香港一地居然有 2000 余家财务公司。当时的金融监管不力，以致日后酿成巨大风险。直至 1976 年，《接受存款公司条例》颁布，将财务公司正式纳入金融监管范围。

香港根据实际需要制定了金融业的分级管理制度，1981 年开始实施。第一级为持牌银行，可接受支票、储蓄存款户及任何金额和期限的公众存款；第二级为有限制牌照银行，可接受任何期限的 50 万港元以上的公众存款；第三级为接受存款公司，可接受最初定期 3 个月以上的 10 万港元。三级制的实施，使持牌银行在存款竞争方面更处于有利地位。缺乏银行背景的财务公司受到很大冲击，数目大量下降。2019 年，香港持牌银行有 164 家，有限制牌照银行有 17 家，接受存款公司有 15 家。各分级银行的业务范围限制如表 1 - 1 所示。

表 1 - 1　　　　　香港金融管理局规定的银行三级发牌制度

存款机构类型	持牌银行	有限制牌照银行	接受存款公司
业务经营范围	经营往来及储蓄存款业务；接受公众任何金额和期限的存款；支付或接受客户签发或存入的支票；不受限制地使用"银行"之名	主要从事商人银行及资本市场活动业务；可接受 50 万港元或以上任何期限的存款	大部分由银行拥有或与银行有联系；主要从事私人消费信贷、商业贷款及证券等多种专门业务；可接受 10 万港元或以上。最初存款期最少为 3 个月的存款
存款金额与存款期限要求	无存款金额与期限要求	50 万港元，无期限要求	10 万港元，3 个月以上

　　工商国际是工商银行最早的，通过并购形成的一家境外机构，尽管属于第二级有限制牌照银行，只能接受 50 万港元以上的公众存款，其经营范围和业务规模均受到一定限制，但因其具有银行背景，这块牌照对工商银行来说意义依旧重大。工商国际是中国工商银行在香港的第一个具有独立法人资格的子机构，在一些对外贸易项目方面，开始有了运作空间，为工商银行的跨国经营和人才培养积累了一定的经验，但也带来了一个问题。1994 年，工商银行香港代表处获得香港监管机构批准，于 1995 年升格为分行。于是在香港的两个商业银行性质的机构之间难免会产生一些业务重叠和冲突。因为当时境外分行机构的申设能否被批准有不确定性，且在中资银行早期境外并购中，可选择的对象不多，有时不愿意放弃一些机会，以致后来在业务方面形成冲突。工商银行早期的几起并购中就遇到过这种情况，之后又花费了一定精力予以整合。

转型投资银行，工商国际走出新的发展道路

　　工商银行入股后，工商国际经营比较平稳。但 1998 年之后，由于市场环境变化、金融危机冲击和股权机构缺陷等因素，工商国际业绩大幅下滑，曾连续几年出现亏损。因为亏损，合作方表示愿意出售股权给工商银行，就此工商银行收购了工商国际全部股权，并经过几年努力实现了扭亏转盈。但因有限制牌照银行的局限，工商国际业务严重受限。截至 2000 年末，工商国际总资产仅为 11.18 亿港元。而成立更晚的工商银行香港分行的总资产已经达 158.26 亿港元。工商国际未来的发展方向如何，是工商银行一直思考并期望解决的问题。2000 年后，工商银行收购了香港友联银行。这是一家真正在香港的全牌照上市银行。欣喜之余，我们一方面考虑将有零售牌照的友联银行与有批发牌照的工商银行香港分行整合，整合后有了全牌照的上市银行。不

过这样一来，作为有限制牌照银行的工商国际完全失去了效用。因此，工商国际的战略转型必须提速。好在工商国际作为工商银行全资附属子公司，也为其加快转型创造了条件。

在对工商国际的未来发展方向做了缜密的分析论证后，我们决定将工商国际改造成工商银行在香港的全资投资银行。投资银行的业务就是发现投资者和投资机会，它与商业银行的业务有极大的关联性。虽然我国境内在 20 世纪 90 年代上半期构筑了分业经验、分业监管的基本格局，但随着金融改革的深化，资本市场发展迅速，金融脱媒对商业银行的影响日益显现。发展投资银行是商业银行主动应对金融市场变革、适应企业多元服务需求的必由之路。2002 年《商业银行中间业务暂行规定》等法规的出台，为中国商业银行开展投资银行服务提供了政策空间。2002 年 4 月，工商银行在国内同业中率先组建了投资银行部，着手依托自身的客户、资产和网络优势，将银团贷款组织与安排、财务顾问、重组并购顾问、资产管理、项目融资、贷款置换、推荐企业海外上市等确定为投资银行业务的发展重点。开局良好，当年实现国内外投资银行业务收入 1.43 亿元人民币，比上年增长 20 倍。2006 年末，投行业务收入增长至 27.6 亿元人民币。投行业务成为工商银行中间业务收入的第四大来源，占比达 14.17%。

在香港，商业银行是可以混业经营的。许多银行都是综合化的，为客户提供银行、证券、保险等一揽子业务服务。许多内地大型银行利用香港的政策机会，投资银行业务开展得十分红火。1995 年，建设银行和摩根士丹利合资成立中国国际金融股份有限公司。2004 年，建设银行又成立了全资的建银国际。中国银行则于 1998 年将早在 1979 年成立的香港财务公司改组为中银国际。同行的成功经验给了我们很大启示。工商银行非常希望在内地和香港市场投资银行两翼发展。2008 年，工商国际的转型正式进入实质操作阶段。2008 年 1 月 10 日，我致函时任香港证监会主席方正，表达了工商国际在香港市场向投行业务经营转型的发展构想，准备放弃香港的有限制银行牌照。方正主席复函给我，对工商银行近年来的发展状况及对香港金融市场的正面影响给予了高度评价，对总行的战略构想表示认同。在征得香港金管局意向后，工商国际于2008年1月25日正式提交了关于公司向投行经营转型的书面申请，于2008年3月25日得到香港金管局同意公司实施经营转型的正式批复，成为中国工商银行在香港设立的全资持牌金融机构。

此后工商国际成立了工银国际融资有限公司（以下简称工银国际融资）和工银国际证券有限公司（以下简称工银国际证券）两家投行业务子公司，并由工银国际融资作为申请主体于2008年4月11日向香港证监会提交了投行业务牌照的申请材料。2008年5月，工银国际融资获得香港证监会颁发的第一类和第六类受规管业务牌照，并获得上市保荐人牌照。2008年11月，工银国际证券获得第一类受规管业务牌照，并获得香港证券交易所股票交易权。2008年9月12日，工商国际正式更名为工银国际控股有限公司（以下简称工银国际）。截至2008年末，公司共有7家附属公司，其中5家香港注册公司，2家英属维尔京群岛公司（BVI）注册公司。同时合规稳妥地终止商业银行业务经营，2008年5月开始存款终止工作和贷款资产移交工作，并于2008年9月完成。2008年10月末，工银国际向香港金管局递交了退回有限制银行牌照的申请，2008年12月31日获得了香港金管局的批准。工银国际于2008年6月正式开展投行业务，开始经营转型。在全球融资市场受国际金融危机影响的市场大环境下，公司积极开展保荐承销、直接投资、证券销售与经纪、资产管理、债券承销、并购重组、增发配售、财务顾问、期货/衍生产品、债务融资、市场研究等业务。公司作为财务顾问参与三项国内大型债务重组项目。

工银国际经过几年发展，从一家香港小型本土投行逐步发展成为立足香港市场、业务辐射内地及其他地区的全牌照投行，建立了投资银行、投资管理、销售交易三大产品线，形成了一定的市场声誉。截至 2015 年末，工银国际累计完成 197 个项目，包括：56 个首次公开募股（IPO）项目，募资总额达 1081 亿美元，完成 17 个股本再融资项目，再融资金额达 1154.6 亿美元，完成 104 个债券项目，涉及金额达 797 亿美元，其中美元债 74 个，人民币债 23 个，其他债券项目 7 个。完成并购项目 20 个，涉及金额达 331 亿美元，其中包括巴西石油股票增发、友邦保险（AIA）IPO、通用汽车（GM）IPO、巴西淡水河谷公司的香港预托凭证（HDR）上市等多项具影响力和开创性的项目，在香港中资投行中确立了较为领先的地位。公司拥有高素质的国际化专业人才和管理团队，丰富的过往业绩和国际资本市场运作经验，多元化的产品服务和独特的投资者覆盖，通过与工商银行集团各机构开展嵌入式、一体化经营，为客户提供全方位、优质的金融产品和服务。香港作为资本账户改革开放的试验场，已成为境外人民币业务、合格境内机构投资者（QDII）、合格境外机构投资者（QFII）、沪港通、深港通、债券通、基金互认等业务的先行先试地点和全球最大的离岸人民币中心，也是内地企业"走出去"和国际投资者"引进来"的主要平台。中资投资银行在市场变化中具备相对竞争优势，随着越来越多的内地企业选择来港开展业务，香港中资投行凭借着与内地紧密的联系与客户基础，在内地企业到境外融资、并购，以及境外机构、企业到境内投资时，在信息互通、甄别各类潜在风险和机会的过程中发挥桥梁作用。工银国际扮演了重要桥梁的角色，也成功抢占了原来由欧美持牌机构主导的市场份额。

第二章

把握时机
国际化综合化战略的协同发展

——西敏证券的收购及整合

历史转折点，香港回归

1997 年是大事频现的一年。这一年，"探路者号"成功登上了火星，深蓝战胜了卡斯帕罗夫，苏格兰的科学家们宣布世界上第一只克隆羊诞生，长江三峡截流成功。这一年，美国总统克林顿成功连任，英国工党结束了保守党长达 18 年的执政，迎来最年轻的首相布莱尔。而就在中国的农历新年过后不久的 2 月 19 日，人们还沉浸在节日的喜悦之中时，突然所有电视频道都切换到同一个黑白画面，画面中那位老人慈祥从容，中央广播电视总台播音员罗京语调沉痛，播报了邓小平在北京逝世的消息。伟人走得安详而又从容，唯一的牵挂或许是香港。邓小平曾说，等香港回归祖国后，他很想到那里走一走、站一站，哪怕是坐着轮椅也要到祖国的这片土地上看一看。此时距离香港回归祖国，仅剩 100 多天，但他老人家没有亲眼看到。

邓小平逝世后第二天，由香港特别行政区第一任行政长官董建华提名、中央人民政府任命的特区第一届政府主要官员名单宣布，以告慰伟人。名单公布后，香港恒生指数上扬了 300 多点。市场从不作伪，这显示了港人和全球投资者对香港未来充满信心，这一切均建立在"一国两制"的伟大构想之上。斯人虽逝，功绩常存。邓小平所倡导的改革开放政策理念改变了 20 世纪后期的中国，也影响了整个世界。可以说，香港结束 155 年英国殖民统治后回归，既是历史的转折，也是时代的必然。

1997 年 6 月 30 日午夜至 7 月 1 日凌晨，香港会议展览中心新翼灯火辉煌，举世瞩目的中英两国政府香港政权交接仪式在这里的五楼大会堂隆重举行。23 时 59 分，英国国旗和香港旗在英国国歌乐曲声中缓缓降落，随着"米字旗"的降下，英国在香港一个多世纪的殖民统治宣告结束。7 月 1 日零时整，中华人民共和国国旗和香港特别行政区区旗徐徐升起。全场沸腾了，许多人眼睛里噙满激动的泪花，雷鸣般的掌声经久不息。历经百年沧桑的香港终于回到祖国的怀抱，中国政府开始对香港恢复行使主权。这标志着香港同胞从此成为祖国这块土地上的真正主人，香港的发展从此进入一个崭新的时代。

风云突起：亚洲金融危机

历史就是有那么多的巧合。1997 年 7 月 1 日，香港回归中国。1997 年 7 月 2 日，亚洲金融危机爆发。

香港回归第二天，一场空前的金融风暴从泰国开始，很快席卷包括中国香港在内的全亚洲新兴经济体。今天学界和金融界用平淡的寥寥数语总结引起金融危机的原因：亚洲国家的经济形态、美国经济利益与政策影响、国际投机势力的操作……然而身处其中之人，至今仍记得当时战况之惨烈。

7月2日，泰国宣布放弃固定汇率制，当日泰铢对美元的汇率下跌17%，外汇及其他金融市场一片混乱。8月，马来西亚放弃保卫林吉特，一向坚挺的新加坡元露出颓势。10月下旬，国际炒家移师香港，台湾当局突然弃守新台币，给香港带来意料之外的压力。10月23日，国际炒家针对港元联系汇率制度发出第一次大规模攻击，香港银行同业拆借利率一度飙升至将近300%，香港恒生指数大跌1211.47点。10月风暴之后，国际炒家又多次小规模狙击港元，此后恒生指数从顶峰狂泻60%，1998年8月13日达到6660点的最低谷。

决战发生在1998年8月。其时，索罗斯连同其他财力雄厚的"金融大鳄"，数度冲击联系汇率制，利用汇率、股市、期市联动规律大肆投机，将香港戏称为他们的"超级提款机"。他们之所以瞄准香港市场，是因为除看准当时香港房市与股市泡沫，还认为回归不久的香港特区政府尚未落地生根，无力组织有效的自卫反击，于是在外汇、股票、期货市场组合狙击的同时，大肆散布人民币贬值的谣言。

"港府必败"，面对"金融大鳄"嚣张放话，香港特区政府连续动用近千亿港元，同时介入三市，构建立体防卫网络，托升恒生指数，稳定港元汇率。时任香港特区行政长官董建华在电视讲话中表示："我们绝对有能力和决心维持联系汇率，我们一定做得到。"

与此同时，中国政府坚持人民币不贬值。面对出口下降、内需不振、失业增多和遭遇特大洪涝灾害的艰难时世，时任总理朱镕基在就任后的首次记者招待会上承诺：人民币不贬值。在与国际炒家决战的关键时刻，中央又派出两名人民银行副行长坐镇香港，香港中资金融机构也全力以赴支持香港特区政府护盘行动，成为香港战胜金融风暴袭击的坚强后盾。整个亚洲金融危机中，唯一顶住索罗斯进攻而没有经济崩溃的就只有回归后的香港。亚洲金融风暴过后的几年，在纽约索罗斯的办公室，索罗斯向我谈起了那段往事，他扬扬得意地说："他们说我是'金融大鳄'。其实并不是我攻击了亚洲国家的金融体系，而是我发现了它们的弱点，我只是撕开了它们的伤口，而引来了大批嗜血的投机者。""我曾向朱镕基总理建议让我进入中国市场。"我也不客气地回应索罗斯："中国是大海，鳄鱼会淹死的。"

具有纯正英国血统的西敏证券亚洲有限公司

在收购兼并领域，机会往往随着危机而来。在亚洲金融危机期间，尽管香港成功迎战，经济冲击仍难以避免。面对动荡低迷的市场，大量外资金融企业撤裁在港机构或收缩业务线，其中就有一家英国老牌银行——国民西敏寺银行。

在亚洲金融危机前的几个月，这家不幸的银行因操作不当和监督失控造成衍生产品业务损失 8140 万美元，形成英国银行业经营史上第二大损失案。英国央行严厉问责了该行管理人员，要求进行内部整肃，削减人员、收缩机构，加强控制。1997 年年中报告显示，国民西敏寺银行税前净利润同比下降 13%，成本同比上升 7%。"屋漏偏逢连夜雨"，金融危机又导致该行业务萎缩。国民西敏寺银行不得已要出售在香港的西敏证券亚洲有限公司（以下简称西敏证券），这就成就了工商银行的第二笔境外并购。

国民西敏寺银行（NatWest Group）历史悠久。归根结底，其最早的历史可以追溯到 17 世纪。国民西敏寺银行于 1968 年 3 月由全国省银行（District Bank）、国民地方银行（National Provincial Bank）和西敏寺银行（Westminster Bank）三强合并而成。其中全国省银行早于 1829 年在曼彻斯特成立，国民地方银行于 1833 年在伦敦成立。1962 年，国民地方银行收购了全国省银行。西敏寺银行虽于 1836 年成立于伦敦，原名是伦敦西敏寺银行，其起源于 1650 年的史密斯的诺丁汉银行。合并后的国民西敏寺银行成为英国四大清算行之一，著名的三箭头符号成为国民西敏寺银行的新标志。在亚洲金融危机前的 1996 年，国民西敏寺银行的资产总额为 1853.36 亿英镑，税前利润为 17.22 亿英镑，雇员有 6.9 万人，是英国最大的零售银行。

或许是并购后的银行太大而管理不过来，始于 1987 年末的一宗金融案件将国民西敏寺银行推向了风口浪尖，国民西敏寺银行的子公司科蒂证券公司（County NatWest）因违反英国证券交易法规违规持有蓝箭公司（Blue Arrow）股票受到了监管机构的严厉批评，结果不仅需要支付巨额罚款，其主席博得曼（Boardman）也于 1989 年 9 月提前退休。

1992 年，国民西敏寺银行将科蒂证券公司及旗下的证券、期货、贵金属期货交易机构合并为子公司金融市场集团（NatWest Markets），由欧文担任总裁。1992 年之后，国民西敏寺银行金融市场集团投入大量资金兼并扩张，仅 1995—1996 年，就以 12 亿英镑购买了 4 家企业产权。在 26 个国家和地区设立分支机构，共有雇员 8000 多人。为了拓展亚洲地区的证券交易市场，1994 年初，金融市场集团与香港会德丰集团（Wheelock）共同出资成立了会德丰国民西敏寺银行证券公司（以下简称丰敏集团），最初的资本额为 1 亿美元，双方各占 50% 股权，目标是拓展中国及远东市场，宣称以资金、技术、人才优势，力图成为亚洲证券业巨擘，力图在 2000 年前成为亚太区五大投资银行之一。然而丰敏集团的发展却不尽如人意，1996 年底会德丰眼看苗头不对，便中止该项投资，抽身走人。1996 年 11 月，国民西敏寺银行金融市场集团逐步以现金和股票交换方式购入港方全部股权，使该证券公司成为国民西敏寺的全资附属机构，并更名为"西敏证券亚洲有限公司"。

收购兼并经常不是"伊甸园"，往往会成为"滑铁卢"。虽然国民西敏寺银行的金融市场集团业务大幅扩张，但成本居高不下，与母银行的零售、保险、信用卡、公私信贷业务相比，经营业绩不理想。接连的亏损不仅使其遭到了集团高管的批评，外界也开始质疑国民西敏寺银行的经营管理能力，英国《金融时报》（*Financial Time*）曾撰文质疑"英国能否建立世界水准的投资银行"。一些西方评论员也认为欧洲商业银行保守的文化与美国进取的投行文化格格不入。其实不然，在1997年国民西敏寺银行衍生品交易巨亏后，会计师事务所曾对该行金融市场集团进行审计。发现问题不是出自开拓进取的不足，而是出自盲目扩张和内控管理上的不善。不久亚洲金融危机又一次迎头痛击，国民西敏寺银行无奈提出了重组整顿，精简及出售机构和业务方案，其中就有位于香港的西敏证券。顺便提及一下，自1997年后，国民西敏寺银行一蹶不振，2000年2月被资产规模仅是自身1/3强的地区性银行——苏格兰皇家银行收购。苏格兰皇家银行借此"蛇吞象"并购之举，资产规模暴增至3200亿英镑，世界排名跃升至第6位，开启国际大行"暴走"模式，其CEO古德温扬名国际金融界。不幸的是，苏格兰皇家银行在2008年国际金融危机前又牵头巨资收购荷兰银行，这成为苏格兰皇家银行的"滑铁卢"，在危机中濒临死亡，因为"大而不能倒"，被英国政府国有化，至今一蹶不振。

西敏证券高管的自救行为

话说回来，在西敏证券面临被迫关闭的时刻，与其休戚相关的是西敏证券的管理层和员工。时任西敏证券的董事、总经理李国荣十分焦急。他曾是原安达信公司全球最年轻的主管合伙人，六大会计师事务所中唯一的华人主管①，参与了上海、深圳多起B股发行交易，也成功帮助青岛啤酒成为首家在H股上市的内地企业。1995年3月，39岁

---

① 20世纪90年代，国际六大会计师事务所是德勤、安永、普华、永道、毕马威、安达信。1997年永道与普华合并，成立普华永道会计师事务所。2001年安然公司丑闻之后，安达信宣布关闭。因此，目前尚有四大国际会计师事务所。

的李国荣加入西敏证券，出任董事总经理一职。当时的李国荣带领西敏证券参与发行了广深铁路、上海实业、广东科龙、协和建设及上海柴油机等项目，1997年获得包括上海电力3亿美元在内的3个H股项目，成为大唐发电4亿美元发行的联席保荐人，以及四川省红筹股上市项目的主承销商。

在1997年亚洲金融危机风暴袭击期间，外资银行在港业务步履维艰，香港市场被悲观的阴霾情绪所笼罩。西敏证券要么关闭，要么找到公司并购自己。李国荣没有放弃，他认为西敏证券这个平台具备发展投行业务的基础，对银行有价值。他说服国民西敏寺银行总部，获得了3个月的限期用于寻找愿意收购西敏证券的买家。

工商银行早期发展投行业务的思想萌芽

1995年《中华人民共和国商业银行法》颁布，工商银行、农业银行、中国银行、建设银行等大型银行在境内参与的证券、保险、信托等综合化机构逐渐剥离。但中国银行业一直没有间断在业务综合化发展方面的尝试，在境内受监管限制无法开展综合化经营的情况下，中国银行业把综合化发展的目光投向了境外。当时在香港发展投行业务是很有前景的。大量中资企业赴香港上市给香港投资银行业带来了发展机会。早在1984年1月，当时香港最大的电子类上市公司"康力投资"由于财务危机而濒临倒闭，被中银集团和华润集团联手组成的新琼企业有限公司斥资1.8亿港元收购，控制了其34.8%的股权，该收购拉开了中资企业买壳上市的序幕。随后又有中信集团收购嘉华银行、招商局收购友联银行、中信集团收购泰富发展等交易，于是出现了香港市场红极一时的中国概念"红筹股"。1993年，青岛啤酒作为首只内地企业在香港上市的H股，获得了市场的认可。随后，又有4批共77家企业被选为境外上市预选企业，这些企业都处于各行业领先地位，在一定程度上体现了内地经济的整体发展水平和增长潜力。这些 H 股上市初期表现良好，恒生国企指数由 1993 年 7 月推出时的 800 多点，急升至同年 12 月的 2000 点。但由于随后受到内地宏观调控从严、税制改革措施出台、部分 H 股企业经营业绩不佳、人民币汇率并轨等因素影响，大部分 H 股纷纷回调。1997 年底，共有 31 家内地企业在香港上市，6 家在香港和纽约同时上市，2 家在香港和伦敦同时上市。1997 年的香港股市被香港媒体称为"红筹股年"，整个香港证券市场全年集资 800 亿港元，打破了年集资额历史纪录，其中有 90% 为红筹股和 H 股公司所得。全年共有 11 家红筹股公司发行上市，集资额达 460 多亿港元。这一时期香港的投资银行业基本上被外资投资银行和汇丰银行等本地大型金融机构垄断。内地企业赴港发展、境外上市，带来越来越多的投行业务机会，而投行业务又是商业银行利润的重要来源，这使内地银行对香港投行业务的兴趣越来越大。在香港设立的中国国际金融公司和中银国际控股有限公司等的银行系投行都干得风生水起。

交易过程

缘分，有时就是这样在不经意间产生，促成不谋而合的并购交易。

李国荣带着他的想法找到东亚银行，带着一半推销的性质，希望东亚银行能够收购西敏证券。此时的东亚银行并没有自己的投资银行业务，但东亚银行主席李国宝先生认为东亚银行很难单独把西敏证券经营好，最好还能找一家实力雄厚的银行合作，特别是在内地拥有较好基础的中资银行。当时建设银行已有合资投行中金公司，中国银行有投行中银国际，四大国有银行中只剩下工商银行和农业银行在香港没有投行。当李国荣和东亚银行把工商银行作为合适的投资伙伴时，工商银行也在考虑在香港开展投行业务，发展境外的资本市场业务平台，进行国际化发展布局。经过时间不长的高层接触，工商银行、东亚银行和李国荣都认为各方发展意愿相同，各自拥有不同的资源优势，可以实现优势互补和共享。为了平衡工商银行、东亚银行以及西敏证券原管理团队的利益，三方决定成立合资公司收购西敏证券。具体方案包括：

（1）由工商银行、东亚银行、个人股东（包括李国荣及另两位原西敏证券高管）三方共同出资组建合资公司，股权比例分别为60%、25%、15%。

（2）新公司中文名称为工商东亚金融控股有限公司（以下简称工商东亚），英文名称为 ICEA FINACE HOLDING CO. LTD。公司总股本为2000万美元，各家股东按股权比例认缴。公司注册地为英属维尔京群岛，管理总部设在香港，下设工商东亚融资有限公司、工商东亚证券有限公司、工商东亚代理人有限公司、工商东亚基金管理有限公司、工商东亚金融服务有限公司。

（3）工商银行、东亚银行、个人股东在新公司的董事人数分别为8名、4名、3名。

（4）工商东亚收购西敏证券，包括西敏证券所属的资产及上海、香港交易所的席位等。

在交易方案确定后，工商银行向人民银行、国务院港澳事务办公室、证监会进行了报批，获得了相关监管和主管部门的批准。1998年3月，工商东亚正式成立，工商银行为控股股东。

工商银行认为此次收购对工商银行拓展香港业务和完善业务功能具有重要意义。因此，工商银行总行向工商东亚派出了高规格的董事和高管。工商东亚的董事长由时任工商银行行长刘廷焕担任，其他董事人员包括时任工商银行副行长羊子林、时任工商银行副行长谢渡扬、时任国际业务部总经理徐名社、时任工交信贷部总经理牛锡明、时任财务会计部总经理周载群、时任固定资产信贷部副总经理张士明、时任香港分行总经理朱琦。

当时的工商银行，除了总行发展规划部的商人银行处外，其他团队几乎不懂投资银行所涉内容，同业亦处于摸索阶段。因此投资工商东亚后，在香港市场资本市场的实盘操作，锻炼了工商银行最早的投资银行团队。工商东亚成立后，中国工商银行将自身的客户介绍给了工商东亚。1999 年，粤海投资委任工商东亚为资产及债务重组顾问，该项目为香港有史以来最大规模的债务重组；同年，中国海洋石油及壳牌 45 亿美元石化项目融资财务顾问亦由工商东亚担当。2001 年，工商东亚以账簿管理人或保荐人身份参与的 IPO，共集资 23 亿港元，而竞争对手的业绩仅及其一半。

跋涉前行

2001 年 APCE 峰会在上海举行，会议期间我会见了花旗集团副董事长、美国财政部原部长罗伯特·爱德华·鲁宾，他对我谈及他的看法，认为未来世界上只会有四至五家跨国投行。我有些不以为然，我认为大型银行可以利用其客户关系密切、资金实力强大的优势，延伸商业银行业务进行投行服务，在区域形成对跨国投行巨头的有力竞争。当时我对同事也讲起，投资银行像是打猎的，到处晃悠，一旦打到一个大型猎物，可以混个数月半载，吃得满嘴流油；而商业银行像是种地的，一年辛苦，若风调雨顺，也能填饱肚子（当时工商银行不良贷款高企，2001 年经营利润虽有了 200 多亿元，但扣除拨备实质是亏损的）。商业银行也能干投行，当然事先要进行一些培训。给种地的发把枪，平时种地，看到猎物就打，没有猎物，种地也挺好。当时在香港试水投资银行，工商银行想通过投行公司与内地分行联动，撬动巨大的内地客户资源。

工商银行的客户大多数是大中型企业，香港的管理团队尽管谙熟于香港的本土业务，但擅长中小企业领域的投行业务，恰恰这部分客户的合规风险很大。随着工商银行对投行业务的定位日渐清晰，昔日工商东亚以中小企业投行为主的战略已不合时宜。原有的管理团队沿袭原投行文化，习惯于单兵作战，投行自我发展，对于发挥工商银行整体功能、内外联动不甚了然。在战略协同、产品配合、营销互动方面，未能达到控股股东的要求。此外，工商银行曾多次提议对合资公司进行增资，增强资本实力，以匹配业务发展需要，但小股东既不愿增资，也不愿被摊薄。为了解决工商东亚在文化与业务上的不适应，2001年，李国荣等三名个人股东将15%的股份出售给工商银行，离开了工商东亚。至此，工商银行对工商东亚的持股比例提升至75%，工商东亚的日常经营管理全面由工商银行负责。此后多年工商银行从市场和公司内部寻找合适人才，负责工商东亚的日常运营，一直在探索商业银行的投行之路。2009年6月4日，工商银行收购加拿大东亚银行，作为两个同步进行的并购方案，在工商银行收购加拿大东亚银行70%股权的同时，也同时将在工商东亚75%的股权转让给东亚银行。工商东亚的注册资本为2000万美元，合计2000万股，其中，工商银行持股1500万股，东亚银行持股500万股。截至2008年末，工商东亚总资产为1.16亿美元，总负债为5743万美元，所有者权益为5820万美元。其中，归属工商银行的所有者权益为4365万美元。工商银行向东亚银行出售股权的交易对价为3.72亿港元。这样在香港同一地，工商银行有两家投行，多年互相掣肘的问题终于解决了。工商东亚的一支既懂商行、又懂投行的专业团队留在了工商银行，成为工银国际的中坚力量。

工商银行早期在香港进行的几起收购，之后因机构、业务的重叠进行了重组整合。早期的银行收购，可供选择的标的很少，少数并购标的一旦出现，银行就想出手。如对香港工商国际的并购，在次年工商银行香港分行成立后，就感受到其牌照的局限性很大。收购西敏证券及改组成工商东亚，其思路是商业银行和投资银行两翼发展，但埋伏着原机构与工商银行在业务结构及文化方面的冲突。2000 年，工商银行通过收购友联银行，成功获得全面持牌上市银行牌照，并整合了工商银行香港分行后，工商国际的有限制银行牌照更显多余。当决定将工商国际改组成工商银行全资投行时，又与合资的工商东亚产生矛盾，一直到将所持有的工商东亚股份全部出售给东亚银行才理顺关系。值得欣慰的是所有的重组整合都实现了双赢或多赢。2009 年，工商银行在香港真正拥有了自己的商行旗舰——工银亚洲和投行品牌——工银国际。

从工商银行境外并购的实践来看，对商业银行的并购整合一般比投行机构的并购整合更容易些。当然，首先是工商银行对于商业银行领域更加熟悉，资源丰富。记得 2000 年法国巴黎国民银行收购了法国巴黎巴银行并更名法国巴黎银行后，其董事长曾问我"收购后最大的难题是什么？"我回答是"文化冲突"。巴黎巴银行原是法国最著名的投资银行，或许在法国巴黎银行强势商业银行文化的遮盖下，巴黎巴投行的光环明显不如从前。有人因此认为商业银行办投行不会成功，他们强调了投行文化的独特性。有人认为商业银行应该办割裂并独立运营的小投行，以保持投行文化，但他们忽略了与商业银行母体的联动，这样扬短避长，投行业务也得不到应有的发展。对商业银行而言，为客户提供全流程的产品，巩固和发展客户基础，扩大一揽子的业务收入，远比守成于一家小型的本土投行要有意义得多。

至于商业银行是否要办投行业务，今天已达成了共识。伴随中国经济快速发展和金融体制日趋完善，加之金融科技的发展，金融脱媒现象日益明显，以商业银行为中介的间接融资方式很难适应新的社会投融资需求，需要商业银行积极开展投行业务以摆脱对存贷款业务的过度依赖。商业银行开展投行业务作为自身业务调整和开展多元化经营的重要手段，通过综合化经营，提高核心竞争力。以 2001 年《商业银行中间业务暂行规定》出台为起点，中国金融监管部门放松了对商业银行开展投行业务的管制，各大商业银行均加大了资源投入，推动投行业务发展。工商银行通过工商东亚、工银国际和国内投行并购及多年发展实践，所获得的最宝贵财富就是总结出一条"商行＋投行"发展的成功经验和战略方向。"商行＋投行"是在金融分业监管、功能监管的前提下，商业银行扬长避短，开展适合商业银行发展的投行业务。根据企业起步、成长、上市准备、成功上市等不同发展阶段的金融服务需求，灵活搭配投行与商行服务，构建"债权＋股权""投行＋商行"的全生命周期服务模式。这改变了商业银行以信贷资源推动规模扩张的发展模式，实现轻资产、轻资本运行，降低经营风险，使银行真正走上轻型银行发展之路。在投行探索之路上，工商银行不仅收获了财务回报，而且收获了对投行业务的深刻理解，更锻炼了一支既熟悉投行文化，又理解商行逻辑的优秀团队。这种复合型人才，在20年后的今天显得尤为珍贵。一个经济体是否能培育出具有市场影响力的投资银行，首先与该经济体的体量和金融市场发育水平息息相关。20世纪八九十年代日本经济的腾飞，培育了一大批有影响力的日本商业银行和投资银行。这种影响力也随着日本经济陷入困境而逐渐退却，全球十大银行榜单中日本银行的身影渐渐消失，如今站在浪涛中的弄潮儿，已经换成了中国的银行。随着金融深化，以及全球化进程深入，尤其后次贷危机时代全球经济分化严重，投行传统的上市、并购等业务日渐萎缩。商业银行传统的存贷款业务也越来越少。但同时，金融市场越来越丰富多层、企业融资方式越发多元、中资企业日益涉足跨国并购，中资投行百年一遇的发展时机就在眼前。农民打猎、猎人种田，双方都逐渐涉足对方的业务领域，资产管理、私募基金等新的蓝海开始出现，商业银行投资理财业务也慢慢变得举足轻重，固定收益类业务对双方来说都成为兵家必争之地。

当前，中资银行所面对的投行市场，远比20年前广阔。而工商银行的筹备和铺垫，从20年前便已开始，万事俱备，只欠东风。2014年末，工商银行全行的投资银行收入达到278.4亿元人民币，投行收入占工商银行中间业务收入的20.6%，全行专职投行业务团队达700多人。仅2014年全行完成并购顾问项目319个，交易规模超过1400亿元，安排并购融资579亿元，完成债务融资1500余个。投行业务真正成为工商银行的支柱业务，从20年前一个小证券公司收购兼并起步走到今天，真让人感叹金融业发展的沧海桑田。

第三章

买船出海　风生水起
打造在港境外经营旗舰

—— 收购友联银行

2000 年 4 月 19 日 18 时许，香港香格里拉大饭店宴会厅，花团锦簇，灯火辉煌，香槟芬芳，喜气洋洋，投影桌牌遍布着"工"字行徽，工商银行与招商局集团在这里举行签字仪式。工商银行以 18.04 亿港元的价格购得了招商集团持有的友联银行 53.24% 的股份，成为香港友联银行的控股股东。在签字仪式上，时任招商局集团董事长刘松金笑着对我说："我们的'漂亮姑娘'终于嫁了一个'好婆家'。"我笑着答道："我们会确保这个'漂亮媳妇'有更好的发展。"

金融风暴中的香港，遭受重创的银行业

友联银行创办于 1964 年 11 月，成立时注册资本为 4 亿港元，1973 年在香港联合交易所挂牌上市。也许是历史的巧合，友联银行遭受过的两次危机及两次易主都发生在香港经济出现大逆转的时间。第一次

是 1982 年，在多年大量贷款投资于地产和股市后，香港经济衰退，泡沫破灭，酿成银行危机。"海托震荡"① 后，友联银行等多家中小银行受到波及。友联银行存款大量下降，从 1984 年的 21 亿港元下降至接管前的 7 亿港元，流动性风险凸显。1985 年 9 月，该行董事会主席兼总经理温仁才称病离港，其后又有六名董事离职，群龙无首，危机加剧，业务萎缩，1985 年友联银行亏损 6.18 亿港元。香港金管局被迫出面"行政"接管友联银行，后由招商局集团全资附属的招商局轮船股份有限公司和美资免税品店大股东罗拨米亚控股的兆亚国际有限公司组成的新思想公司（由招商局集团控股，拥有 68% 的股权），以每股 0.3 港元的价格，收购了 4648.3 万股友联股份。经注资和发行股份等资本运作，招商局控股的新思想公司取得了友联银行的控制权。招商局是在港历史最悠久、规模最大的华资集团之一。改革开放之后，招商局进入了集团化、多元化的发展阶段，在香港中资企业中最早进军金融业。重组后的友联银行经过十多年的发展，截至 1999 年底，在香港本地设有 22 家分行、8 家附属公司，在英属开曼群岛有一家离岸分行，在上海、深圳设有办事处，员工约有 500 人，总资产为 199.28 亿港元，股本总数为 4.5 亿股。其间股权又有所变化，招商局集团通过招商局金融集团有限公司和另一家全资附属的华富船务共持有友联银行约 53.3% 的股份，其余股份由公众持有。

友联银行是一家土生土长的香港银行，其下属有友联财务有限公司、Union（Nominee）Limited、友联期货有限公司、友联证券有限公司、友联营业有限公司、香港友联投资管理有限公司、友联金业有限公司、中国平安保险（香港）有限公司等 8 家附属（联营）公司。友联银行以"友善关怀、联手迈进"为服务宗旨，主体业务是提供公司和零售银行服务，也从事证券、保险、期货、贵金属买卖等全面金融服务。

---

① 1985 年，香港海外信托银行因管理混乱，无法偿还债务。香港金管局被迫接管银行并注资，酿成金融风波。

1997 年夏季，始于泰国的亚洲金融危机，急速在东南亚、东亚、东北亚蔓延。作为开放程度较高、长期受益于大量外资流入的国际金融中心，香港也受到严峻的冲击。自金融危机爆发后，外资纷纷撤离香港，外汇市场和股票市场剧烈动荡，危机导致大批企业、金融机构破产和倒闭。楼市、股市狂泻，利率升高，通货收缩，失业率激增，人心惶惶。香港经济逐渐进入衰退期。1998 年第一、第二季度香港本地生产总值呈现负增长，银行业遭受重创：规模萎缩，利差收窄，利润下跌，不良贷款增加。广东省国际信托投资公司破产事件引发了市场对中资在港窗口公司和中资银行的担忧。山一证券和百富勤的破产更是引发了中小金融机构的信用危机，当中包括了较早出现危机的友联银行。尽管招商局集团采取了向友联银行注资等一系列支持举措，但友联银行的经营情况仍未见好转，尤其是内地贷款的坏账问题比较突出。1999 年友联银行不良资产约为 37 亿港元，不良资产率高达 33%，成为唯一亏损的香港上市银行，在五级"骆驼评级"体系（CAMEL Rating）中，处于银行同业中最低的第四级。在金融风暴侵袭下的香港，不允许出现影响金融和社会稳定的局面。1999 年 9 月 28 日晚，招商局召开了紧急会议，就友联银行风险状况进行了深入讨论，决定以招商局集团在友联银行的近 8 亿港元存款作为友联银行下半年呆坏账拨备的现金担保，并将相关情况向香港金融管理局做了汇报。当时香港回归不久，又面临严峻的金融危机，香港金管局担心友联银行呆坏账拨备信息披露后，或会引发市场波动，遂将情况通报了国务院港澳事务办公室，并要求友联银行尽快通过在港发债的方式补充资本金，请内地的一家大银行为友联银行发债提供担保，予以增信。此外，香港金管局请时任香港特别行政区财政司司长曾荫权向中国人民银行戴相龙行长作了通报，建议最好由一家中资银行对友联银行进行收购。

"在合适的时候，在合适的地方，做了一件再合适不过的事儿。"

从历史上看，经济危机和金融危机过后，总会掀起一股并购浪潮。

对友联银行的收购是偶然，也是必然。早在 1999 年 8 月知悉相关信息后，工商银行香港分行就提交了收购友联银行的可行性分析报告，也就担保之事与友联银行有过接触，工商银行总行就酝酿收购友联银行之事与招商局领导有过沟通。时任工商银行行长刘廷焕在 1999 年 9 月召开的总行内部会议上专门酝酿讨论了收购友联银行一事，认为工商银行收购控股境外上市银行，引入股份制机制，是银行在经营管理方面的有益尝试和探索。友联银行在香港共有 22 家分行，主要经营零售性商业银行业务，收购友联银行可以与主要从事批发业务、仅限开设一家分行的工商银行香港分行形成优势互补。友联银行业务牌照齐全，有利于银行提供一揽子业务服务。从收购时机来看，友联银行是 1998 年香港首家公布亏损的上市银行，当时股价偏低，正是实施收购的好时机。当然面临的挑战是资产质量问题，必须在收购后迅速处置掉友联银行的不良贷款，此后要保持资产质量的良好，否则会影响工商银行甚至中资银行的声誉。

从招商局的角度来看，在亚洲金融危机后，针对前些年香港中资企业发展中存在的问题，香港中联办给在港中资企业提出了"清理整顿、加强管理、稳步发展、有所作为"的 16 字方针，包括招商局在内的中资企业都进行了"瘦身"，突出主业，加快转型。1998—2003 年，招商局通过业务整合、资产重组方式，化解了之前发展中形成的巨大风险。在出售友联银行的问题上，大家的思想整体上还是统一的。但对于是将友联银行出售给一家中资大型银行，还是给予招商局集团控股的招商银行，招商局内部还是有些不同想法的。不过当时招商银行体量较小，也正处于处置不良贷款的攻坚期，给予债务增信的信用等级不如大型银行。考虑到香港的大局，招商局集团最终还是决定将友联银行出售给工商银行。

对工商银行而言，机会的来临往往是一些偶然事件造成的。1999 年 9 月 30 日上午，香港金管局向国务院汇报友联银行的风险问题，会上决定友联银行发债补充资本，并要求一家中资大型银行给予担保。因为刘廷焕行长去美国参加世界银行年会了，我在行里主持工作。中午12时30分前后，人民银行副行长打电话给我，谈及友联银行发债希望工商银行担保一事。在此之前，总行已经开会研究过友联银行项目，我便马上答应了。但没过半小时，人民银行副行长、金融党工委副书记又打电话来，说不需要工商银行担保了，因为此事先前已由戴相龙行长和中国银行行长谈好，由中国银行担保。巧的是，又过了半小时，电话内容又变了，因为联系不上在美国参加会议的戴相龙行长和中国银行行长，事情紧急，不能影响香港的金融稳定，仍由工商银行为友联银行发债一事出具保函，要求当天16时30分前完成。我当即找到时任工商银行副行长李礼辉和国际部总经理张建国部署此事。为友联银行开具的6亿港元银行担保书及时发出了，其中有一重要条款："由招商局集团（香港）有限公司向工商银行出具为期1年的承诺函，承诺日后若转让友联银行股份时，工商银行有优先购买权。"正是通过这份担保，工商银行实际拥有了从招商局集团洽购友联银行股份的优先权，为这次并购抢打下了桩基。

谈判与监管报批

友联银行虽然规模不大，但作为一家上市银行，受香港金管局和香港证监会、香港联交所上市管理条例的严格监管，全部收购工作必须严格按照内地和香港有关监管条例和市场原则进行，必须得到内地和香港的监管部门批准。工商银行和招商局集团都是大型国有企业，对内地来说，收购招商局集团控股的友联银行股份实际上是国有资产在国有企业之间的转移。工商银行尽管已取得了收购的优先权，招商局也有意向工商银行转让股份，但仍需要积极争取两地监管部门的支持和批准。当时香港回归不久，各方高度关注香港的社会和金融稳定，这一背景和时间点对于并购审批是比较有利的。

2000 年 2 月，我接任刘廷焕行长，担任工商银行行长，继续推进收购友联银行的工作。工商银行组建了并购团队，并聘请了著名的普华永道会计师事务所、香港廖绮云律师事务所和工商东亚分别为财务顾问、法律顾问和投资银行顾问，对香港友联银行进行清产核资、提供相关法律意见、办理相关法律手续，提供收购意见，协助完成收购工作。

工作组"两条腿同时走路"，一方面，向国务院有关领导和财政部、人民银行、证监会、国家外汇管理局等有关部门进行汇报，申请批准，提交了工商银行的资本充足率、外汇资产流动性以及具体收购计划等一系列材料。另一方面，收购小组赴香港金管局、香港证监会进行协商，就工商银行 1999 年末的资本充足率、上一会计年度经审计的财务报告、人民银行对工商银行的有关政策、工商银行收购后对友联银行的长期发展计划等问题进行了应答。2000 年 4 月 19 日，历时四个多月的监管审批终于完全通过，各方的正式批文在手，已通过监管层面的所有审批，可谓"箭在弦上"。

在积极争取两地监管部门支持的同时，工商银行与招商局的收购谈判也在紧锣密鼓地进行着。"通过前一段工作，工商银行收购友联银行在政策上、技术上已无障碍"，工银亚洲后来的财务总监（Peter Leung），也是当年参与了整个收购谈判的工商东亚并购团队主管，感慨地回忆道："招商局集团是做贸易起家的，擅长买卖，有生意经，谈判风格也较为强硬，选聘的财务顾问是业界知名的美银，很重视专派了一个团队作战，个个西装革履、嗅觉敏锐、能说会道、干练强势。"李礼辉和张建国也多次向我说起傅育宁带领的招商局谈判团队的精明。好在工商银行的谈判团队亦十分优秀，稳健审慎、稳打稳扎、进退有据。

谈判的焦点和争议在于收购价格，即双方对价格的考虑能否达成一致。国际上通常的收购价格评估方法为净资产加溢价（或折扣），溢价的确定方法通常取决于收购对象的中长期商业价值，以及双方讨价还价的结果。由于着眼点不同，工商银行更侧重于长期的利益，招商局集团放弃香港友联银行的控股权更注重的是一个合理的、有吸引力的溢价。在谈判的进程中，随着香港经济的逐渐复苏，友联银行的经营状况有一些转好迹象，这更使谈判双方在溢价幅度上产生了争执。从友联银行收购后的未来商业价值和工商银行最终实际付出的成本比较来看，溢价定在 1.45 倍左右比较合理，经过一番价格的拉锯战，最终双方还是达成了一致意见。确定以每股 7.52 港元的价格收购招商局集团持有的约 2.4 亿股友联银行控股股份（53.24%），溢价幅度为39%。收购范围包括友联银行及其附属的 7 家全资附属子公司［友联财务有限公司、Union（Nominee）Limited、友联期货有限公司、友联证券有限公司、友联管业有限公司、香港友联投资管理有限公司、友联金业有限公司］、1 家合资保险公司即中国平安保险（香港）有限公司25% 的权益。

在价格这一谈判难题解决之后，双方就不良资产的安排以及友联证券的问题进行了专门的磋商。友联银行曾于 2000 年初成立专司追收内地 24 亿港元不良债权的公司，其中友联银行已于 1999 年提取了 6 亿港元的拨备，余下的通过资产管理公司发行债券的方式运作。具体为分别发行 12 亿港元的一级债券和 6 亿港元的次级债券。工商银行要求友联银行彻底负责不良贷款部分的资金安排，并将其作为此次收购的先决条件。

另外，工商银行有意将友联证券有限公司也保留在交易范围内，但招商局集团亦不想退出证券业务，双方就此问题进行了单独谈判。我们做了一些让步，同意友联银行以 7500 万港元的价格向招商局集团出售友联证券全部股权。友联证券日后成为招商证券香港主体，即现在的招商证券国际有限公司的前身。确实在收购谈判时，不可能一味索要自己的需求，有时应适当妥协，并将对方的诉求也一起考量。双赢才是最好的结局。

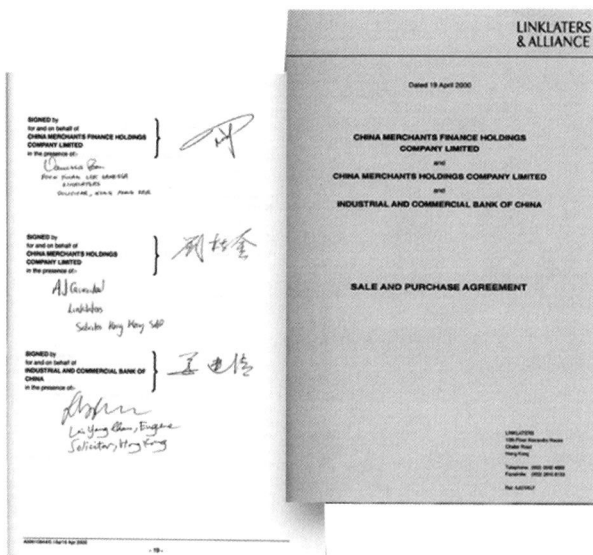

2000 年 4 月 19 日，工商银行与招商银行就并购协议签约

再把时间拉回 2000 年 4 月 19 日那天，在香港香格里拉大饭店宴会厅，工商银行收购友联银行的签字仪式上，大家聚首庆贺，没有交际礼仪的束缚，没有字斟句酌的词令，没有觥筹交错的排场，有的只是默契的眼神和平实的话语，只是对命运的欣慰和对未来道路的默默祷祝，只是温暖、温馨和轻快的氛围。许多友联银行的同事露出了笑脸，他们认同工商银行的进入，不是入侵者，而是以服务客户、服务当地经济社会发展为本，以融入当地文化、稳定原有团队为基础。友联银行的零售业务及机构网络与工商银行香港分行形成有效互补，并购所实现的，是对员工队伍"零杀伤力"的双赢结局。若换了外资银行来收购，或许会考虑分支机构的重叠而裁员。在经济持续低迷、一片秋风萧瑟的环境下，作为一名普通员工，还有什么比保住自己的工作更重要的呢。

并购后召开的记者招待会。左一是友联银行总裁陈志强，左二是工商银行时任
副行长李礼辉，右一是工商银行时任国际部总经理张建国，右二是我

1997 年亚洲金融风暴以后，在 20 世纪最后一个春天里，香港资本市场上第一宗金融资产交易宣告完成，宛若一股暖人的春风。时任香港特别行政区行政长官董建华指出，中国工商银行收购友联银行体现了中央对香港的支持，有利于香港稳定金融市场，巩固国际金融中心地位。在股票市场上，中国工商银行成功收购友联银行，也带动了中资背景的银行股和红筹股价格的回升。在市场经济环境下，股票市场是经济的温度计。金融危机的狂风暴雨使香港股市股价大跌、沉沦不起。此时，友联银行被工商银行收购的消息不胫而走，其股价从每股 4 港元多炒至每股 6 港元多，成为一片跌势中闪起的珍贵亮点。4 月 17 日、18 日收购成功已成定局，友联银行每股股价分别报收于 6.8 港元和 7.05 港元；4 月 19 日工商银行与招商局集团在香港签订收购香港友联银行 2.4 亿股股份的交易协议，收购价格锁定在了每股 7.52 港元。签字当日按规定停牌一天，次日重新开市后，友联银行股价即以每股 7.4

港元高开，中间冲高至7.8港元，超过了工商银行对友联银行的收购价7.52港元。而当日香港股票指数下跌60点。也就是说，在香港恒生指数连续走低的利空大势之下，友联银行不但稳住了阵脚，而且逆势向上大幅攀升。股市这只温度计，再次准确测量出了一家上市公司价值的飞升。

在签订收购协议后，友联银行的股价稳中有升，市值也相应明显增加。7月14日收购完成时，友联银行市值达到37.75亿港元，比4月19日收购协议签订时增值15.25亿港元，这反映出市场对工商银行收购友联银行十分看好，极具信心。无论从战略角度还是战术角度看，这次并购都十分成功。内地银行第一次收购了香港上市持牌银行，它标志着中国商业银行收购兼并取得的新进展。工商银行收购友联银行备受各界关注，交易协议签订后，海内外媒体做了广泛的正面报道，认为此次并购是工商银行向国际化商业银行发展的重要步骤，开国内大型银行借船出海之先河。

收购的结束只是整合的开始

招商局出售友联银行53.24%股权的协议签订之后，按照香港的法律程序收购，整合友联银行的工作进入了一个新阶段，工商银行还有大量的工作要做。

收购友联银行是工商银行迎接加入世贸组织挑战，推进跨境经营战略，深度拓展香港市场的重要举措，是工商银行境外并购迈出的关键一步。作为香港上市公司，友联银行未来的业务发展计划、盈利能力等广受公众关注，股价也实时反映出公众对友联银行经营状况和工商银行收购后所采取举措的态度和信心。因此，应选择合适时机，重塑友联银行形象，拓展业务功能，提高竞争能力。

友联银行多年来经营状况不佳，股价在低位徘徊，1998 年、1999 年形成较大亏损，导致该行的市场信誉受到一定的损害，不利于业务的拓展，友联银行的品牌必须重塑，以崭新的市场形象进入业务发展的新阶段。同时，考虑到工商银行的跨境经营战略，更应该在香港这一国际金融市场上树立和延伸中国工商银行整体品牌形象，打造经营的旗舰。2000 年 8 月 7 日，经工商银行总行同意，友联银行股东特别大会通过特别决议，批准将友联银行的中英文名称由香港友联银行有限公司（Union Bank of Hong Kong Limited）更改为中国工商银行（亚洲）有限公司 [Industrial and Commercial Bank of China（Asia）Limited]，简称工银亚洲 [ICBC（Asia）]，并以工商银行的标志作为工银亚洲的新标志。香港金融管理局及开曼群岛金融管理局（友联银行有一机构在开曼）对新名称亦无异议。8 月 21 日，香港公司注册处发出公司更改名称注册证书，友联银行正式更名。更改后的名称能清晰地反映友联银行是中国工商银行控股的香港上市银行，有工商银行的信誉、实力做保证，为友联银行增信，表明工商银行支持友联银行开拓香港市场的决心。

经过一段时间后，工银亚洲发现，由于"工银亚洲"中文标识中没有银行字样，许多人误以为工银亚洲是一家普通的财务公司，而不是一家银行，更不能从标识中直接看出它与中国工商银行的紧密关系，一些不了解内情的客户就不会到工银亚洲网点办理零售银行业务。在争取大企业存款时，有时也需要向客户做解释工作，说明工银亚洲是由中国工商银行控股的上市银行，客户存放大额资金不会有风险。为充分利用中国工商银行的实力、信誉等无形资产拓展业务，扩大中国工商银行品牌在香港及国际市场的影响，提升"工银亚洲"市场形象和竞争力，经 2001 年 11 月工银亚洲第 6 次管理委员会研究决定，将"工银亚洲"对外中文标识统一更改为"中国工商银行（亚洲）"，英文标识仍为"ICBC（Asia）"，内部简称"工银亚洲"。工银亚洲对外中文标识更改为"中国工商银行（亚洲）"，更符合在港统一使用中国工商银行品牌开展市场营销，将有助于实现中国工商银行品牌国际化的战略目标。

在工商银行总行、工银亚洲董事会和香港金管局批准该项建议以后，工银亚洲立即展开新标识的设计工作，2002 年 2 月，配合工银亚洲 2001 年业绩公布活动，向市场隆重推出。新品牌的背后又是工商银行用第一大行的信誉为其做了背书。

锻造工银亚洲的真功夫

品牌固然重要，但市场更看重的是工商银行机构的服务质量和经营效益。工银亚洲苦练内功，以业绩说话。市场最关注的，就是要降低贷款不良率，把友联银行的历史问题处理好，夯实基础，理顺机制。

这就需要工商银行发挥整体优势，总行指定国际业务部、工商信贷部、项目信贷部、法律事务部专人负责友联银行在内地贷款清收的管理和协调工作。与此同时，内地、香港协调行动，及时拍卖过期贷款抵押品，出售部分债权，果断核销回收无望的坏账。要求内地各分行协助清收友联银行在内地的不良贷款，每笔债权都要落实部门和人员，协助友联银行实施债权管理。提供债务人的经营动态，账户资金及抵押物情况，协助督促债务人补办抵（质）押手续。更重要的是，在友联银行内部抓好风险控制体系的完善，新增贷款管紧管严。在这样"两面夹击"之下，仅半年时间，友联银行的不良率从收购前的33% 降至 15%，次年降至 11%，2002 年底则骤降至 2.3%，奇迹般地低于了香港银行的平均不良率。同时，新增贷款的不良率几乎为零。工银亚洲真的脱胎换骨了。

跨国公司及跨国银行的内部化理论，强调企业通过内部组织体系以较低成本，在内部转移该优势的能力，以内部市场替代原来的外部市场，使内部供应链外延。这也成为跨国企业对外直接投资的动因。工商银行收购友联银行之后，利用工商银行整体优势拓展跨境业务。客户通过工银亚洲，可在香港直接申请以人民币结算的借贷服务。此项服务主要针对有意在中国内地置业或拓展业务的企业及人士，降低客户在购买内地资产时所需承担的利息成本或附带的汇率风险。工银亚洲还在香港推出两地通行的牡丹卡。由于往来两地从商、旅游或置业的人数日益增加，加上牡丹卡在内地市场的独特优势，这两项业务的市场发展潜力巨大。为使工银亚洲成为一家科技含量高、业务品种全、盈利能力强、经营管理水平上乘、中等规模的优秀上市银行，在信息技术方面，总行与工银亚洲 IT 部门间建立起最直接的业务沟通渠道，实现了网络联通，为实现两行跨境银行业务奠定了技术基础。工银亚洲享有工商银行在软件、硬件、信息等方面的各种便利。在总行的支持下，工银亚洲还完善了电子银行功能。2001 年上半年完成可为客户提供股票交易、资产管理、个人贷款等金融服务的网上银行建设，以及 B2B 和 B2C 的网络建设。

收购兼并的成功在于整合。2000 年下半年，收购仅半年，工银亚洲已经交出了一份令人满意的答卷，创造了财务奇迹，一举扭转 1999 年友联银行亏损 5.4 亿港元的经营颓势。一年的时间，更实现盈利 1.5 亿港元。友联银行员工队伍稳定，全行上下齐心，为工银亚洲的发展和腾飞做了脚踏实地的工作。

注入香港分行　打造境外旗舰

此前的友联银行只不过是维多利亚湾的一只小舢板，而工商银行的目标是要将在港银行机构建设为在香港领先的大银行。这就需要坚持内外联动，持续发展，需要加强整合、持续并购。记得在友联银行并购庆典活动结束后，我和李礼辉、张建国及工商银行香港分行行长朱琦，挤在一辆轿车上回香港分行办公地。坐在前排的我向坐在后排的他们说了我已经考虑了一段时间的想法，"我认为应尽快将工商银行香港分行和友联银行合并起来"。我记得当时车内的气氛有些沉闷，可能是感到有些突然。因为友联银行的并购历尽艰辛，刚刚完成，若连续并购难度不小，整合殊为不易。

而我考虑的是，在友联银行收购之前，工商银行在香港已拥有一家控股的投资银行——工商东亚金融控股有限公司，以及一家有限制持牌银行——工商国际金融有限公司。另外，在1995年还建立了从事批发业务的工商银行香港分行。在时任行长朱琦的领导下，工商银行香港分行发展得不错，经营状况及资产质量良好，主要经营指标在香港中资银行中位居前列，2000年末资产总额为150亿港元，全年实现税后利润1.72亿港元，如表3-1所示。

表3-1　　　　　　1998—2000年工商银行香港分行财务情况

香港分行财务资料（百万港元、%）

项目	1998年	1999年	2000年
资产总值	7520	14585	15029
贷款及其他账面	3067	5337	10047
营运收入	138	226	237
营运开支	59	52	47
营运溢利	48	110	160
除税后纯利	36	91	172
平均资产回报	0.61	0.82	1.16

注：2000年数据截至2000年12月21日。
资料来源：英高财务公司致工银亚洲股东特别大会的函。

两家银行的优劣势都很明显。工商银行香港分行的主要优势是有工商银行的品牌，以批发业务见长，效益好，但缺点也明显，主要是受牌照限制，且香港金融管理局对非本地注册银行规定下设网点最多不能超过3家。这将从根本上限制工商银行香港分行在港业务的深度拓展，尤其是零售业务发展，从而影响存贷款业务平衡发展。由于缺乏零售客户基础，又非上市银行，工商银行香港分行在香港本地居民中影响力较低。而友联银行是香港全功能的持牌银行，提供全面金融服务，零售网点较多，覆盖了港岛、九龙和新界，又是香港联交所的上市银行，一个理想的国际资本运作平台。其不足之处是虽有公司业务，但作为小型银行，银行知名度不够；客户众多，但以中低端客户为主；业务基础比较薄弱，网点坐落位置不佳。更重要的是，两家银行分别经营，会产生冲突与竞争，不利于形成合力。但两家机构的业务互补性强，重组整合后管理团队及部门可以缩减合一，有利于降低经营成本、扩大规模、提高竞争力、统一工商银行品牌、充分发挥工商银行在港业务的整体优势，形成在港批发业务、零售业务与投资银行业务有机结合的机构布局。通过将工商银行香港分行注入工银亚洲的上市银行平台，可以获得合理溢价。通过重组降低成本，整合品牌、增强资本，可以择机进行系列资本运作，进而打造工商银行境外业务旗舰。

工商银行香港分行和工银亚洲的重组整合前后酝酿了近十个月，从财务审查、资产评估，交易对价及支付方式的确立，到收购后的战略部署及整合落实，可谓十月怀胎一朝分娩。工商银行专门成立了工作小组，由我和李礼辉分任工作小组的组长、副组长，总行国际业务部、香港分行、工银亚洲、工商东亚的主要负责人参加，负责各项具体工作。此外，聘请所罗门美邦公司和汇丰银行担任工商银行的财务顾问，对外统筹安排整合工作，协调联系各有关方面；聘请两地的法律顾问处理整合中的法律事务；聘请资产评估顾问对注入资产进行评估定价。工银亚洲也聘请了财务顾问公司作为代表工银亚洲小股东利益的独立财务顾问。在此基础上，经有关各方通力合作，香港分行的财务审查及财务分析工作于2001年4月完成，工作组拟定了业务划转的范围，制订了整合计划，征得了所有客户转贷或转接同意，确定了初步收购协议以及资本市场上的配售方案等。

"水晶不能当成玻璃卖"

在准备过程中，尽职调查、财务分析、制订重组方案等工作虽然繁琐，但毕竟有据可查，还好办，难点在于注入资产净值溢价幅度的确定。友联银行是上市银行，将香港分行资产注入时，若溢价幅度定高了，损害小股东的利益，不利于大股东工商银行在香港市场树立正面形象，何况还不一定通得过独立董事、独立财务顾问这一关；若定低了，工商银行的国有资产受损失，不能正确反映注入资产和工商银行品牌的潜在价值。溢价幅度的大小直接关系到各方面的利益，这其实是摆平各方面长期、短期利益的问题。因此，在制订重组方案时，有的说溢价在 2 亿~3 亿港元，有的认为可达 10 亿港元之上，差距很大。

如何科学合理地确定溢价幅度？按市场惯例，资产转入价格通常有几个方法：（1）市场类比公司比较法，主要参照包括市盈率、净资产倍数等主要参数在内的已上市类比公司的同类相比数据确定定价区间。（2）市场类比交易比较法，同样是通过比较类比市场收购交易在市盈率、净资产倍数等主要参数上的定价，作出定价区间比较。（3）基本面分析法，从工商银行待注入业务的基本面出发，作出分析，并确定定价区间。双方多次往返讨论，唇枪舌剑。为了将香港分行的估值定高一些，我们甚至与为我们服务的投资银行多次争执。他们只愿意溢价 2 亿港元，而我们希望是 7 亿港元。印象深刻的是，投资银行反复强调，工商银行香港分行是一家批发性银行，只做大额贷款，没有零售存贷款业务，中间业务占比低，全世界这样的银行估值都不会高。因为它的业务比较单一，存贷利差收入受利率政策影响大，计提拨备和资产质量因素也导致盈利波动性大。但我们强调溢价的确定要充分考虑工商银行香港分行的业绩表现。香港分行自 1995 年成立以来，到 2000 年虽然只有短短的 6 年，但成长性非常好，总资产从 12.24 亿港元起步，增长了 11 倍。香港分行拥有以批发业务为主的业务结构和以大客户为主的客户结构，盈利基础好，6 年间税后利润从 70.4 万港元增长至 1.72 亿港元，不良资产率在 1% 以下，员工仅 50 人，财务负担轻。因此"水晶不能当作玻璃卖"，要尽最大努力保证国有资产保值增值。同时，还要充分考虑工商银行作为工银亚洲大股东的增值效益，考虑工商银行给予工银亚洲的强有力业务支持，包括确定其为工商银行在港唯一上市旗舰公司、贷款的担保、资金的支持承诺以及回收不良贷款方面的大力协助，特别重要的是未来业务方面的潜力，工商银行会尽可能地扶持工银亚洲发展内地业务。当时工银亚洲虽仍属香港中小银行，但在工商银行的扶持下，风险将会减少，并有能力成为少数同时介入两地业务的银行，并且规模将不断扩大。这些都给工银亚洲带来潜在价值，因此即便工商银行香港分行是批发性的银行，将其溢价幅度确定在 1.3 倍左右，溢价 7 亿港元也是比较妥切的。相关各方最终被我们说服了。

2001 年 5 月 7 日，工商银行香港分行资产注入工银亚洲的并购重组完成。香港分行业务一次性注入资产为 130.4 亿港元，负债为 107.4 亿港元，合计净资产 23 亿港元。工银亚洲在 23 亿港元净资产的基础上，溢价 7 亿港元，以 30 亿港元支付交易对价。考虑到工银亚洲的现金流状况，香港金管局对持牌银行资本充足率应达到 17% 的要求，以及联交所对上市公司公众持股比例不得低于 25% 的规定限制，工商银行会同工银亚洲设计了以现金、普通股、次级债券和可转换优先股的组合方式，共同支付交易对价，即工银亚洲以 3 亿港元现金，5.8 亿港元次级债（十年期存款证形式），21.2 亿港元普通股和可转让优先股的金融组合作为支付对价。重组后工商银行持有工银亚洲 75% 的普通股。其中，普通股和可转让优先股实际每股发行价将按照特别股东大会举行前 10 个交易日股份的平均收市价加 5% 溢价确定，且最高不超过 7.5 港元，最低不低于 6.8 港元。可转换优先股的主要条款：随时可转换、非累积、无投票权、非交易的、无固定息率、无转换溢价（一对一平价转换）、股息平等，因此该优先股与一般意义上的优先股还是有所区别的。发行可转换优先股既能满足最低公众持股要求，又可当作一级资本处理。工商银行计划在市场允许时，全部转换成普通股，并配售部分普通股以保持持股比例在75%以下。

香港金管局的关注

工银亚洲是香港联交所上市银行，工商银行是工银亚洲的控股股东，对工银亚洲而言，此次整合交易规模较大，在性质上是"非常重大收购及关联交易"。因此，在外部金融监管上，整合工作须得到中国人民银行和证监会、香港金管局和联交所等两地监管机构的批准；工银亚洲的内部整合方案则须得到工银亚洲独立董事、独立财务顾问同意，并获工银亚洲特别股东大会批准。香港金管局和联交所对工商银行此次整合行动表示支持。金管局从稳定香港金融的角度对此次整合所涉及的大额贷款担保问题和资本充足率问题提出了一些意见。

根据香港银行法有关规定，银行对单个客户发放的贷款不得超过其资本金的25%。香港分行的资本金是以工商银行的资本金计算的，允许发放的大额贷款额度较大。但将这些贷款转入工银亚洲后，由于工银亚洲资本金有限，有些大额贷款超出了其资本金的25%限额，是不符合香港银行法有关规定的，因此金管局提出要工商银行为这些贷款出具担保。工商银行表示同意，这样做一是可以顺利完成此次重组整合，二是可以降低工银亚洲的风险，更好地支持工银亚洲发展。我们对整合后的工银亚洲的经营充满信心，不过是工商银行将原来对分行的担保转移至自己控股的有限公司而已。但是，在大额贷款担保方面，金管局先是提出了比较高的条件：（1）合并后单一客户总的大额贷款不能超过资本金的20%，而非银行法规定的25%，这是因为工银亚洲的不良贷款率仍然较高。（2）所担保的金额应是从分行转让过来的该笔贷款而非超过20%的部分。（3）当某一大额贷款客户的信贷出现问题时，无论是哪一笔，即无论是工银亚洲原有贷款，还是分行转让过来的那部分，工商银行担保均应立即生效。这种"问题"，可以是原来优良贷款转变为不良，使拨备增加所造成的损失，针对损失，工商银行根据担保条款须以现金形式对工银亚洲提供等额补偿。（4）该担保的实施不违反任何现行中国法律、法规及监管部门的规定。经过反复讨论，金管局和工商银行共同确定：（1）此担保必须由国家外汇管理局出具书面函，说明此担保安排符合各项规定，不存在任何履约障碍。为此工商银行具函请示了国家外汇管理局，国家外汇管理局于2001年3月20日对有关外汇政策出具了确认函。（2）工银亚洲支付的担保费，为显示支持，工商银行从优收取。（3）担保的前提条件，如贷款降级，应加上更为客观的标准，比如利息过期"90天"则视为次级，工商银行表示接受。（4）大额担保主要条款涉及的客户和金额，仍按重组后工银亚洲资本金25%计算，共有电讯盈科、长江、新鸿基及怡和4个客户，总计62.5亿港元，其中香港分行52.6亿港元，工银亚洲9.9亿港元，总行为此提供担保。担保实行的前提条件是：以上客户任何一笔贷款按金管局准则从优良成为次级贷款或更低时，工商银行根据担保条款，应将该贷款的全部本息转移过来，并等额偿付给工银亚洲。若工银亚洲控股股东发生了变化，此担保解除。

此外，金管局对工银亚洲重组后的资本充足率有可能由20%下降为13%甚至更低表示关注。中国工商银行对此进行了解释，由于工银亚洲将采取发行普通股和可转让优先股的方式支付大部分交易对价，重组后的工银亚洲资本充足率将有望达到17%以上。这次重组最终获得了人民银行和香港金管局的同意。

工商银行在港的商业银行机构重组，降低了成本开支，统一了品牌。原先工银亚洲、香港分行各自独立经营必须要有两套管理控制系统，这必然会导致营业场所、人力、技术保障、后勤行政等软硬件设施的重复配置，经营成本高昂制约了市场竞争力。从业务领域看，两家机构同属商业银行性质，在业务发展方向、客户对象等方面存在很大重合，在信贷、贸易结算、清算、资金交易等业务领域会产生不必要的内部竞争耗能。此外，香港市场上同时存在两个工商银行的商业银行机构，也不利于工商银行的整体形象。

其次整合有利于迅速提高工银亚洲的综合实力，工银亚洲整合前后指标变化如表 3 – 2 所示。

表 3 – 2　　　　　　工银亚洲于重组前后的营运表现

2000 年 12 月 31 日

项目	重组前	重组后
资产总值（百万港元）	20657	33974
贷款及其他账项（百万港元）	12231.4	21119.3
营运收入（百万港元）	521.1	832.9
营运溢利（百万港元）	98.4	258.8
除税后纯利（百万港元）	150.1	304.7
平均资产回报（%）	6.0	6.6

资料来源：英高财务公司致工银亚洲股东特别大会的函。

整合后，工银亚洲的资本和资产规模迅速壮大，极大加强了工商银行在港业务的合力发挥，成长为实力强、潜力大的中等规模上市银行，为开拓香港市场奠定重要基础。香港分行为工银亚洲提供了实力强、资信好的香港蓝筹公司，使工银亚洲的客户结构更加合理。友联银行则为其增加了个人和中小企业的零售客户。整合后，工银亚洲的资产负债结构、产品结构、业务组合明显优化，财务状况得到很大改观，信用评级提高，有利于其降低筹资成本和增强盈利能力。整合后，工银亚洲配合工商银行境内业务的发展，对增强工商银行国际竞争力，迎接国际金融竞争的挑战，起到了积极作用。

在重组完成后，我和李礼辉副行长分别兼任中国工商银行（亚洲）的非执行董事会主席和副主席。在确定首席执行官（CEO）人选时又遇到一番周折。友联银行并购时的董事总经理兼行政总裁陈志强，依然担任工银亚洲 CEO。陈志强在友联银行发生风险时由香港金管局推荐担任银行 CEO。他是港籍的银行职业经理人，专业及为人不错，也胜任香港小型银行管理岗位。但工银亚洲与香港分行合并后，逐步成为香港的中型银行，下一步还要进行繁复的重组整合，科技改进、持续并购、快速拓展，目标方向是要成为香港的大型银行。对比目标和任务，他的经验和履历都有所欠缺。在董事会上，从他提出的业务规划，明显可看到他对新银行的发展战略的理解不够。当时正逢两家银行整合，需要与工商银行总行各部门、各分行进行大量联系磋商，对总行和各分行人事的不熟悉也成为他的短板。而工商银行香港分行总经理朱琦已经在香港银行界工作了 8 年，经营管理能力很强，与香港商界也保持了较好关系。朱琦曾在工商银行总行国际部工作过，有利于内外协调，但他没有管理过零售银行。

我们最终决定让朱琦担任 CEO，让陈志强担任总裁，但汇报路线是总裁须向 CEO 汇报。与陈志强谈话时，他再三表示希望是联席 CEO 制度。虽然在国际上，少数银行在某些特定时期，因种种原因，短暂有过联席 CEO 制度，但双头制的管理体制确实对决策效率和责任落实不利，考虑到陈志强担忧的是外部对他任职的评说，我们提出让他到工商银行总行住房信贷部担任顾问，他很高兴地接受了，在总行也发挥了很好的作用，一年后离职去了一家日资银行。朱琦担任工银亚洲 CEO 多年，业务发展快且好，这说明了金融并购中的人事安排战略的重要性。

2001 年 5 月 4 日，中国工商银行（亚洲）有限公司与中国工商银行正式签署有条件重组收购协议。协议的核心内容是：将中国工商银行香港分行现有业务的主要部分并入工银亚洲。这是中国国有商业银行境外机构首次通过国际资本市场平台实现间接上市。作为国内商业银行利用国际资本市场平台的首次运作，工银亚洲的整合行动引起了海内外新闻媒体的广泛关注与报道。

当时正逢《财富》全球论坛香港年会召开之际，2001年5月7日，我们在香港举行了新闻发布会，海内外的众多新闻媒体派遣记者参加了发布会，并普遍给予好评。当晚中央电视台一套节目《现在播报》头条播出了工商银行整合工银亚洲的消息。5月8日，《人民日报》在第二版给予报道，并称整合行动是"国有独资商业银行的境外机构首次实现间接上市"。《金融时报》在头版头条以《工商银行整合香港业务》为题刊发了报道，并称整合"表明了该行全面拓展境外业务的战略部署，也显示了该行对境外资本市场运作规则操作手法的娴熟"。此外《中国证券报》《经济参考报》《中华工商时报》《国际金融报》等均在头版报道了这次整合行动。5月8日，香港各主要媒体在头版的显著位置以大量篇幅正面报道了整合行动，并配发了大幅照片。《文汇报》以《整合后总资产达360亿，工银亚洲注资增规模效益》为标题；《明报》以《工银亚洲呆坏账率降至15.3%》为标题；《信报》以《工银亚洲获母公司注资财务转佳》为标题，纷纷给予整合交易十分客观正面的评价。此后数日，香港媒体对工商银行的整合行动继续保持高度关注，每天都有新闻报道和评论刊出。

为扩大市场影响，配合下一阶段资本市场配售工作的顺利完成，在整合交易新闻发布会举行后，工商银行还展开了以基金为主要对象的系列活动。通过发布会、午餐会、专门拜会等方式，加强了对基金经理、基金分析员的营销。接触中，基金经理和分析员对整合交易普遍持积极正面的态度，认为交易方案合理，溢价金额适当，体现了工商银行对工银亚洲的支持和在港发展的长远战略布局，树立了遵循市场经济规律负责任的大股东形象。总行领导又分别率团赴新加坡、中国香港、伦敦、爱丁堡，拜会投资公司展开工银亚洲股票路演推介活动。据悉，市场对重组交易的反应十分正面，普遍认为工商银行讲述了一个有吸引力的投资故事，显示出工商银行管理层对行业、企业和重组的深刻理解。相当一部分投资公司对工银亚洲中长期走势看好，对购入工银亚洲股票表示出浓厚兴趣。据测算，如果工商银行将此次重组所增持的工银亚洲股份套现，恰好可以使当初收购友联银行所付成本全部回流。因此如将整合与收购联系来看，工商银行实质上是借友联银行之壳实现了香港分行上市，运用资本市场平台成功地完成了又一次并购交易。更重要的收获是，从友联银行的收购到工商银行香港分行的注入，都是在上市银行的平台上进行的，工商银行领导及管理团队，受到一场资本市场的洗礼，受到了香港及全球上市银行制度的培训。没有想到的是，五年后的工商银行整体在香港和上海两地、A股和 H 股同步上市。五年前的那两场上市银行的并购，无意中成为一次预演。如果说当初还有些青涩的话，五年后的 2006 年，面对当时全球最大的、220 亿美元的中国工商银行的 IPO，我们已经成竹在胸了。如今回顾 20 多年前的那场并购，看到工银亚洲从一家资产两三百亿港元（见表 3 – 3），面临亏损的银行，成长为现今资产达 10000 亿港元、利润达 100 亿港元的工商银行境外业务布局中的旗舰，让我们真正感受到了收购兼并的重要意义。

表 3 – 3　　　　　　　　香港上市银行经营统计

大型银行			
恒生银行	1998 年	1999 年	2000 年
资产总值（百万港元）	422721	442070	500784
贷款及其他账项（百万港元）	198277	197281	217518
营运收入（百万港元）	14497	14808	15265
营运溢利（百万港元）	8156	9646	11344
除税后纯利（百万港元）	6788	8307	10014

续表

大型银行			
平均资产回报（%）	1.7	1.9	2.1
东亚银行	**1998 年**	**1999 年**	**2000 年**
资产总值（百万港元）	135635	145341	177348
贷款及其他账项（百万港元）	85505	84998	105621
营运收入（百万港元）	4222	4570	4983
营运溢利（百万港元）	1056	552	2219
除税后纯利（百万港元）	820	1489	1875
平均资产回报（%）	0.6	1.1	1.2
道亨银行	**1998 年**	**1999 年**	**2000 年**
资产总值（百万港元）	122934	131876	141986
贷款及其他账项（百万港元）	64738	64941	65337
营运收入（百万港元）	3456	3715	3931
营运溢利（百万港元）	1439	1393	1993
除税后纯利（百万港元）	1254	1186	1723
平均资产回报（%）	1.0	0.9	1.3
中型银行			
永隆银行	**1998 年**	**1999 年**	**2000 年**
资产总值（百万港元）	53302	59736	65482
贷款及其他账项（百万港元）	29985	27260	28440
营运收入（百万港元）	1554	1713	1774
营运溢利（百万港元）	722	989	1210
除税后纯利（百万港元）	600	855	1011
平均资产回报（%）	1.2	1.5	1.6
永亨银行	**1998 年**	**1999 年**	**2000 年**
资产总值（百万港元）	48445	50441	54530
贷款及其他账项（百万港元）	31930	32399	33730

中型银行			
营运收入（百万港元）	1643	1782	2011
营运溢利（百万港元）	607	826	1061
除税后纯利（百万港元）	505	684	902
平均资产回报（百万港元）	1.1	1.4	1.7
大新银行	**1998 年**	**1999 年**	**2000 年**
资产总值（百万港元）	40025	44934	49702
贷款及其他账项（百万港元）	25229	27714	30389
营运收入（百万港元）	1429	1846	2037
营运溢利（百万港元）	435	695	903
除税后纯利（百万港元）	268	596	823
平均资产回报（%）	0.7	1.4	1.7
小型银行			
中信嘉华银行	**1998 年**	**1999 年**	**2000 年**
资产总值（百万港元）	44110	48783	56658
贷款及其他账项（百万港元）	26140	29055	33722
营运收入（百万港元）	1178	1150	1600
营运溢利（百万港元）	126	− 268	633
除税后纯利（百万港元）	103	109	583
平均资产回报（%）	0.3	0.2	1.1
港基国际银行	**1998 年**	**1999 年**	**2000 年**
资产总值（百万港元）	25718	24068	29242
贷款及其他账项（百万港元）	15923	13514	17426
营运收入（百万港元）	868	783	909
营运溢利（百万港元）	111	22	276
除税后纯利（百万港元）	82	24	244
平均资产回报（%）	0.3	0.1	0.9

续表

小型银行			
香港华人银行	**1998 年**	**1999 年**	**2000 年**
资产总值（百万港元）	26565	26536	25176
贷款及其他账项（百万港元）	19833	13410	13258
营运收入（百万港元）	915	727	1082
营运溢利（百万港元）	- 465	52	399
除税后纯利（百万港元）	- 634	58	369
平均资产回报（%）	- 2.2	0.2	1.4
廖创兴银行	**1998 年**	**1999 年**	**2000 年**
资产总值（百万港元）	31993	35815	38992
贷款及其他账项（百万港元）	18448	19759	19380
营运收入（百万港元）	1060	974	1117
营运溢利（百万港元）	405	418	541
除税后纯利（百万港元）	340	357	457
平均资产回报（%）	1.1	1.1	1.2
工银亚洲	**1998 年**	**1999 年**	**2000 年**
资产总值（百万港元）	21465	19158	20657
贷款及其他账项（百万港元）	14195	11069	12231
营运收入（百万港元）	586	408	521
营运溢利（百万港元）	38	- 548	98
除税后纯利（百万港元）	33	- 545	150
平均资产回报（%）	0.2	- 2.7	0.8

资料来源：英高财务公司致工银亚洲股东特别大会的函。

第四章

再下一城
欧资百年老店易主

——收购华比富通银行

　　亚洲金融危机对香港经济的冲击并不是在短期内就能渡过的。直至 2002 年，香港金融业依然陷入在困境之中，许多国际金融公司和投资机构仍在大幅收缩在港业务，关并或裁撤分支机构，大量外国资本流出香港。同时，工商银行等中资银行却逆势进入香港市场，为香港经济和金融的恢复贡献力量。

　　刚完成并购整合的工银亚洲一枝独秀。在严峻的外部环境中取得了不俗的业绩，各项增长指标在香港都是名列前茅。特别是盈利的增长，工银亚洲已经连续三年都保持增长率第一。工银亚洲的资产质量持续改善，不良资产率从并购前的 35%，降低至 2002 年底的 2% 以下；盈利状况明显改善，股本回报率升至 10.4%；总资产增加至 623 亿港元。在许多银行贷款下降时，工银亚洲贷款却在迅速增长。不少原先热衷与外资大行打交道的香港蓝筹公司，也希望工银亚洲能予以贷款援手。工银亚洲在总行的支持下，发挥了其在银团贷款领域的优势。2002 年，工银亚洲共安排 32 笔银团贷款，金额总计为 960 亿港元，位居香港前三。

当时在香港的大型银行有汇丰银行集团（包括汇丰银行控股的恒生银行），其在香港银行业市场的占比为 45.7%。而中国银行控股的中国银行（香港），合并了原中银集团香港十二行中十家银行的业务，并同时持有在香港注册的南洋商业银行、集友银行和中银信用卡（国际）有限公司等附属机构。其在香港银行业市场的份额也达 30% 左右。东亚银行和渣打银行也算次大型银行。工商银行在中国内地是最大的银行，尽管当时深圳的经济规模比香港小很多，但工商银行深圳分行的资产和盈利却远超工银亚洲。工银亚洲当时只能跻身于香港中小型银行队列，甚至香港永隆银行、永亨银行等资产和盈利规模都超过工银亚洲。2002 年，在香港银行市场上，工银亚洲贷款的市场份额仅为 1.8%，存款的市场份额仅为 1.2%。原先工商银行香港分行以银团贷款的企业银行业务为主，即便这样，工银亚洲的公司贷款也仅占香港公司贷款总额的 2.4%，零售贷款仅占香港零售贷款总额的 0.9%，业务单薄，收入来源、客户类型和业务种类单一，资本水平为香港同业平均水平，尚无法满足业务和规模进一步扩张的需要。

在收购友联银行之初总行就定下了战略目标，工银亚洲的目标不但是要做一家香港本地的银行，而且还要做一家香港主要的银行。从汇丰和中银的发展看，香港银行业的市场空间依然很大。香港大型银行在监管趋严的情况下，其品牌效应、市场拓展、抗风险能力等规模优势会进一步显现。工银亚洲应把握住香港回归后的有利时机，加速发展。在香港分行和工银亚洲整合后，新成立的工银亚洲不仅规模依然较小，而且由于其历史上形成的业务结构失衡，个人和中小企业客户基础薄弱。尽管董事会多次提出调整业务结构，提升零售业务占比的要求，但靠业务的自然增长进展缓慢。最好的方式是能并购一家互补性强、在零售业务方面基础较好的银行。

雄心勃勃的捕猎者

目标已定，然而机会难寻。2002 年《南方都市报》不知怎么打探到消息，在该报的一篇文章《工行急于在港扩张》中谈及："在香港上市的工银亚洲正在四处寻找收购目标，毫不掩饰它急于想成为香港拥挤的银行业中捕猎者的雄心。"其实，危中寻机是对的。资本市场总是上演着一场场"疯狂和恐惧"的大戏。在亚洲金融危机后的几年，香港银行业并购的机会陡然增加了。

2003 年，香港银行业市场有三个潜在收购机会：浙江第一银行、华比富通银行及港基银行。工银亚洲与目标银行分别进行了接触与洽谈。前两家银行更符合工商银行的目标。浙江第一银行是日本瑞穗银行的全资附属银行。1997 年亚洲金融风暴之后，日本在港银行全面收缩战线，抽调海外资金回救日本母行。日资银行原先占比香港本地信贷总额过半。但从 1995 年末的 55%，一路下滑至 1997 年末的 39%。仅 1997 年至 1998 年一年间，就有日本债权信用银行、北海道拓殖银行、横滨银行等 18 家日资金融机构放弃在香港的金融牌照。当时浙江第一银行也意图出售并退出香港银行市场。2002 年浙江第一银行的纯利为 2.07 亿港元，资产总值为 278 亿港元。银行规模不大，分行网络不多。我们就浙江第一银行与日本瑞穗集团展开了多轮谈判，但始终在收购价格上无法达成一致。最终浙江第一银行采取了财务顾问美林的建议，在市场上进行公开招标拍卖，工银亚洲希望市净率（PB）1.18 倍的价格底线，被道亨银行 PB 1.30 倍的高价击败，道亨银行①最终将浙江第一银行收入囊中。

在与浙江第一银行谈判的同时，华比富通银行也主动找到了工银

---

① 道亨银行（Dao Heng Bank）原是香港道亨银号，1921 年在香港成立，1952 年改组为道亨银行，1982 年被国浩集团（丰隆集团成员）收购，并于 1983 年在香港证券交易所上市。1993 年，它收购了海外信托银行。新加坡发展银行集团在 1998 年吹响进军香港银行业的号角，首先收购香港"广安银行"，2001 年 7 月，新加坡星展银行以 450 亿港元（约 57 亿美元）从国浩集团手中收购了道亨银行并将其私有化。2003 年 7 月 21 日，星展银行将道亨银行、星展广安银行和海外信托银行合并为星展银行（香港）有限公司。英文名由"The Development Bank of Singapore Ltd"改为"DBS Bank Ltd"，以更好体现其泛亚洲（Pan‑Asia）的志向。

亚洲，表明有意出售其股权。我们对两个并购机会的优劣势进行了多维度的比较分析。在零售业务领域，华比富通在香港有 22 家分行，能为工银亚洲提供 61 亿港元左右的零售业务。浙江第一银行在香港有 21 个网点，能为工银亚洲提供 53 亿港元左右的零售业务。在后台系统及业务人员方面，华比富通银行比日本瑞穗集团能提供更多可借鉴的管理经验和技术。在客户群及品牌知名度上，华比富通银行都具有一定优势。香港本地客户对华比富通银行这家百年老店的品牌熟悉亲切，客户群以富有阶层人士居多，华比富通银行采用了欧洲的公司治理模式与管理办法，有国际先进的经营管理经验、系统和开发技术，客户基础具稳定性。在这方面，华比富通比另外两个潜在标的更符合工银亚洲的战略并购要求。既然与瑞穗集团的谈判僵持不下，我们同步与华比富通银行进行接触，也深入研究了华比富通银行的估值测算、支付方式及并购成功后的公司治理架构等问题。

拥有欧洲血统的百年老店

——华比富通

当时华比富通的网站上有一行"实力为朋，灵活为方"的大字，十分醒目地告诉人们这家公司的处世哲学和行事风格，从中也不难看出这家银行为什么愿意与工商银行合作，理念相近、实力相当是重要的合作基础。

华比银行创办于 1902 年 3 月，在上海设立了第一家分行，后来在天津、北京、汉口等地开设了 7 家分行，总行设在比利时布鲁塞尔。华比银行初始资本为 100 万法郎，以后增加至 500 万法郎。1930 年其资本总额达 2 亿法郎，1935 年设立华比银行香港分行。1965 年，华比银行并入比利时通用银行。20 世纪 30 年代，通用银行下属各国分行陆续改为当地注册公司，唯有中国的业务仍由布鲁塞尔总部管理，但在上海设有总经理处负责中国具体事务。1903 年华比银行参加了上海国际银团，成为经办庚子赔款和保管关税的外国银行之一，也参与了陇海铁路、京汉铁路、粤汉铁路的修建，开平煤矿的开采，并控制了比商天津电车电灯公司等。华比银行主要经营汇兑、抵押放款和投资业务，在中国发行过钞票。1941 年太平洋战争爆发后被日军封闭，1945 年复业。中华人民共和国成立后，华比银行被批准为经营外汇的指定银行，1956 年起实际上已停业，在中国境内的机构于 1976 年解散。1984 年和 1987 年通用银行又分别在北京和上海设立代表处。

1934 年，华比银行改名为比利时海外银行（Banque Belge pour L'Etranger），1957 年改名为比利时银行有限公司（Banque Belge Ltd）。1965 年该公司并入通用银行。通用银行是比利时最重要的海外业务银行，曾在超过 40 个海外国家和地区设立分支机构。它通过控股子公司华比银行在开罗、伦敦和纽约等设立分行或附属银行。通用银行在香港的机构，逐渐转化为香港的一家中型银行，在港拥有 22 家分行，5 家中小企业服务中心，员工 900 名，在资产管理、外汇兑换以及其他金融产品服务方面都十分活跃。1999 年，华比银行母公司被富通集团合并。富通集团是全欧洲最大的综合性金融集团之一，注册于比利时，拥有银行、保险和资产管理方面的丰富经验。截至 2003 年 7 月 31 日，富通集团的市值达 210 亿欧元，在全球拥有近 7 万名员工。富通集团将华比银行与 Meespierson 银行合并，并在 2000 年 5 月更名华比富通银行（Fortis Bank Asia HK）。华比富通银行通过香港的 22 家分行和 5 家中小型企业商务中心经营，提供零售银行、商业银行及企业银行、私人银行、资产管理及金融服务。零售业务是华比富通的业务重点，零售贷款占其总贷款的 40%，在零售产品中，传统的房地产抵押贷款占比较大。

华比富通经营状况良好。截至 2002 年底，华比富通总资产为 285.5 亿港元，净资产为 19.9 亿港元；资本充足率为 10.4%，资本基础相对较弱；不良贷款率为 4.6%，接近香港银行平均水平。在盈利能力方面，该行拥有 2.2% 的净息差，2002 年在资产规模稍有下降的情况下，仍然实现利润 1.3 亿港元。

与具有企业银行业务优势的工银亚洲不同，华比富通银行在零售和商业银行方面有很好的基础，双方在客户群体、网络分布、产品种类、业务构成等方面都有很强的互补性。我们分析，按 2002 年 6 月底华比富通及工银亚洲的数据计算，并购将使工银亚洲的总资产由 662 亿港元增加至 950 亿港元，客户存款总额由 380 亿港元增至约 600 亿港元，分行由 20 家增至 42 家，零售客户数量由 4 万户增加至约 12 万户，中小企业客户数量也将有显著增长，在香港的银行中总资产将由第十位跃升至第六位。此外，业务结构将得到进一步优化，贷存比率将降低，非利息收入比例将提升。

谈婚论嫁四部曲

——你中有我、我中有你的长期合作伙伴关系

随着工商银行并购次数的增多，并购经验也日渐成熟。在谈判中，工银亚洲了解到近年来富通集团的战略发生了改变。富通集团自成立以来在欧洲取得了长足的发展，但香港不是本土市场，零售业务的进一步提升面临一定瓶颈，但其又不想退出香港市场，而是想借助一个强大的平台，一起联手将这块业务做大做强。正如富通银行香港区总裁秦建明先生所言："我们的策略是通过建立战略伙伴关系，以扩充我们的亚洲业务，并同时提升双方的业务价值。"这也是富通在亚洲区的一贯作风。例如，在保险业务方面，富通集团在马来西亚与 MayBank 拥有合资企业 Maybank Fortis Holdings，在中国境内则拥有太平人寿保险公司 24.9% 的股权。在投资管理方面，富通集团在中国境内与海通证券拥有合资企业 Fortis Haitong Investment Management Company。

当了解到工银亚洲的股权对比利时富通银行有一定吸引力时，我们就改变了并购支付方式作为价格谈判的筹码。以往中国商业银行跨国并购的主要支付手段是现金支付，其多少会对工银亚洲的资本充足率造成影响。而在国际并购中常采用一些新型的支付方式，如股权支付、有价证券、混合支付等，以减少现金支付比例，降低并购对银行经营绩效的不利影响。在这次并购谈判中，提出了"股权＋现金"的支付方式，希望降低股权收购价。正因为不是为了一次性交易或是收了现金就拿钱走人，富通集团在谈判时并未在价格上斤斤计较，双方致力于建立长期战略伙伴关系，最终将收购价格由富通最初提出的PB 1.1 ~ 1.25 倍，降低为 1.05 倍，接近同期香港银行业收购的最低价。同时，因富通持有工银亚洲的股份，借此成为工银亚洲的战略投资者，进入工银亚洲的董事会，这有利于并购后的银行稳定与整合，使工银亚洲与富通建立更紧密的合作伙伴关系。

不过，在富通持有工银亚洲股份的比例上双方有了不同的想法。富通最初希望得到工银亚洲不少于 20% 的具有投票权的普通股，并委任 3 名董事进入工银亚洲董事会。根据权益法，富通总部就能将工银亚洲的业绩计入富通的投资表现。

工商银行研究后则认为，应当保持大比例控股工银亚洲，即使收购完成后控股比例也要占 60% 以上，而且当时工商银行在收购资金方面也比较宽裕，前期洽谈收购浙江第一银行时，预计收购需要花费 40 亿港元，并就此获得了财政部的批准。现在收购华比富通十几亿港元现金就够了，工商银行资金是绰绰有余的。因此，工商银行不愿意给富通股份，更愿意给现金。

2003 年 5 月 9 日，富通在会谈中作出了让步，表示如果工商银行不同意，富通持股比例可减至 15%，根据工商银行需要安排回购，董事减至 2 人。经反复磋商，最后双方商定工商银行给富通 9% 的工银亚洲股份，其余为现金支付。

订婚

——谅解备忘录的签署

通过多轮磋商，工商银行与富通银行就华比富通银行的收购价格、支付方式、股权安排等主要问题基本达成一致。2003年8月4日，工银亚洲收到了香港金管局对这次收购的不反对意见函，富通方面也取得了比利时金管局的口头不反对意见，各方正等待中国银监会的意见。这时，由于市场传闻富通正放售华比富通银行，不少有兴趣的潜在买家纷纷与富通接触并询价。为避免收购计划出现意外变化，总行要求工银亚洲快速与华比富通银行签订一份没有法律约束力的谅解备忘录，以期锁定收购目标并正式展开收购行动。

2003年8月21日，工银亚洲与富通集团在香港签订了有关建议并购华比富通银行剥离若干欧洲及企业银行客户后零售及商业银行业务的谅解备忘录，并联合召开了新闻发布会，向媒体解释谅解备忘录的内容。工银亚洲董事会还于当天按联交所规定对此进行了公布。

该谅解备忘录旨在规范建议交易，真正的交易必须取决于：工银亚洲及富通集团各自进行尽职调查，商议一份具有法律约束力的正式买卖协议，并取得一切相关的监管机构、董事会及股东批准。谅解备忘录虽就交易的代价等作出了原则性的规定，指出有关并购将由工银亚洲通过收购华比富通已发行的所有股本来完成，但没有就双方何时订立具有法律约束力的正式买卖协议确定期限。由于香港法律的规定，双方已经达成默契的收购价格等具体细节也暂时不能公布。因此，签署谅解备忘录仅标志着收购工作的正式开始，大量的工作随即展开。

双方对这次并购充满了期许，这次并购对分享共同远景的双方皆有裨益。工商银行近年来一直努力扩大在港业务，此次对华比富通的并购，进一步扩大竞争优势，为将来的发展奠定了基础。富通集团行政总裁 Anton van Rossum 指出："这项并购交易让富通集团与中国最大银行集团的国际旗舰牵手，并购建立长远合作关系，惠及每一位员工和客户，我们在竭力落实这份备忘录的同时，会与中国工商银行（亚洲）研究在大中华及其他地区的业务合作空间。"

谅解备忘录签署后，工银亚洲立即成立了并购工作小组，与工商东亚、史密夫律师事务所及普华永道会计师事务所的相关项目人员，就下一阶段的主要工作重点及时间进度表进行了讨论与制订，工作内容上主要包括尽职调查、制订业务整合和发展计划、寻求监管部门批准、优先股转为普通股、确定融资方案、谈判并签订销售购买协议、完成交易交割程序等；时间上明确了在当年年底前完成收购协议签约和项目交割的目标。

婚前的尽职调查与结构设计

——去伪存真、各得其所

尽职调查工作是确定交易价格和具体交易条款、拟订业务整合计划和业务发展计划的基础。尽职调查工作由工银亚洲为此交易而成立的整合委员会和各主要部门的工作小组以及律师、会计师和财务顾问协同进行。工银亚洲及其财务顾问、律师和审计师向富通银行递交尽职调查问题及资料要求清单，对方按照要求准备相关的文件材料供工银亚洲查阅，并安排适当的人员（业务、财务、人力资源、内控及法律部门人员等）回答相关问题。通过尽职调查，工银亚洲需要获得有关被收购实体的业务、法律及财务方面的详尽资料，并通过会计师的调查，确定被收购实体的账面净资产值，作为下一步谈判的基础。在尽职调查结束之后，再根据实际结果，确定合理的交易结构及其他有助于交易开展的相关措施。

作为当时唯一的一单香港银行并购欧洲银行的案例，这次并购首先涉及不同国家和地区的税务问题。由于工银亚洲的控股大股东中国工商银行是中国境内的商业银行，华比富通是在比利时注册、按照比利时法律成立的公司，工银亚洲则是在中国香港注册、上市的银行，因此，收购华比富通涉及三地的法律监管问题。综合起来，谈判中主要涉及以下几个问题。

在我国香港，银行收购一般有两个主要的交易步骤：第一步是收购目标公司的股权；第二步是向香港立法会申请运用私人条例，将目标公司的资产负债一次性并入收购方。工银亚洲设计的交易结构也是采取这种方式，但详细分析比利时税务规定和交易结构之后发现，在第二步把华比富通的资产负债并入工银亚洲时，由于工银亚洲没有把相应的交易对价支付给华比富通，因而，比利时税务当局会把这种交易视为华比富通向工银亚洲无偿"赠送"净资产。由于华比富通仍是比利时纳税人，按照比利时的税务规定，华比富通需要按上述净资产的合理价值缴纳"遗赠税"。

在这种情况下，必须调整最初的交易结构，以规避或减少上述税项。因此，富通书面提出较为完备的税务承担承诺。主要内容为：富通银行在出售华比富通银行时，与工银亚洲签订弥偿保证契据，同意补偿工银亚洲就华比富通银行在交易完成前按照法例所需承担的税项，包含的担保范围基本上能满足工银亚洲的要求。几经谈判，最后双方达成协议：工银亚洲在 2005 年终前向监管机构、立法会提出有关合并申请，由此引起的税务索偿需要在 2010 年 1 月 1 日前提出。

另一个问题是关于比利时银行牌照。华比富通银行注册于比利时，同时具有在中国香港经营银行业务的全功能牌照和在比利时经营银行业务的牌照。就当时的情况而言，如果工银亚洲继续保留比利时银行牌照将面临香港金管局与比利时监管部门，以及中国证监会等有关部门极为严格和烦琐的审查，有可能拖慢或影响工银亚洲收购华比在港业务的进度，因此工银亚洲决定放弃比利时牌照。但在合并完成前，必须暂时保留该牌照直至合并完成。

果然，在工银亚洲向比利时银行监管委员会通报了拟收购华比富通银行的交易意向之后，该会于 9 月 30 日讨论了有关问题，并表示原则上对此收购没有异议，但比利时银监会及香港金管局分别要求，对于华比富通银行在比利时的银行牌照问题，工银亚洲还需要尽快作出决定和有关安排。若工银亚洲决定保留牌照，则必须提交业务发展规划，以便两家监管机构重新考虑。考虑到工银亚洲自身业务发展趋势和总行在欧盟的发展，以及引起的审批麻烦，最终我们决定暂时不保留这个牌照。

在资产净值计算方法上，双方产生过一些分歧。双方在 8 月签署的备忘录中确认，以华比富通于收购完成日净资产的 1.05 倍作价。但在净资产的计算方法上，由于华比富通在拨备、税收政策等方面遵循的是比利时监管当局的规范和会计准则，与工银亚洲执行的香港金管局指引和会计准则有差异，加上着眼点不同，导致双方对净资产的计算方法有较大争议。双方在长期合作的基础上进行了多次长时间的细致谈判，最终，达成一致意见：双方均按账面的净资产值计算，均不做调整。工银亚洲表示，净资产不做调整的条件是富通税务承担延长一年。兼并收购是一种商业交易行为，更是一门人文艺术：决策时要求理性强硬，谈判时轻松的笑声背后坚守着利益的阵地，然而，交易细节中所透露出的人情冷暖却最让人难以忘怀。

缔造双赢

——"谅解备忘录"的具体落实

根据工银亚洲与富通集团的谅解备忘录，工银亚洲收购华比富通银行剥离后业务的对价，将由占 9% 的工银亚洲经扩大后股本中具有选举权的普通股与现金支付，而现金部分工银亚洲亦将以发售新股的方式进行融资。

在工银亚洲实施融资前，首先需要将工商银行所持有的工银亚洲优先股全部转为普通股，以避免两类股份的存在给收购操作带来的不便。在得到总行同意后，工银亚洲计划在与富通集团签订收购华比富通的买卖合约前，完成转股程序。

工银亚洲与融资顾问工商东亚于 2003 年 10 月拟定了具体的融资方案，设计了供股、供股同时发行次级债和配股同时发行次级债三种融资方式进行融资。最终所确定的融资方式必须以保证工银亚洲的总资本充足率不低于 16%、核心资本充足率不低于 12% 为前提，并维持公众持股比例不低于 25%。12 月 16 日，工银亚洲按总行要求，就供股与配股两种不同的融资方式对工商银行的影响做了进一步讨论。经过分析，先供后配方式可直接取得收益，但由于收益取决于再配股套现价，较为不确定。而直接配股可增加每股净资产，收益表现于总行持有工银亚洲股份中未变现增值部分。

2004 年 2 月，总行批准工银亚洲配售 1.2 亿股新股，并择机向市场发售 8 亿港元次级债，用来筹集资金以支付对价的融资方案。如果由于市场环境变化导致配售不成功，可以供股作为备选方案，总行将提供包销。

在股权安排上，根据工银亚洲与富通集团签署的关于收购华比富通的谅解备忘录，富通集团将收取工银亚洲扩大后股本的 9% 作为交易的部分对价。双方经过谈判，就这部分股权做了如下安排：

（1）关于富通集团的董事会席位。交易完成后，富通集团可委任 1 名非执行董事进入工银亚洲董事会。

（2）持股的锁定期限。富通集团的持股锁定期限为 3 年。

（3）持股的上限。富通及其附属公司总共不应持有超过9%的工银亚洲股权。

（4）抗摊薄权利（Anti‑dilution right），富通集团强调必须保障其9%权益未来不会被大幅摊薄，因此，有必要取得抗摊薄权利。

（5）优先认购权和回购期权。为回避技术困难，工银亚洲建议放弃优先认购权和回购期权的安排。若富通集团3年后决定出手股份，工银亚洲可安排其在市场上有序出售，亦可达到扩大股东基础的目的。工商银行总行对此表示同意。

在双方谈判的基础上，2003年12月31日，工银亚洲与富通集团旗下的富通银行及General Belgian Holding B. V. 签订买卖协议，收购了其持有的华比富通银行100%股权。

按照收购协议，对华比富通2004年4月30日的净资产进行了审计，并加上按照协议条款和程序双方讨论后作出的小调整，工银亚洲实际需要支付25.3亿港元（含代价股份协议价值），相当于经调整后的账面净资产的1.05倍。2004年4月30日，第一笔支付为9%的工银亚洲股份，约合7.5亿港元。收购完成前，工银亚洲的控股股东工商银行已将所持有的约2.02亿股可转换优先股转成普通股，支付后持股比例为66.6%。2004年7月27日，支付了第二笔现金。

收购完成后，工银亚洲于2005年4月以向香港立法会申请实施私人法案的方式，把华比富通银行的业务合并进工银亚洲。在合并前，2004年5月1日，华比富通银行易名为华比银行（Belgian Bank），作为工银亚洲的全资附属子公司继续经营。富通集团也按照协议提名Dennis Ziengs进入工银亚洲董事会任非执行董事。2005年10月10日，华比银行并入工商银行（亚洲），百年老店名称不复存在。在工商银行先后十几次的收购中，许多历史悠久的外国银行如涓涓支流，汇入了工商银行的大河，溯源这些支流，历史最久远的还数华比银行，它将工商银行的支流历史推溯至 1902 年。

"固本培元、调理阴阳、辨证施治" 平稳过渡

鉴于工银亚洲与华比富通银行之间不同的文化背景及业务结构，整合难度更大一些，我们提出的整合思路是求大同、存小异，形成互补。在文化背景上，工银亚洲及其前身友联银行是香港本地银行，与香港分行同处于中华文化圈的大背景，彼此在许多方面容易理解和沟通。华比富通则是一家具有百年历史的欧资银行，在漫长的历史中形成了一整套企业的自身文化和先进的管理经验，很多值得工银亚洲去保留、借鉴和吸收。在业务结构上，当时工商银行香港分行没有零售业务和网络，业务机构部门重合少，合并起来也相对比较容易。收购华比富通时，两家银行的业务体系、人员素质和数量（工银亚洲600 多人，华比 700 多人）相差无几，重合的部门不少。用什么方式整合才能将人才、客户的流失量减少到最低，并充分发挥两家机构间并购带来的协同效应（财务协同效应和管理协同效应），这对工银亚洲的管理者来说，无疑是一个重要的课题。为此，工银亚洲与富通集团共同成立了整合委员会，制定了明确的整合方针并对具体工作进行指导。在该整合委员会下，按业务、财务、人力资源、信息系统、内控系统及法律等不同部门，组成若干工作小组，分别负责制订各自所辖领域整合工作的具体计划和合并后的业务发展计划，制定收入和成本预算，以明确并量化合并后可能产生的协同效应。

稳定客户群，防止业务流失是整合过程中的又一重点。通过一系列细致而具有创造性的工作，工银亚洲并购华比富通后，原有客户没有大规模流失。比如，华比富通银行一直为学校、医院、教堂、慈善机构提供服务。收购后工银亚洲行政总裁拜访了大客户，宣传工银亚

洲的服务理念及优势，表示愿意继续提供优质服务，参加相关慈善活动。此后，工银亚洲定期组织游学团赴内地游学考察。例如，2004年的第一期活动取名为"今夕古都游"，当时有80多名学生参加，其中最优秀的10名学生由工银亚洲提供费用。游学团在工银亚洲的安排陪同下，游览了首都北京和历史名城西安。正是通过一系列诸如此类的定期活动，以及背后艰苦细致又富有创造性的工作，工银亚洲并购华比富通后，原有客户及业务都较为稳定，文化整合也较为顺畅。

在稳定员工队伍、实现平稳过渡方面，工银亚洲管理层从传统中医理论中得到了启发，并以此来指导整合工作。中医理论讲究固本培元、调理阴阳、辨证施治，这样解决问题看似慢一些，但对机体损害少。为了稳定华比富通的员工，签署谅解备忘录的新闻发布会一结束，就举行了华比富通银行中高层人员会议，介绍了中国工商银行在香港实施跨境经营的战略和工银亚洲快速发展的情况，强调并购华比富通银行是中国工商银行在香港长远发展的一个重要里程碑，有助于加强工银亚洲的零售和商业银行基础，相信并购后的华比富通银行会得到快速发展。同时也表达了工银亚洲不会无端裁员或减薪，而且鉴于业务量的增长潜力，整体薪酬甚至有上调可能。

对部门的整合，则本着先易后难的原则，先从人事、总务等部门开始，逐步触及业务部门。两行的部门主管开始时的业务范围、工资待遇都不变，经过一段时间的工作，再根据主管的业绩、能力进行选任。由于历史原因，华比富通员工的工资比工银亚洲高。面对这种情况，工银亚洲没有人为拉平这种差距，而是给高工资的人增加工作压力，用业绩说话，证明自己有实力拿高薪；为低工资的人提供发展空间，基础是把业绩做上去，个人的市场价值提高了，薪酬自然也就上去了。

系统整合

——惊险的一跃

工商银行收购华比富通后，由于两家银行在产品体系、业务流程、管理机制、文化背景等方面存在诸多差异，在系统整合上，工银亚洲面临棘手的两难选择：一种方案是先保留工银亚洲与华比富通各自的系统和相关业务团队，逐步进行系统合并与调试。这种做法冲击较小，风险相对较低，但存在一个严重问题——耗时很长。工银亚洲做了初步估算，若采纳此方案，从开始做到最后完成整合至少需要两年时间。也就是说，若按照此方案，工银亚洲与华比富通虽然名义上完成了并购，但二者从员工到业务的实际整合要拖延两年以上，这必然会影响各项业务的顺利开展。

另一种方案是立即着手，在尽可能短的时间内完成系统整合。这有利于推动工银亚洲业务的迅速发展，但也存在一个关键问题，即系统整合带来的短期风险相当大，甚至会发生系统崩溃，后果不堪设想。工银亚洲相关人员如此评述："如果说工银亚洲收购华比富通是工银亚洲发展路上的一次大跨越，那么收购之后，两行业务系统整合则令这次跨越同时成为'惊险的一跃'。如果成功，工银亚洲将站在新的高度迈上新的发展旅程；如果失败，工银亚洲各项业务将可能停滞发展，甚至跌入深渊。"

工商银行决策层以及工银亚洲领导班子经过痛苦又审慎周全的分析与论证，最后为工银亚洲的长远发展考虑，决定立即实施系统整合，实施核心银行系统升级工程。2004 年，艰苦的系统整合工程正式拉开序幕。工银亚洲组建了系统整合工程组，主要领导担任组长，全行各主要业务部门都派人参加，并聘请了 Accenture 公司为技术顾问，高峰时项目组同时有 50 多名员工在工作，整个工程耗资 1.3 亿港元。

系统整合上尽力吸取了两家银行系统的长处，如华比富通业务处理系统里的贸易融资业务处理系统和客户关系管理系统。当时对系统的更换是整体的一次性更换，经过测试、调查，共查出了 8000 多个问题，前后共经历了 8 次试运行。许多员工因为试运行连续 8 个周末加班到深夜，没有休息，身心疲惫至极。工银亚洲的员工们全身心投入，没有任何抱怨。终于，在项目组和全行员工的齐心协力之下，历时 10 个月，系统上线一次成功，完成了这"惊险的一跃"。

协同显现，"旗舰"扬帆

工银亚洲收购华比富通是我国银行史上内地银行首次收购欧资银行，而且收购的是一家百年老店，并成功经营管理，具有里程碑式的意义。

这次收购属于全面收购。华比富通的资产、负债、机构，除被剥离的部分外，全部转入了工银亚洲。这次收购也是强强联合的收购。工银亚洲与华比富通都是经营状况良好的银行，收购的原因主要是双方大股东战略上的考虑。在收购完成后，双方成为战略伙伴，互惠互利，共同发展。原先工银亚洲长于企业服务，而华比富通银行则在零售银行、服务中小企业方面有很好的基础，双方在客户群体、网路分布、产品种类、业务构成方面有很强的互补性，有助于工银亚洲进一步拓展在港的零售业务，优化业务结构。收购后，工银亚洲的实力和竞争力得到了较大提升，业务机构更加健全，距离成为香港本地主要银行的目标又近了一步。

此次收购使工银亚洲的总资产由 662 亿港元增加至 950 亿港元，客户存款总额由 380 亿港元增至约 600 亿港元，分行由 20 家增至 42 家，

2005 年 3 月 1 日我会见富通集团 CEO Jean Paul

零售客户数量由 4 万户增加至约 12 万户，在香港的银行中总资产由第十位跃升到第六位。

在绩效表现上，以 2004 年为分界点，收购后三年工银亚洲通过与华比银行的强势组合，发挥协同效应，为股东争取更大回报，综合运营成本有所降低，净资产收益率（ROE）持续提高。

2004 年末，工银亚洲实现经审核综合除税后盈利 7.6 亿港元，较 2003 年增长 46%，每股基本盈利为 0.80 港元，剔除 2004 年向富通集团配股的摊薄因素影响，较 2003 年上升 13%。全年平均普通股股本回报率为 10.3%、平均资产回报率为 0.9%、净息差为 1.46%，资本充足率为 17.4%。整合中的效益也逐步发挥出来。据工银亚洲 2005 年年中报告，2005 年 6 月末，工银亚洲实现综合除税后盈利 4.76 亿港元，较 2004 年同期增长 33%，增长金额达 1.18 亿港元。每股基本盈利为 0.45 港元，较 2004 年同期增长 7%，派发中期股息每股 0.18 港元，较 2004 年同期增长 29%。平均普通股股本回报率为 11.4%，平均资产回报率为 0.91% （见表 4 -1）。

表 4 -1 工银亚洲并购华比富通银行前后三年财务指标对比

年份	资产总额 （亿港元）	净利润 （亿港元）	总收入 （亿港元）	每股盈利 （港元）	股东权益 （亿港元）	资本充足 率（%）	ROE （%）	成本收入 比（%）
2001	434.97	3.304	6.923	0.06	62.79	16.1	5.3	41.9
2002	622.62	4.824	10.799	0.07	92.06	17.8	5.2	28.5
2003	753.20	5.221	11.445	0.08	100.96	16.7	5.2	27.4
2004	993.44	7.604	16.453	0.08	138.09	17.4	5.5	41.9
2005	1153.98	9.806	20.330	0.09	152.09	15.8	6.5	43.8
2006	1463.92	12.456	25.972	0.11	110.85	16.1	11.2	36.4
2007	19230.41	16.088	31.787	0.14	150.08	13.0	11.7	35.7

在工商银行的全力支持下，工银亚洲除了改善对客户的交叉销售能力外，还积极运用华比银行在欧洲的庞大网络，为客户提供更卓越、更多元化的金融产品，积极开拓中国及欧洲跨境市场，提供更高素质的跨境金融服务。

对工商银行来说，这是中资银行首次在境外全资收购一家老牌欧资银行，并借鉴、吸收欧美发达银行的先进管理经验和技术，进一步推进了国际化战略。通过在香港一系列的资本运营，工商银行进一步树立了良好的市场形象，收获了宝贵的国际并购和经营经验，培养了一批国际经营人才，也为工商银行境外"旗舰"的扬帆打下了扎实的基础。在比利时开设分行的工作，也终于在 2011 年 1 月 19 日在比利时布鲁塞尔落实。开业时比利时首相莱特姆亲临开业仪式，为表庆祝，比利时方面还首次破例为一家企业开业，让著名的"撒尿的小男孩"穿上了唐装，在当地传为美谈。

第五章

重组牌照
提升集团两地服务能力
——收购华商银行

  如果说在香港市场普遍低迷的时候，工商银行控股收购香港上市银行——友联银行，组建工银亚洲，拥有了香港全功能的持牌银行和比较成熟的零售网络，又由于友联银行的上市银行地位，拥有了一个理想的国际资本运作平台，那么2003年，工银亚洲全资收购老牌欧资银行——华比富通银行，不但快速增强了工银亚洲零售业务的实力，迅速扩大零售业务的客户和网络基础，而且可以借鉴、吸收华比富通的先进管理经验和技术。两次并购后，工银亚洲的资产规模迅速扩大，机构网络延伸。

  如前文所述，香港市场的金融业高度自由开放，竞争异常激烈，汇丰、中银等银行在香港占据了难以撼动的主导地位，工银亚洲必须另辟蹊径，提供差异化服务，才能弯道超车；当时非常重要的切入点就是工商银行的人民币业务优势。香港回归后，内地与香港金融合作不断加强，银行间的合作日益紧密。2003年7月，商务部与香港特区财政司签订了《内地与香港关于建立更紧密经贸关系的安排》（CE-

PA）。这一安排进一步推动了香港与内地，尤其是与珠江三角洲地区的区域经济融合，香港银行进入内地的门槛也得以降低。此后，包括香港东亚银行等本地银行都积极进军内地金融服务市场，而收购已在内地持牌的外资银行成为 CEPA 后港资银行进入内地的重要途径。工银亚洲也看准了人民币业务的发展，希望快速建立内地、香港之间联动的营业性机构，形成本地化服务能力。但面临的困难是工银亚洲作为一家香港的银行，在开展内地业务时受到多项限制，人民币业务经营牌照的缺失就是其中之一。

退出合资银行，顺应中外合资银行淡出历史潮流

合资银行是中国对外开放前期的产物。由于当时到海外开设分支机构的成本与难度均较大，合资往往成为国内银行引入国外银行先进管理方式的有效选择。合资银行是境外银行、金融机构同中资银行共同投资、共同经营的银行。1985 年，国务院颁布了《中华人民共和国经济特区外资银行、中外合资银行管理条例》，允许外资银行在深圳、珠海、厦门、汕头和海南设立营业性分支机构。1994 年中国颁布了全面规范外资银行的第一部法规——《中华人民共和国外资金融机构管理条例》。1996 年《上海浦东外资金融机构经营人民币业务试点暂行管理办法》颁布，进一步向外资银行开放了对外资企业及境外居民的人民币业务，加速了外资银行在中国的发展。合资银行又区别于外资银行分公司，前者不仅在境内开展金融业务，而且主要机构部门也在境内设置，银行股东由中外企业投资者和银行构成。而后者主要办事机构甚至总公司并不设置在境内，境内的子公司只负责开展业务和服务。20 世纪 90 年代，中国内地一共 7 家合资银行，其中 4 家是工商银行参股的。

工商银行在"走出去"之前，很早就开始通过组建中外合资银行

的方式与外国银行进行合作。1985 年，工商银行与亚洲开发银行、日本长期信用银行（后改名为新生银行）等机构共同设立中国第一家中外合资银行——厦门国际银行，并持有 18.75% 的股份，这是我国境内的第一家中外合资银行；1992 年，工商银行与法国巴黎银行合资设立上海巴黎银行，双方各占 50% 的股份；1993 年，工商银行与香港华人银行、香港中旅集团合资组建深圳华商银行，工商银行持股 30%；1996 年与韩国第一银行合资设立青岛国际银行，双方各占 50% 的股份。从历史的角度看，在境内办合资银行对于工商银行逐步走向国际市场起到了窗口作用。通过合资银行的窗口，工商银行逐步对国际金融业务和市场有了认识和了解，并培养了一批早期从事国际业务的人才。这是后话。

随着工商银行国际化的进展，除上述几起并购外，工商银行当时已经在新加坡、哈萨克斯坦、韩国、德国、日本、卢森堡、中国澳门和英国等地设立了境外分子行，境外机构版图不断扩大，业务实力不断增强，境外机构申设和收购兼并并举的境外发展模式已经形成。虽然经过十几年的发展，内地合资银行经营也取得了不少成绩，但随着工商银行走向世界，境内银行对外开放的深入和"国民待遇原则"的逐步实施。合资银行在内地所具有的优势已不复存在。中外合资银行基本完成了它们的历史使命，考虑到合资银行规模小、发展速度慢、盈利水平低，对集团的贡献很有限，加之业务与工商银行国内业务有一定重合以及亚洲金融危机中部分中外合资银行也遭受一定损失，经过充分论证，工商银行决定择机退出了合资银行。

最先退出的是 1993 年中法合资成立的上海巴黎国际银行。2003 年11 月，工商银行按照资产净值 1.23 倍的溢价，将所持有的上海巴黎银行 50% 的股份卖给原合资方法国巴黎银行。自此上海巴黎国际银行变更为首家在华注册的外资独资银行。韩国第一银行与工商银行于 1996年合资设立了青岛国际银行，双方各占 50% 的股份。2004 年韩亚银行收购了青岛国际银行部分股份，工商银行开始分步退出青岛国际银行，最终全部收回了原来的投资，2007年韩国银行在此基础上成立了韩亚银行（中国）有限公司。

华商银行的退出则更费周折。华商银行成立于1993年9月，总部设在深圳，是深圳首家合资银行，在蛇口有一家分行，在香港设有离岸部。最初，由香港华人银行、香港中旅集团和工商银行深圳分行共同出资组建，三方出资比例分别为40%、30%和30%，注册资本为3000万美元。之后，几经辗转，通过增资、转让与重组，2003年3月，工商银行和香港中信嘉华银行各持有华商银行75%和25%的股权，其中中信嘉华所持的股权是代表工商银行的持有权益。

华商银行以吸引海外华侨资金为主，为工商各界提供金融和投资咨询服务，主要经营外汇贷款、外汇存款、国际结算及贸易融资、离岸业务、楼宇按揭、外币票据贴现、外币兑换、代客外汇买卖、代理外币信用卡付款、经批准的外汇投资、保管箱业务、资信调查和咨询等。

大多数合资银行由于业务范围受限、股东磨合困难以及亚洲金融风暴等因素的影响，在中国的发展相对比较缓慢，华商银行在发展过程中也多少遇到了相似的瓶颈。成立初期，由于经营班子不熟悉银行业务，股东意见不一，华商银行的经营业绩平平。1995年，改由大股东工商银行派员出任华商银行总裁对其进行经营，华商银行进入了快速发展阶段，资产规模、利润水平等主要指标均有所改观。可惜好景不长，伴随亚洲金融危机，华商银行的各项业务受到了不同程度的影响与冲击，资产质量下降、不良贷款高企，资不抵债濒临破产。在这样的情况下，当然无法将华商银行进行转让。如果走破产的道路，工商银行原先投入的资本金将全部损失还不够，资金和声誉损失极大。因此，我们研究了资产重组，结合收购兼并的一揽子方案，目标要达到压降不良资产、减少财务损失、出售华商银行、通过并购实现机构再生，价值增值。

同时，也要理顺华商银行的股权关系。1997 年亚洲金融危机爆发后，香港中旅（集团）有限公司、香港华人银行有限公司受自身财务压力影响决定退出华商银行，其所持股权全部售予工商银行。为维持华商银行的合资银行地位，香港华人银行有限公司（后并入香港中信嘉华银行）名义持股 25%，并享有股份的回购权。中信嘉华名义持股的初衷是为其在内地扩张寻求一块合适的跳板。但随着 2004 年旨在消除内地与香港之间贸易壁垒的 CEPA 正式生效，香港的银行进入内地的门槛从 200 亿美元降至 60 亿美元，中信嘉华加速了其在内地自主扩张的战略计划，于 2003 年 10 月迅速斥资约 90 万美元收购了中国国际财务有限公司（深圳）的全部股权，拿到了内地外币经营牌照。同时，在内地与母公司中信集团下属的另一子公司中信实业银行展开了多渠道的全面合作，发挥了中信集团金融业务的综合优势及品牌效应。随后，中信嘉华又在上海开设了分行。对华商银行的战略投资渐渐偏离了中信嘉华在内地发展的核心策略，其退出华商银行已势在必行。2004 年 12 月 30 日，工银亚洲与工商银行、中信嘉华银行订立收购协议，工商银行及中信嘉华分别同意转让所持有的华商银行 75% 和 25% 的股权。由于中信嘉华实际上是代表工商银行持有华商银行股权，因此中信嘉华不收取代价。

为了减少损失，工商银行总行要求工商银行深圳分行接受华商银行 15447 万美元全部信贷资产（其中多数是不良资产），使清理资产后的华商银行成为一家"干净"的银行。我们考虑到对香港的银行而言，华商银行有人民币业务牌照，是有吸引力的，让工银亚洲并购华商银行是一次一举多得的收购。首先华商银行地处深圳，可以与工银亚洲形成良好的联动，经营文化的契合度更高。其次华商银行是深圳第一家合资银行，具有一定的市场影响力。华商银行虽然暂时不能做人民币业务，但可全面经办外汇业务，经营情况还比较稳定。随着 CEPA 合作内容推动落实，广大内地、香港客户的两地金融服务一体化需求与日俱增，未来华商银行获得人民币牌照的机会甚大，这样能满足工银

亚洲在内地业务发展需要。尽管当时华商银行除资本金外已经没有其他业务，但对于这样一个好牌照，必须溢价出售。总行要求以溢价1.1倍的价格出售给工商银行，获得了工银亚洲董事会和股东大会批准。2005年6月1日，中国银行业监督管理委员会正式批准此次交易。2005年7月14日，香港金管局正式批准工银亚洲收购华商银行事项。

2005年8月，按照收购协议，工商银行向工银亚洲出售所持华商银行全部股份，最终成交价格约为9584万美元。股权收购完成后，工银亚洲100%持有华商银行股权，华商银行的企业类型由合资银行转变为外资银行，其外资法人机构的地位不变。交割方式采取股权置换的方式进行，交割过程分"工银亚洲按华商银行估计价值向工商银行发新股"与"工银亚洲与工商银行按最终成交价格多退少补"两个步骤。为支付收购对价，工银亚洲按每股11.0583港元向工商银行配发及发行66698102股，总价约为7.38亿港元，折合9456万美元，其余128万美元以现金形式支付，收购完成后，中国工商银行持有工银亚洲59.72%的股份。至此华商银行成为香港工银亚洲的全资子银行。而溢价增值的 871 万美元，则交由工商银行深圳分行用于核销不良贷款。通过资本市场运作，国有资产实现了增值，出售华商银行换回的工银亚洲股票约每股 11 港元，2007 年上半年升值到每股 17 港元，增值了 54%。2009 年，工银亚洲的股价更是达到当初换回股票价格的 2 倍多，一个面临破产清算的机构通过资本市场并购重组完全避免了损失，同时成为一家有价值的银行。

进退之间彰显整体战略　易主换面，华丽转身

经过一系列的资产剥离、股权转让和重组之后，华商银行终于成为工银亚洲全资控股的外资银行，对华商银行而言，这预示着一段崭新征程的开启，支持工银亚洲形成内地业务优势。为了完善公司治理，收购后的华商银行参考国内外先进银行的公司治理结构设置，先后成立了信贷业务部、信贷风险管理部、财务资金部、营运部、咨询技术部与合规部 6 个部门，不仅保障了银行日常运作，更为业务规模扩大和内外联动提供了有力支持。同时，华商银行更新原有授权管理、信贷风险管理、结算业务管理方面的制度、规章，以及公司章程，从制度和流程上规范了业务运作。

得益于收购后的协同效应，华商银行很快就驶入了发展的快车道，经营业绩突飞猛进。2005 年底，华商银行贷款由 7.8 亿港元增加至10.6 亿港元，税后利润达 200 万港元。2006 年底，华商银行资产总资产进一步增加至 18.5 亿港元，净利润 2300 万港元，较 2005 年增加了2100 万港元，增幅达 1050%。

按照工银亚洲的经营安排，华商银行继续发挥香港与内地联动的作用，主要服务于开展两地业务的客户。2007 年 1 月，华商银行顺利获得人民币业务经营资格。

外界或许多少存在疑问：母行与子行都可以做人民币业务了，工商银行和工银亚洲之间难道不会有业务上的竞争吗？工商银行与工银亚洲的管理者完全不这样认为："按照集团的整体发展思路和工银亚洲的经营安排，工银亚洲立足于服务香港客户，华商银行主要是配合工银亚洲，为客户提供在内地的金融延伸服务。"收购后的华商银行借助工银亚洲在香港的地位和客户基础，提供银团贷款、项目贷款、中长期流动资金贷款、贸易融资、抵押贷款等外币及人民币产品，成为工银亚洲拓展内地业务的基地。工商银行则主要集中服务大型企业、提供大型融资。

事实上，工商银行、工银亚洲与华商银行之间存在的不是业务竞争，而是业务联动与协同效应。工银亚洲除了给予华商银行资本金方面的支持和人员支持外，专门为华商银行设立了后勤中心（support center），还同意华商银行将各项业务薄记在深圳本地，而不像其他的港资子银行那样把业务薄记在香港，这为华商银行业务的迅速发展打下了雄厚基础。直到今天，华商银行仍然是深圳地区最大的外资子银行。

从工商银行方面来看，它对于华商银行的发展贡献也是不言而喻的。工商银行深圳分行与华商银行联动，为华商银行近几年的发展创造了很多业务机会，同时工商银行凭借丰厚的底蕴，为华商银行提供了更多的资金支持。从此，华商银行开始了大踏步式的前进，业务、机构设置和人员配备方面，都已经脱离了从前的旧貌，重组后的华商银行，背靠工商银行和工银亚洲强劲前行。

华商银行的业绩也为工银亚洲的发展和工商银行的业务补充贡献了力量。除了财务回报，华商银行为工银亚洲的员工提供了更广阔的职业发展空间，重组后华商银行的高层由工银亚洲派驻，信贷、会计财务等重要部门的负责人也均由工银亚洲人员担任。华商银行与工商银行深圳分行的业务联动，也为深圳分行带来了一定程度的业务回报。

　　2011年10月，华商银行将总部搬至深圳市福田中心区，面对良好的发展机遇和前景，增资事宜提上议事日程。经过银监会的批准，华商银行的注册资本从15亿元追加至31.5亿元，以满足华商银行业务发展的需要，增资工作于2012年1月完成。2012年7月、11月，华商银行广州分行、深圳分行分别顺利完成选址、更名和整体搬迁，两家分行同样获得了全国性人民币业务牌照。

　　2013年，华商银行咨询系统提升专案（NOVA系统）正式投产，全面提升了产品创新能力、客户服务能力和风险管控能力；深圳科技园支行于6月正式对外营业，网点服务功能和市场行销能力得到提升；华商银行获得开办金融衍生产品交易业务资格，改善了盈利模式与结构，扩大了金融服务范围。2015年末，华商银行总资产逾1500亿港元，年度税前利润近17亿港元，资产规模较年初增长33%，利润水平创历史新高。华商银行在利润、存贷款等多项经营指标上都在深圳外资同业中表现出众、成绩名列前茅。在内地外资银行中率先成功发行10.11亿元人民币信贷资产支持证券并获得信贷资产证券化业务豁免审批资格。华商银行客户服务能力及服务质量均得到显著提升，在不同业务领域屡获奖项及殊荣，包括荣获中国债券市场"优秀自营商奖"，跻身中国外汇交易中心2015年度银行间人民币外汇市场100强，进入全国银行间同业拆借中心2015年银行间本币市场交易200强，并荣膺《深圳特区报》第九届金融风云榜的"年度优秀外资银行品牌"。华商银行广受市场认可，市场地位进一步提升。

　　对工银亚洲来说，收购华商银行能够快速进入内地金融市场，拓展内地业务。但更重要的是，借助华商银行的内地业务营运平台及网络，有利于加强客户营销和内外联动策略的提升。工银亚洲将利用华商银行的地理位置和业务经营范围的优势，为深港两地企业客户提供综合的本外币一揽子服务方案，为两地个人客户提供诸如住房按揭和快速汇款等更为全面的金融服务。同时根据业务发展需要，还可通过华商银行到内地市场开拓新的营业网点，深化内外联动发展。

华商银行坚持"立足深圳、背靠香港、辐射珠三角"的战略，探索并充分利用深圳市前海深港现代服务业合作区框架下有关跨境金融的优惠政策，不断强化与母行工银亚洲的战略协同和业务联动，持续提升风险管控能力，努力打造特色金融产品和优质金融服务品牌，为集团的整体发展作出更大的贡献。

工银亚洲成立伊始，工商银行管理层就确定要将其发展成为工银集团境外机构的旗舰，引领其他境外机构共创工商银行国际化的新篇章。在这一目标的引领下，经过一系列资本运作、兼并收购以及十多年的经营发展，工银亚洲无论资产总额还是利润贡献均接近工银集团境外总数的50%，产品线最为完整，创新能力最强，实现了总行确定的既定目标。

工银亚洲已递交出一张较为令人满意的成绩单。截至2015年末，工银亚洲的总资产达7335.5亿港元，是收购友联银行前的48倍，客户存款总额达4666.8亿港元，是收购友联银行前的21倍，在香港共设有57家分行、25个理财金账户中心及3个商务中心，自动柜员机169台。在绩效表现上，2015年末，工银亚洲实现税后净利润67.84亿港元，是收购友联银行前的41倍。员工队伍由50人发展壮大至2475人，并配备多元化的优质培训及境内外的业务交流。

公司业务方面，工银亚洲进一步加强与工商银行母行联动合作，积极拓展大型集团客户、内地"走出去"客户及跨境客户，并继续深耕香港市场，努力实现本地客户"量质齐升"。工银亚洲还着力做好资产负债总量管理及期限、币种等动态结构管理，在切实提高流动性管理水平的同时，不断增加优质资产、优化业务结构，公司客户存款和贷款业务实现了平稳协调发展。

零售业务方面，工银亚洲继续推进总行"大零售"业务战略，不断完善零售业务管理体系，加强销售渠道优化建设，加快零售产品创新，大力宣传"跨境金融，首选银行"品牌形象，积极拓展本地与跨境个人客户，整体取得了良好经营成效，零售存贷款、信用卡、证券等业务都实现了较大发展。

金融市场业务方面，工银亚洲充分发挥工银集团离岸人民币交易中心、离岸人民币集中交易做市商（亚洲时区）等功能优势，通过动态管理手段优化债券投资组合配置，在大力拓展代客金融市场交易业务的同时，积极扩大自营交易业务规模，金融市场业务保持了平稳运行态势，实现效益、规模双增长，代客业务、自营业务稳步发展。2015 年，工银亚洲实现财资业务收入 10.72 亿港元，同比增长 62.6%。

作为工商银行的境外旗舰及离岸人民币交易中心，工银亚洲充分发挥集团联动优势，并凭借强大的离岸人民币客户基础，在巩固传统人民币汇率产品优势的基础上，积极拓展货币掉期、点心债等离岸人民币利率产品。工银亚洲抢占了人民币业务的市场先机，实现了多项市场首创或第一：香港首家进入境内银行间债券市场，全球首笔人民币银团贷款，首笔单一人民币俱乐部贷款，首笔人民币存款证，首笔人民币掉期业务，首笔人民币次级债券，首批中国证券登记结算有限公司指定的沪港通换汇报价行等。2015 年，工银亚洲积极利用上海自贸区以及新增的广东自贸区、天津自贸区、福建自贸区的最新跨境人民币贷款政策，携手境内工商银行机构，共同探索离岸人民币资金运用新途径，推出各类新产品，其人民币交易规模再创历史新高，市场占有率进一步提升，在香港市场的影响力也进一步扩大。这里还有一件有趣的事，由于华商银行拥有人民币牌照，而且经营管理较好，当时华商银行一年盈利二三十亿元，一家著名的外资银行想要购买，甚至说"多高价格都可以"，虽然是"天价"，我还是以"工银亚洲的机构，他们不同意出售"为理由回绝了。当初一家濒临破产的银行，经过收购兼并，不仅起死回生，而且成了个"金馇馇"。

第六章

扬帆起航
工商银行首例跨国并购

——收购印度尼西亚哈利姆银行

在高楼林立的印度尼西亚首都雅加达，即使你初来乍到，找到工银印尼也并非难事。只要随手拦下一辆出租车，对司机说"ICBC TOWER"，他总能准确无误地将你载到目的地。那是一座银灰色的大厦，"中国工商银行"的红字白底行徽上十分显眼，俨然成为雅加达金融街上一道亮丽的风景。

在香港进行了一系列并购取得成功的基础上，工商银行的下一步是在新兴市场还是在发达经济体，是并购中小型银行还是大型银行，这事关工商银行海外发展尤其是收购兼并的战略方向问题，是一个必须认真考虑并慎重行动的关键问题。

工商银行之前进行的多起并购，很显然的特征是都在香港进行。香港作为国际金融中心，经济金融发达、金融监管严格，当时是内地企业走向世界的第一个台阶，是对外联系的窗口。香港回归后，与内地交往更加密切，人文沟通也十分便利。2000 年前，中国企业的海外并购十分少见，银行业并购也主要是工商银行进行的寥寥几起。同时，中资银行正处于改制重组、股份上市、完善治理的关键时期，根本不具备在海外进行大型并购的条件。当时在欧美，确实有过多起银行业的大型并购，但欧洲银行业的并购已有百年以上的历史，而且早期并购主要是针对中小型银行的并购，从中积累了并购的经验，许多银行都经历过上百次的中小型并购，真正大型银行之间的并购多数是20世纪80年代之后发生的。中资银行并未经历过这样的阶段，因此从水浅的地方下水，逐步增强水性，再往水深一点的地方去，循序渐进，是防范银行业并购风险的措施之一。

此外，是在发达经济体进行银行并购，还是在新兴市场进行银行并购，是另一个选择题。从对欧美发达银行的并购市场研究发现，在2005年前后，银行业的整合已经基本完成，因而出现了大型银行之间的并购整合。这类并购所需资金量巨大，整合难点很大。而且，欧美银行业的市场已臻成熟，市场利差小，业务增长慢，市场也被大型银行瓜分完毕。在2008年国际金融危机后，虽然欧美市场有一批问题银行出售，但风险极大，也不适合中资银行去收购。同时从新兴市场的发展看，新兴市场具有快速发展的机会。新兴市场对外商直接投资更加鼓励，更加开放。相比欧美等西方国家，中国是一个相对更加合适的合作伙伴。新兴市场对中国银行业的经验、技术以及资金有更多的需求，而中国的银行对新兴国家的银行并购后的文化整合相对容易。当然也需要判断新兴市场政治、经济的稳定，市场经济制度的完善程度，以及未来发展潜力，并对申设及并购之间的利弊进行分析。工商银行的海外银行并购是战略性的，倾向于控股并且自己经营管理被并购的金融机构，通过整合重组，与国内工行机构互动，符合这些并购条件的银行许多在新兴市场。

工商银行为什么要在印度尼西亚收购银行，这是在深入分析研究之后决定的。印度尼西亚位于亚洲东南部太平洋和印度洋之间，横跨赤道，东部与巴布亚新几内亚接壤，北部与马来西亚接壤，南部与东帝汶毗邻，与澳大利亚隔海相望，是世界上最大的群岛之国，素有"赤道翡翠"的美誉。陆地面积逾190万平方千米，海洋面积达310万平方千米，人口约为2.4亿，是世界第四人口大国。印度尼西亚少数民族众多，主要信奉伊斯兰教。首都雅加达又称"椰城"，位于爪哇岛，是印度尼西亚第一大城市和港口，也是印度尼西亚的政治、经济和文化中心。印度尼西亚是东盟最大的经济体，资源丰富，有"热带宝岛"之称，油气产业和农业是其传统支柱产业。

亚洲金融危机以后，印尼政府对银行业进行了重组与整合，商业银行的盈利能力普遍增强，资产质量明显改善。2004年后，印尼央行开始实施《巴塞尔协议Ⅱ》，并规定各商业银行须在2008年前达到《巴塞尔协议Ⅱ》设置的所有目标。根据印尼央行的统计资料，截至2005年7月印尼共有132家商业银行，其中5家国有商业银行，26家区域性发展银行，71家私营全国银行（其中34家具有外汇业务牌照，37家不具有外汇业务牌照），30家外资、合资银行（其中合资银行19家，外资银行11家）。

中国与印尼文化交流历史源远流长，合作潜力巨大，银行客户资源丰富。印尼华人华侨占总人口的5%，却掌握着印尼近80%的私营经济资源。2004年以来，中印尼经贸合作持续快速发展，双边贸易额达到135亿美元，同比增长31.6%，其中出口72亿美元，进口63亿美元。中国彼时是印尼第四大出口国和第三大进口国。当时中国许多知名企业都将触角伸向了这个东盟最大的经济体，甚至连雅加达街头众多"摩托党"的坐骑，很多都是中国品牌、中国制造。随着中国与东盟自由贸易区框架协议的达成，中印尼之间的经贸合作将大大增强。

印尼技术水平相对落后，基础设施比较薄弱，交通、电信、电力等设施有待建设与改造，资金缺口较大。印尼的这些弱项恰恰是中国的竞争力所在，为中资企业"走出去"提供了广阔丰富的投资机会。

在工商银行投资前的 2004 年底，在印尼投资的我国大型企业共计 65 家，其中中石化、中石油和中海油等公司均在工商银行有授信额度。作为中国最大的商业银行，工商银行把印尼作为国际化拓展的重要市场，乃情理之中的选择。工商银行国际化发展的一个重要原则是跟随客户"走出去"，将境内的整体优势向境外延伸，发挥经营合力，为大量"走出去"的中国企业提供跨境金融服务。工银印尼作为工商银行乃至中资银行业的首次跨国并购，开启了工商银行和中资银行业国际化发展新的篇章。

时针回拨至 2004 年 11 月，工银印尼成立前 2 年零 10 个月，经过前期工商银行审慎细致的反复研究，在聘请的投资银行（新加坡星展银行）、律师事务所（贝克麦肯思国际、印尼 HHP 律师事务所）、会计师事务所（安永）的协助下，并购筹备组做了详尽的尽职调查，并拟定了工银印尼整合转型初步方案、交割前后风险防控方案。工商银行管理层一致同意实施首次跨国并购，并将目光投向了"千岛之国"——印度尼西亚。

"赤道翡翠"的诱惑

——"水没过脚脖子就行"

经过在香港的几次收购，工商银行积累了一定的并购经验，对国际市场和国际化经营有了进一步认识，跨国并购等待着破茧而出的时机。受 20 世纪末亚洲金融危机影响，印尼央行对外资通过申设方式进入当地市场采取"高门槛"政策，除对投资者本身的苛刻要求外，对进入印尼市场的银行资本金也提出了最低 3 万亿印尼盾（约 3 亿美元）的要求。对商业银行而言，通过申设方式进入印尼市场，资本成本过高，显然不是一个上策。经过审慎研究，收购印尼一家当地银行，"突破进入市场的壁垒"，可以快速进入新市场，相对容易解决东道国对资本的高要求。当然这是首次考虑在香港之外的并购。与之前并购不同的是，在香港，工商银行通过开设办事处、分行等机构，对当地的情况有了深入了解；而在海外，中国银行业尚没有并购的案例和教材，更何况中国与印尼曾断交 30 余年，不要说并购经验了，当时就连投资印尼的基础信息都很有限。

就印尼的这次并购，我曾做了一个比喻："印尼市场的水深我们还不是太清楚，要防范风险，第一步迈出去，水没过脚脖子就行。"因此这次收购的目标就是小型银行，具体的并购标准有三条：规模适当，净资产在 5000 万美元以下，非上市银行，私人持有；拥有全牌照，尤其是外汇牌照，经营相对稳定且业绩可以接受；有出售意向。工商银行的海外并购又走向了一个新的阶段，我们主动提出并购需求，然后再按图索骥、量体裁衣。

并购的各项工作紧锣密鼓地展开，2005 年，工商银行专门成立了由总行国际业务部、投资银行部、法律事务部专家共同组成的印尼并购项目小组。听说工商银行要在印尼市场开展并购，众多全球知名的财务顾问前来投标。工商银行总行经过一系列审评，最终选择了新加坡星展银行，原因主要有两点：一是新加坡星展银行对印尼市场非常了解，其总部所在地新加坡离目标市场印尼也较近；二是新加坡星展银行高层对工商银行此次并购给予了高度的重视。选择确定财务顾问和法律顾问后，并购大戏正式拉开大幕。项目小组采用"拉网筛查、逐家过堂"的方法，收集了印尼当时 130 家银行的相关资料，逐家与上述并购标准进行对比，初步筛选出 30 余家银行。随后，项目小组把能见的银行都见了一圈，逐项做功课，从商业银行经营的多个重要维度去评估、比对，包括银行的股东、客户、员工、产品、收入、成本、盈利、网点、系统等，尤其是 PB 倍数，以及不良贷款、未决诉讼等影响收购后整合的一些重要因素。经过几轮认真筛选，最终剩下 7 家潜在收购对象。项目小组在对这 7 家潜在收购对象展开进一步的接触、价格询盘和全面比较分析后，向工商银行管理层重点推荐了排在第一位的印尼哈利姆（Halim）银行。

"知彼知己，百战不殆"

印尼哈利姆银行成立于 1974 年，最初是一家农村银行，1989 年获得商业银行地位，1995 年取得外汇经营牌照。截至 2004 年末，哈利姆银行总资产为 5250 万美元，净资产为 1100 万美元，不良资产率为 1.3%；2004 年实现净利润 80 万美元。总行设在印尼第二大城市泗水（Surabaya），共有 12 家分行，分别位于泗水、雅加达和万隆。

哈利姆银行是一家小型的本土家族银行，在印尼有数以千计的中小企业和个人客户基础，以经营风格稳健著称，在业界享有良好声誉。根据印尼银行业专业杂志 Info Bank 的排名，哈利姆银行 2002—2003 年，在私人国家性银行中排名第二；在办理外汇业务的银行中排名第六；在资产低于 1 亿印尼盾的银行中排名第八。2000—2004 年，该行连续五年被印尼中央银行评为印尼最佳银行。

印尼哈利姆银行当时有两个主要股东：Widjaya（林乃轩）家族，拥有 79.80% 的股份；古当·加拉姆（Gudang Garam）集团所有人拉赫曼·哈利姆（Rachman Halim）家族，拥有 20.20% 的股份。主要股东均不直接参与该行的经营管理，而是聘请职业经理人进行管理，银行经营与股东企业也不存在关联交易。

大股东 Widjaya 家族向印尼包括古当·加拉姆集团在内的所有主要烟草生产商供应丁香香烟的主要成分，拥有为香烟、食品和饮料生产纸板和塑料包装的工厂，年生产总值超过 1.5 亿美元。集团还在雅加达北部拥有大型购物中心，掌控一家不锈钢钢铁企业，是印尼同类企业中最大的之一，并且参与铝制品生产。林乃轩（Kentjana Widjaja）先生 1947 年生于印尼，祖籍福建，掌控家族生意，为印尼最大的烟草供应商，在印尼华人商界具有较大的影响力，是印尼华人中排名前几位的富商之一，为人低调。林乃轩先生在上海、南京均投资房地产，在杭州专门为利群香烟投资兴建了烟盒制造厂，在长沙投资海底世界项目。

当项目小组对哈利姆银行进行了更为细致的调查后，发现了其薄弱的一面：银行经营和管理相对比较随意，不太符合规范的现代化公司治理及运营要求。用项目小组当时的话讲："我们不是坐飞机来的，是坐时光隧道穿越过来的，感觉一下子看到了 20 年前的中国银行业。"以国际一流大银行的标准来看，这家经营不错的印尼传统家族银行实施的是家族式的管理文化，与现代商业银行管理文化有一定差距；财务管理和清算仍处于半手工状态，资金交易采用的是电话口头确认的原生态方式；信贷管理以抵押信贷为主、硬件设施相对落后，当时它们使用的是自行研发的单机版账户，用软盘及打印的纸质文件留底（同期印尼的绝大多数中小型银行都处于这一阶段）。在收购完成后，我去了哈利姆银行位于泗水的总行，十分简陋的多层建筑，甚至不如工商银行的一家县支行或分理处，管理层级工作人员十分质朴。我们此次并购的动机非常明确，主要是低成本和高效进入印尼市场。我们知道，并购新兴市场的小型银行并不会给我们带来许多经营管理经验，但这不是我们这次收购的主要目标。

说起哈利姆银行的创办及出售动机，还颇有一番戏剧色彩。据说大股东林先生因为妹妹对金融感兴趣，就花了几千万印尼盾让她办了哈利姆银行试试身手。银行成立 30 年来，一直没有成为家族的主营产业，经营方式保守，没有分过红。时间久了，家人都认为不如将银行卖了。

通过财务顾问，哈利姆银行股东了解到工商银行有进入印尼市场的意向，于是打算通过与中国最大商业银行的合作，提升股东家族在中国境内产业的声望和影响力。林乃轩先生明确表示支持工商银行进入印尼市场，对于哈利姆银行的人员和机构调整、转移贷款资产、承担现有资产风险等收购相关问题表示都可以商量；对于出让股权的比例也比较灵活，可以出让绝大部分股权，如果政策许可，或可出让银行的全部股权。

收购兼并其实是一种选择，哈利姆银行的情况是优劣并存。收购这样的银行需要勇气，勇气来自信心，信心来自对自己和对手的充分了解。

到底花多少钱合适？

要完成一项成功的并购，不仅需要战略胆识，更需要智慧。2005年4月，我们开始与印尼哈利姆银行股东接触，探讨并购合作的可能性。当时市场上几桩外资银行收购印尼本地银行的案例溢价都比较高，如何确定一个让双方都能接受的并购价格对工商银行来说无疑是一个严峻的挑战。对此，我们根据既定的收购策略，坚持双方合作共赢，着眼未来的长远发展，引导谈判的双赢方向。

我们认真做好功课，选取了2002—2004年3年内印尼市场所有银行收购成功的案例，同时找出和哈利姆银行规模相当的，在印尼雅加达股票交易市场上市的全部18家当地银行，进行有关交易价格的全面比较和策略评估，有如下发现：

第一，3年来印尼市场有关银行收购的价格呈上升趋势。收购价格与被收购银行净资产比（P/B）从1.1倍上涨至2.7倍，加权平均为1.8倍。收购价格与被收购银行年度收益比（P/E）从3.5倍上涨至19.3倍，加权平均为11.5倍。

第二，2004年印尼市场有关银行收购的价格要高于前两年。收购价格与被收购银行净资产比（P/B）最低为1.4倍，最高为2.7倍，加权平均为 2.3 倍。收购价格与被收购银行年度收益比（P/E）最低为 8.7 倍，最高为 19.3 倍，加权平均为 14.4 倍。

第三，从雅加达股票市场的交易情况来看，股票购买价格与交易客体（上市银行）净资产比（P/B）最低为 1.3 倍，最高为 2.9 倍，加权平均为 2.2 倍。股票购买价格与交易客体（上市银行）年度收益比（P/E）最低为 5.7 倍，最高为 15.5 倍，加权平均为 9.7 倍。

根据以上分析，我们认为，收购价格与被收购银行净资产比介于 1.8～2.3 倍应该是个相对适合的市场交易价格。事实证明，这个判断是准确的，哈利姆银行最终成交的市净率是 2.0 倍。然而，价格永远是谈判中最敏感的问题，这一价格的达成并非一帆风顺。

2005 年 7 月初，哈利姆银行的股东通过财务顾问转告工商银行，决定将出售价格定在 2800 万美元（以 1100 万美元的 90% 作为基础，相当于审计后净资产的 2.83 倍）。与原来双方商定的以审计后净资产 1.8 倍的价格相比，这一突如其来的提价是我们意料之外的。一方面，项目小组在第一时间向工商银行管理层做了汇报；另一方面，由新加坡星展银行代为出面，与哈利姆银行股东及其财务顾问进行接触，了解问题出现的原因和外方的真实意图。经多方面了解，问题的出现与哈利姆银行的财务顾问不无关系。哈利姆银行的主要股东对目前印尼银行业的并购市场情况不太熟悉，他们最初只是根据出售的意愿和资金需要大概确定了一个价格，对银行资本的回报并未进行深入考虑。当其财务顾问就此提出意见后，股东又重新提出了报价。

外方在价格方面的反复，于理有悖于潜在的商业原则，但考虑到这是外方在不清楚市场行情的情况下，听取了财务顾问单方面意见后的商业反应，于情可以理解。项目小组在请示管理层后，采取了"交心"的策略。所谓"交心"，就是与哈利姆银行的股东往深里谈，了解对方为什么要涨价以及出售的真正意图。

通过"交心"，2005 年 7 月 7 日和 11 日，哈利姆银行最大股东林乃轩先生未通过中介机构，先后两次亲自致电项目小组，反复表达了想要合作的意愿。在两次电话交谈中，为了表达诚意，林乃轩先生将价格逐步下调到 2 倍以上。在项目小组的进一步争取下，最后双方将交易价格确定在了净资产的 2.0 倍。根据工商银行已经确定的进入印尼市场战略并结合实际情况，项目小组认为，卖方提出的 2 倍价格是可以接受的，而且在印尼市场银行出售价格上行的情况下，抓住有利时机尽快进入印尼市场比胶着于价格的谈判更有现实意义。工商银行管理层再次支持了项目小组的判断。

事实证明，工商银行当时的选择是颇具前瞻性的。当时另外一家与工商银行一起希望进入印尼市场的银行收购了一家没有全牌照的印尼银行，该银行当时对印尼银行监管的判断是会逐步放松，尤其是对牌照审批会放开，但事实却恰恰相反。收购后 3 年，它们很遗憾地退出了印尼市场。而工商银行经过努力，最终以合理的价格和适当的投资方式获取了金融资源和市场机会丰富的印尼市场的全牌照经营资格。

一波三折的谈判

除了交易对价的确定，谈判的整个过程艰辛又充满不确定性，每天都有新的问题出现，未知的挑战一个接着一个，需要去协调、去解决、去攻克。谈判过程中的每一项条款、每一个措辞都可能涉及大额资金的盈亏，或埋下未来风险的种子，需要慎之又慎，反复推敲。项目团队感觉如履薄冰，重任压肩。通宵鏖战是家常便饭，收购工作越接近尾声，涉及细枝末节的地方就越多，谈判的难度就越大，整个项目的挑战性也就越来越强。不经意间，我们在做着一件"前无古人"的事情。当从印尼 130 家银行中通过精心"选拔"，最终挑出哈利姆银行，并进行深入细致的谈判后，中国银行业第一次以收购方式进入海外市场的路径也就越来越清晰了，也正是这种对挑战的创造性攻克为收购兼并工作赋予了挑战的快乐。

缺失的股权转让文件

我们在尽职调查中发现，哈利姆银行 1978 年、1982 年和 1989 年 3 次股权转让的相关文件缺失。虽然 1982 年以后，该行股权变化一直保持相对稳定和连续（林乃轩先生均为大股东），收购后工商银行被"原股东"主张权利的可能性很小，但是为了防范可能存在的风险，我们在协议中要求哈利姆银行的现任股东获得前任股东的承诺保证，承认与缺失文件相关的股权转让是有效且有约束力的，进而承认工商银行是被转让股权的唯一合法所有人。卖方股东表示在现实中，很难取得 1982 年以前股东的保证。经与律师协商，要求现时股东对工商银行作出上述承诺，潜在的可能出现的损失仍通过协议项下保证金或林乃轩先生 10% 的股份进行补偿。

交易付款方案

谈判中，哈利姆银行向我们提出帮助其降低税务成本的要求，双方也花费了相当一部分精力用来设计交易付款方案。为解决此问题，外方提出交易款项的 65%（1.3 倍价值）在印尼支付，35%（0.7 倍价值）在中国香港支付；工商银行律师则提出由外方在海外成立 2~5 家特殊目的公司（SPV），将哈利姆银行的有关股份转移到这些 SPV 中去的方案。就这两种方案，我们相继征求了国际知名律所、印尼律所和工商银行总行法律部门的意见。汇总各方意见后，发现两种方案都有不同程度的弊端，尤其是外方提出的方案，在中国香港支付的部分无论是否与此项收购构成关联交易，都可能给工商银行带来不利影响，特别是在工商银行即将赴港上市的敏感时刻。为此，项目小组多次与林乃轩先生商谈，充分揭示了离岸支付给双方带来的潜在风险。最终，林乃轩先生同意交易款项在印尼支付，但同时提出了股权买卖协议要采取主附协议的形式。主协议主要说明对哈利姆银行500亿印尼盾资本（Paid－up Capital）的90%（折合约460万美元）进行收购；附协议作为对主协议的补充，主要说明对534亿印尼盾留存收益（retained earnings）的90%（折合约490万美元）进行收购。收购价格仍然是项目小组事先约定的审计后净资产2倍。经与律师确认，该交易付款方式应该能够被印尼央行所接受。

为更好地保护工商银行权益，我们在律师和财务顾问的协助下，经过与大股东林乃轩先生的艰苦谈判，还在股份买卖协议中做了如下约定：尽职调查发现的问题如在交割日之前不能得到满意解决，工商银行有权利中止执行协议，并不承担任何责任和损失；所列问题涉及一定金额的，双方约定从交易价格中先行剔除（以下简称"问题价值"），并由卖方承担相关责任和损失；股份买卖协议签订后，卖方将90%售卖股份存入双方指定的中立代理托管银行（Escrow Agent）的股权托管账户，同时，工商银行也将相应的收购款项（哈利姆银行审计后净资产的2倍价值金额）放入同一家代理托管银行的美元托管账户（Escrow Account）。交割日，卖方将90%股权证明变更登记为工商银行所有，工商银行支付剔除"问题价值"后50%的款项给外方。待完成交割日实际净资产的审计后，再支付剔除"问题价值"的30%款项；剩余20%作为保证金，待交割日后12个月，扣除有关潜在的以及已经产生的损失之后支付给卖方；双方约定，余下的损失如果发生，由林乃轩先生使用手中剩余的10%的股份对买方进行补偿。

新年的礼物

2006 年 12 月 30 日，周六，再过一天就是新的一年了。北京的天空飘起了雪花。晚上，在漫天飞雪、满地洁白的映衬下，工商银行总行的大楼灯火辉煌，仿佛一座梦幻里的城堡。

签约前的工作依旧紧张，工商银行项目组在会议室里，连简单的快餐都顾不上吃，边谈判，边修改协议文本，直到协议签署的最后一刻。经过一年多高强度、不间断的并购工作，工商银行与印尼哈利姆银行的代表终于坐到了签约台上，准备正式签署股权买卖协议，工商银行最终确定以约 2200 万美元的价格收购哈利姆银行 90% 的股份。

在总结此次收购的缘由和意义时，我指出："工商银行海外发展战略的一项重要内容是跟随中国企业"走出去"。工银印尼作为在印尼注册的当地法人银行，可以充分发挥身处印尼和东盟自由贸易区的地缘优势，在母行强大的资金、网络和技术平台支持下深度挖掘客户需求，积极为中国与印尼、中国与东盟之间的经贸往来客户、跨国投资企业、金融机构和个人客户提供有力的金融服务支持。"

签字仪式顺利结束，项目组从行里出来，走在金融街上，终于舒了口气，异常疲惫的身体此刻却感觉万分轻盈，正如项目组组长工银印尼负责人所回忆的，"望着漫天、满地的白雪，我的内心也清澈开阔起来，'心如朗月连天净，性似寒潭彻底清'，那一刻永生难忘，如镜，映心"。

正式落子印尼

股份买卖协议的签署极大地鼓舞了士气，但并购工作没有句号，只有逗号，项目小组成员没有喘息休整的时间，便再次投入交割开业前的紧张筹备工作。经过一番努力，2007 年 9 月 28 日，工商银行顺利完成印尼哈利姆银行 90% 股份的交割法律手续，成为该行控股股东，同时哈利姆银行正式更名为中国工商银行（印度尼西亚）有限公司，标志着中国最大的商业银行正式奏响了进入印尼市场的序曲。

2007 年 11 月 12 日和 13 日，工银印尼开业庆典仪式先后在印尼雅加达和泗水两地隆重举行。印尼央行副行长穆利阿宛先生、中国驻印尼大使等贵宾莅临雅加达庆典，对工银印尼的成立表示热烈的祝贺和真诚的祝福。庆典仪式简约而隆重，体现了工商银行稳健经营的企业文化，扇子舞等印尼传统舞蹈以及印尼绚丽的民族服装让与会者感受到了印尼浓郁的热带风情，两位小主持人的加盟更是给庆典增加了面向未来的气息。

**2007 年 11 月 17 日，工银印尼开业，在台上左二是林乃轩、
左三是中国驻印尼大使兰立俊，右二是金光集团董事长黄志源，右三是我**

财经媒体纷纷在第一时间对此次收购给予了正面的报道和积极的评价。《中国证券报》认为，随着工商银行上市的顺利完成以及国内银行业的全面开放，无论是资产规模还是财务实力，工商银行已具备了跨国并购的能力，这次收购或标志着国内银行业进入海外并购时代。香港《信报》认为，工商银行以"小试牛刀"方式走出国门，将会在增强竞争力、扩大股本回报率、树立国际化品牌形象以及降低非系统性风险方面产生积极影响。

多维度、全方位的整合

工银印尼正式成立，庆典十分辉煌，嘉宾、媒体的赞誉不绝于耳，但也是压在工商银行管理层和项目小组肩上的沉甸甸的责任与期许。中资银行首次跨国并购，多大的光环，足以在中国银行业发展史上留下浓墨重彩的一笔。然而，光环可以照亮天空，也可以让人迷失方向。完成并购交易，克服市场进入的障碍，仅仅是并购成功的第一步。相关研究显示，并购失败的案例中有90%是整合不力所致。高昂的整合成本和管理文化的互不兼容往往是整合失败的致命根源。对于工商银行来说，要在新进入的市场环境下整合、管理好一家经营模式不同、文化差异较大的银行，不能不说是一个严峻的挑战。如何控制好整合成本，引领好文化融合成为摆在工商银行管理层和项目小组面前的首要任务。大家都开始认真思索"我们在哪儿，我们要去哪儿，我们怎么去"。

收购的成败很大程度上取决于整合的效果。交割后，工商银行明确了工银印尼"一个十强、两个第一、三个桥梁"的战略发展目标，即在未来3~5年间，发挥好工银印尼的中印经济、金融和文化三个桥梁作用；将工银印尼逐步打造为中印第一贸易融资银行和印尼第一华人零售银行；力争成为当地十强商业银行，立足印尼，服务东盟，努力建成一个区域性银行。在总行的支持下，工银印尼迅速搭建了生产和办公网络科技平台，积极引入工商银行管理制度、管理文化和工商银行品牌业务，全力筹备投产 FOVA 系统，全面规划网点布局，着力推动子行科技、制度、机制和产品整合，积极完善客户分销体系，有重点地组织目标客户营销等市场开拓工作，有效控制了转型过程中各类风险，保障了经营管理过渡、转型时期各项工作的顺利推进，提高了工商银行在印尼市场的社会影响和知名度。

工银印尼的整合是多维度、全方位的。一是严格公司治理，抓好整合源头。交割以后，工银印尼改变了哈利姆银行典型的家族式管理模式，引入了重大事项集体审议制度，旨在树立现代商业银行管理理念。在股东大会、董事会、监事会（三会）的治理架构下，设立了包括股东大会在内的 16 个委员会，明确了"三会"及各专门委员会的职责分工。2008 年 6 月，在印尼央行对当地所有商业银行的公司治理考评中，成立不满一年的工银印尼被评为"GOOD"。①

二是产品服务的不断丰富。工银印尼结合自身实际，在继承传统业务的基础上，积极与工商银行境内外分支机构开展内外联动、外外联动，重点拓展了财务顾问、银团贷款、贸易融资、国际结算等法人客户产品以及代理发卡、个人预结汇和代客买卖等个人客户产品，积极争揽银联清算业务，成立第二年实现了全球首单人民币跨境结算业务。

三是全面风险管理框架的形成。工银印尼借鉴工商银行风险管理模式和方法，明确了董事会、监事会及下设风险管理委员会，审计委员会等专业委员会、高管层的职责，设立专职合规董事，以及独立的内审和专职合规审查岗位，初步构建了以防范信用风险、市场风险、流动性风险、操作风险、法律风险、合规风险、声誉风险、战略风险、

---

① "GOOD"为印尼央行给予当地银行的最高评价。

国家风险等九大风险为目的的全面风险管理架构。工银印尼完善信贷管理组织架构，再造信贷管理流程；重组业务流程体系，改变了原哈利姆银行前台、中台、后台控制不到位的问题；推行差别化授权，实行"总部垂直管理，属地区域集中"的审查集中管理模式，完善市场准入与投向分析、风险监测以及国家风险管理的信贷管理体系。健全流动性、市场风险管理机制，实施外汇敞口和流动性限额管理，建立资产负债运营、市场风险和流动性风险的监测、分析报告制度，对资产负债运行、利率及汇率风险进行适应性调整，防范市场及流动性风险。

四是信息系统的整合。工银印尼于 2009 年 4 月 6 日投产了 FOVA系统，成为印尼央行颁布新法规后第一家获得数据中心外包审批的商业银行。FOVA 系统的投产，基本实现了工商银行第一家跨国、跨文化、跨语言并购背景下 IT 系统及运营管理体系整合，彻底提升了原哈利姆银行相对落后的 IT 系统，促进了工银印尼信息系统、硬件设备以及办公信息化的升级换代，深刻变革了原有的劳动组合、流程控制、业务处理和客户服务方式，为工银印尼实现与工商银行共享科技优势、资源与全球产品服务，提升核心竞争力搭建了一个坚实的基础平台。

五是机构与物理网点布局的整合。交割后，工银印尼将总部从泗水搬迁至雅加达，积极调整网点布局，搬迁改造位于雅加达的 2 家分支机构，推进业务发展重心向中心城市的转移，提高客户服务能力，提升工银印尼对外形象和社会知名度。

胜似一家亲

古语云："渊深而鱼生之，山深而兽往之，人富而仁义附焉。"在工商银行管理层看来，所谓文化融合，就是统一思想、统一认识，形成你中有我、我中有你的公司文化。工银印尼所要形成的文化既不完全是哈利姆银行的文化，也不完全是母行工商银行的文化，而是整合后的文化融合，适应于当地市场发展生态的一种自然产物，这或许正是并购的奇妙之处。自在印尼这片热土扎根以来，工银印尼在工商银行管理层的指导下，将自身核心价值观概括为"ICBC"，即"Integrity（融合），Commitment（承诺），Belonging（归属），Caring（关爱）"。其中"关爱"明确将社会责任固化在企业文化中，意指关心社会，关爱未来，关注人的价值，做有社会责任感的企业。

金融业，人才是关键。工商银行素来注重对国际化人才队伍的培养和储备，早在收购哈利姆银行之初，工商银行就在全国范围内征集、选拔了一支素质过硬、具备国际化视野或经验的外派队伍。收购完成后，工商银行又迅速组建了赴印尼专家工作小组，与项目小组一道着手开展整合。为了让中国员工真正融入当地员工之中，工银印尼管理层着实费了不少心思。首先从吃饭这个日常性的，看似稀松平常的事情开始。印尼餐辛辣香腻，刚到印尼的时候，习惯了中餐的外派员工都吃不惯当地的工作餐，很多人每天自己带饭吃。结果每到吃饭的时候，都是印尼籍员工和中国员工各吃各的，形成泾渭分明的两拨人。加上本来就语言不通，两国员工在用餐时基本没什么交流。工银印尼管理层很快注意到了这个现象，马上专门召集所有外派员工开会，要求每天必须和当地员工一起用餐，不管什么味道，吃饱再说。很快地，所有外派员工都开始试着与当地员工一起吃印尼特色的工作餐，一开始不免有些吃不习惯，但时间久了，"胃的时差"也慢慢地倒了过来，到后来，也开始张开大口、狼吞虎咽起来。这让印尼籍员工深受感动，虽然一起吃饭看似是一件小事，但这体现的是工商银行员工愿意入乡随俗，尊重印尼文化，融入当地团队的诚意与决心，团队间的距离一下子拉近了。

在整合过程中，工银印尼非常重视对当地队伍的保留及培养，本地雇员占比一直维持在 95% 以上，子行董事中也以印尼本地人居多。印尼的文化、宗教和习俗与中国有很大不同，以宗教为例，为了尊重当地穆斯林员工的宗教信仰，工银印尼在总部的每一层楼、每一个分支机构都设立了祷告室，供穆斯林员工每天祷告使用。在每天五次祷告时间里，子行不会为穆斯林员工安排任何会议或者其他工作。每年斋月期间，子行都会及时调整工作时间，为穆斯林员工提供便利。

工银印尼对当地员工的关爱血浓于水。一名泗水当地的姑娘毕业后加入工银印尼，入职不久不幸查出罹患乳腺癌，治疗后又得了子宫癌。工银印尼管理层觉得该为她做些什么，发现她还有几千美元的个人贷款，于是管理层几个人一起凑钱帮她把贷款还了。姑娘及家人十分感动，她丈夫的公司听说工银印尼的善举后，主动为她支付了医疗费用的欠款。姑娘身体一恢复就回到子行上班，不幸的是，不久又发现肺部有问题，再次住进了医院。工银印尼管理层得知后，特意去泗水医院探望。姑娘坚强地直起了身，深情地握着工银印尼管理层的手，眼里含着泪水，坚定而动容地说："我有两个心愿，一是想要一个孩子，二是想早日回工行上班。""早日回工行上班"，最简单的愿望，最朴实的言语，却饱含着当地员工对工商银行无尽的爱与认同。

在员工融合过程中，工商银行的管理经验和企业文化发挥了巨大的作用。直至今日，雅加达的印尼籍员工还清晰地记得第一次通过视频会议系统看到在泗水分行的同事时的兴奋，显然工商银行现代科技的成功应用给印尼籍员工带来了震撼和管理的进步，这也无形中增强了他们对新东家的信任。在整合的日子里，中方员工任劳任怨，以高度的责任感和使命感完成了一项项工作，每天晚上的星星都是大家的工作伙伴，凌晨四点响彻周边的祈祷声则成了唤醒大家的铃音。中方员工身上表现出的专业和敬业精神，深深感动了印尼籍员工，赢得了他们发自内心的尊重，也极大地激发了他们的工作热情和积极性。他们中间，有的员工以其丰富的管理经验和营销才能，带领营销团队冲锋陷阵，帮助子行实现零售业务从无到有；有的员工凭借专业知识和职业敏锐度，与同事们一起在印尼资本市场上为子行赢得可观收益；当中方员工生病时，他们半夜三更爬起来陪着去看医生……工银印尼负责人自豪地表示，工银印尼整合后，最大的收获就是建立起了一支能理解认同工行文化、执行工行制度、嗅觉敏锐、敢打硬仗的人才队伍。

印尼当地的"中国声音"

工银印尼从建立伊始就极为重视塑造扎根当地的形象，积极融入印尼社会，履行社会责任，奉献爱心、回馈社会。工银印尼扮演着当地"中国声音"的角色，与印尼政府和监管机构、重要客户、社团组织、新闻媒体等积极沟通，传播中国的历史文化、社会责任和专业化的银行素养，传承中华民族扶贫济困的传统美德，在赈灾、环保、救助、文教等诸多领域积极开展活动，搭建两国文化交流桥梁。工商银行向印尼社会彰显了一个有人情味的、血浓于水、赤诚相待，一个兼收并蓄、包容多元、关爱负责的跨国大银行的形象，在当地社会引起强烈反响和共鸣。

2009 年 6 月 1 日，工银印尼发起成立了印尼第一家由外资金融机构设立的慈善性质基金——工银印尼关爱基金。关爱基金以"你们的未来就是我们的未来，我们的未来也是你们的未来"（Your future is our future，our future is your future）为主旨，通过吸纳社会善款帮助在灾难中失去父母的儿童，关爱印尼下一代的成长。依托关爱基金，工银印尼向当地知名的 Dilts 儿童基金会捐助电脑，促进计算机在印尼社会的普及应用。工银印尼关爱基金已成为中国与印尼文化交流和友谊的象征。

大灾无情人有情。工银印尼以实际行动为两国自然灾害中的受灾群众奉献着爱心。汶川、玉树地震发生后，除全体员工（包括印尼当地员工）自发为中国灾区捐款外，工银印尼向印尼各界开通了慈善捐款汇款免费通道，成为中国驻印尼大使馆、泗水总领事馆以外的主要捐款渠道。2009 年印尼西爪哇省发生 7.3 级强烈地震，工银印尼积极投入当地的抗震救灾行动，远赴受灾严重的西爪哇省展玉地区给灾区民众送去赈灾物资。中国中央电视台对此进行了报道，高度赞扬了工银印尼表现出的社会责任感和人文关怀精神。

在文化教育方面，工银印尼也是不遗余力，践行社会责任。2009年，工银印尼与印尼苏北华联亚洲国际友好学院签订就业合作协议。为表达对工银印尼给予教学工作大力支持的感谢，学院还专门将一间教室命名为"ICBC 教室"。受印尼央行委派及印尼大学邀请，工银印尼在雅加达印尼大学举办题为"印尼与中国之间的金融桥梁"的银行业务讲座，逾300 名师生参加了讲座。为促进两国员工的文化融合，同时传承发扬中国传统文化，工银印尼举办了形式多样的文化体育活动，如开办孙子兵法讲座；为员工开设印尼语、中文的双语培训班；组织子行员工子女开展精彩儿童节活动，既丰富员工业余文化生活，又增强员工凝聚力和归属感；开展"感动工银印尼"人物评选活动，充分关注和挖掘在平凡工作岗位上作出突出贡献的员工，调动员工积极性。

2010 年10 月，工银印尼双月刊杂志《菁英汇》正式创刊。杂志创立的初衷是许多印尼人并不真正了解华人，许多声音也只是在华人的圈子里打转，需要有一个清晰响亮、掷地有声、透明全面的中国声音，传导到印尼的主流社会，展示什么是真正的中国企业、中国文化、中国梦。《菁英汇》始终坚持突出搭建两国经济、金融和文化桥梁的作用，刊载对中国驻印尼大使，印尼经济统筹部部长、工业部部长、工商会主席等人物专访；反映印尼各界菁英事迹；重点推介在两国经贸交往、文化交流中发挥重要作用的中资企业；向印尼社会比较全面地介绍当今中国与中华优秀传统文化，如首都北京、古城西安、上海世博、广州亚运等，以及有一定影响力的中国明星，如姚明、李连杰等。《菁英汇》已逐渐成为面向印尼主流社会的"来自中国的声音"，得到了印尼文化部和中国驻印尼大使馆的高度评价。

此外，为更好地为中国企业赴印尼投资提供参考，工商银行总行和工银印尼一起出版了《携手千岛之国——印度尼西亚投资指南》一书。该书对印尼钢铁、水泥、煤炭、棕榈油、重型设备、铁矿石、镍、氧化铝、交通运输、化工、能源、基础设施等12个重点行业的情况，以及印尼《公司法》《投资法》和税收法则等当地法律法规进行了较为深入的介绍，成为中国企业赴印尼投资，了解印尼投资环境、各行业市场现状、发展前景和投资价值的实用指南。

工银印尼强烈的社会责任感赢得了当地客户尤其是华人华侨的肯定和回报。在印尼的华人客户对来自中国的朋友本就充满了浓浓的乡土情谊，工银印尼的表现更加坚定了他们与工行合作的信心。他们中有人驱车穿越半个城市，把自己多年的积蓄转存到了工银印尼。一位年近九旬的老者，在中秋节前特地来到行里看望中方员工这群远离家乡的游子，他用他那布满历史年轮的手握着中方员工的手，饱含热泪地述说他当年回国抗战的故事，并热诚地邀请大家去他家过周末，说要给大家做地道的家乡菜。中方员工扶他出了门，目送他上车离去，这是一辆很普通的旧车，但其实，这位老者的后辈现在都已经是印尼商界叱咤风云的人物了。

走上发展快车道

项目小组选择雅加达新大楼作为工银印尼总部的办公大楼，当时这幢漂亮的大楼可以堪称雅加达的标志建筑。开发商主动提出可以免费用 ICBC 的名字给大楼冠名，他们觉得 ICBC 作为全球市值最大、最盈利的银行，在印尼的发展极具潜力，其品牌效应能给大楼和入驻的公司带来好运。事实证明，这位开发商没有看走眼。工银印尼入驻以后，通过内引资源，外拓业务，不仅很快顺利地完成了并购整合过程，而且在并购后的第一个完整年度（2008 年）即实现盈利，创造了当地新进入境外机构盈利的新纪录。

成绩来之不易。虽然哈利姆银行迅速转型为工银印尼，且与当地华人协会、华裔集团等签订了全面合作协议，初步打开了当地的华民新局面，但工银印尼管理层很快发现，由于产品业务种类单一、科技平台陈旧、分销渠道较少等因素，很多商业机会白白丢掉了。工银印尼管理层经过冷静、细致的分析，确定了依托全牌照经营资格，通过创新提升竞争力的发展战略，并将创新重点定位于投资银行业务。于是，工银印尼设立了单独的投资银行部门，着力于开拓资产重组、收购兼并和财务融资、信息咨询、风险投资顾问等核心业务市场。

2008 年，工银印尼协助母行担任牵头行，完成印尼南安由（Indra-mayu）电站 5.92 亿美元出口买方信贷项目，一举打响其投行业务品牌。同年，工银印尼还作为上海电气集团的投融资顾问，为其在印尼投资的电站提供投行服务。此后，很多在印尼的中国大企业都成为工银印尼的客户。同时，工银印尼也主动承担起中资企业与印尼企业相互沟通，甚至协助寻找合适项目的角色，比如为印尼的镍矿及铁矿项目寻找中国的合作者。

脚跟站稳了，工银印尼的发展开始加速，并逐步成为印尼市场中资产规模最大、盈利能力最强的中资金融机构，获得了印尼各界的高度认可。2010 年 6 月，工银印尼入选《投资家》"印尼最佳银行"，成为唯一获此殊荣的中资银行；7 月，工银印尼荣获印尼银行业协会颁发的"2010 年度印尼银行业最佳表现奖"，成为有史以来第一家获此殊荣的中资银行。2011 年 4 月，印尼著名金融期刊 *Info Bank* 第 385

期刊登了《工银印尼：金融与文化的桥梁》一文，盛赞工银印尼在中印日益繁荣的经济、文化交流中发挥的桥梁作用；6 月，工银印尼再次入选《投资家》"印尼最佳银行"；12 月，雅加达市政府决定将工银印尼总部楼下的公共汽车站以 ICBC 名字来命名，以表彰和感谢工商银行对印尼社会所作出的突出贡献。2012 年 1 月，工银印尼荣获 Frontier 和 Shengyi 杂志联合颁发的 "2011 年度最佳中国品牌奖"；4 月，工银印尼获颁《商业评论》"2012 年印尼企业风险管理奖"；6 月，工银印尼连续第三年被《投资家》评为 "印尼最佳银行"。2013 年 7 月，Info Bank 连续第五年将工银印尼评为 "最佳银行"；9 月，工银印尼被印尼银行业协会和《商业评论》共同评为 "最具社会责任感银行"。

收购至今，在工商银行总行的支持下，在工银印尼的努力经营下，印尼子行取得了经营业绩量质齐升的喜人硕果。在经营规模上，截至 2015 年末，工银印尼资产规模达 36.8 亿美元，较交割前增长约 65 倍；总负债为 33.9 亿美元，较交割前增长约 75 倍；所有者权益达 3.2 亿美元，较交割前增长约 24 倍。工银印尼的盈利能力得到持续提高。虽然在成立后第二年就经历了 2008 年国际金融危机，但当年仍实现了净利润 142 万美元，较交割前增加 105 万美元。2015 年，工银印尼年度净利润达 4061 万美元，几乎是当初收购价格的 1 倍，从收购后每年都实现了两位数的增长。

工商银行在印尼收购及整合成功，得益于工商银行国际化战略的成功和经验的积累，得益于中国经济和企业的迅速发展。工商银行国际化发展的一个重要原则是跟随客户 "走出去"，现在中国企业已经从过去的全球采购、全球销售逐步走向了全球生产，在这个过程中就会形成中国的跨国企业，工商银行的很多客户就是这样的企业，跟随它们 "走出去" 实际上也就是将境内的整体优势向境外延伸，发挥经营合力，为大量 "走出去" 的中国企业提供跨境金融服务。

印尼员工心语

工银印尼副总经理、执行董事瓦蒂·塔塘（Wati Tatang）说："当我几年前从花旗银行加入工银印尼的时候，它还是一家小银行。但这几年它的发展非常快。在这里，我经历了从一个小银行到大银行的发展过程。在这个过程中，我面临很多艰辛的工作和挑战，这一切都带给我更多的知识，让我全面了解银行，让我学到了更多东西，比如如何管理部门，如何去设计银行的产品等一系列工作。我认为这些都对我自身的发展起到了很大作用。"

工银印尼内审部总经理琳达（Linda）说："我之前在 4 家银行工作过。我觉得与之前的银行比较起来，工银印尼的不同之处在于发展非常迅速，这对我的工作来说是很大的挑战。虽然我工作过的银行不同，经验也有所不同，但我一直从事的是内审工作。过往的经验加上新的经验，我相信在工银印尼能获得更多的发展。我认为最大的挑战是团队的建设，我必须提升整个团队成员的专业水平。最开心的是我在工作中得到了管理层的支持和其他部门的大力配合。"

工银印尼总务部员工安德烈斯（Andreas）说："这是我第一次在银行工作，但是我对中国的企业并不陌生。能在全球市值第一的银行里工作，是件非常开心的事情。在 ICBC 工作的 3 年多时间里，我最大的感受就是 ICBC 带给我们的不仅是震撼，更多的是希望。工银印尼发展的速度令我和我的同事们都非常震撼。在这里，我有非常多的机会去学习各种新的理念，促进自身的成长。这无疑给我们的未来带来了更大的希望。"

路漫漫其修远兮，吾将上下而求索。历史无论如何辉煌，终究都已成为过去。工银印尼未来将围绕工商银行集团境外发展整体战略部署，结合印尼市场和自身经营情况，以继续抓好稳健性评级和公司治理评级为重点，进一步加强内部菁英管理；立足本地市场，稳步推进重点产品线建设，坚持开拓市场和结构调整并举，探索战略新兴业务，推动盈利模式转变和盈利能力提升，促进经营规模与业务结构、资产质量与资本回报的协调、平稳、可持续发展，努力提升工银印尼核心竞争力和本地化发展能力。

第七章

布局澳门
巩固大中华区金融版图

——收购澳门诚兴银行

　　外国人经常爱引用中文"危机"一词，说它寓意危险与机遇并存，辩证地讲述了危中有机。这里不去评论中文词意究竟如何。不过银行在境外设立分行或者收购兼并，时机选择确实重要。在经济危机或者低迷时进入市场，对风险理解更加透彻，行为更加谨慎，当市场和多数机构遭遇风险选择退出、"瘦身"的时候，正是新设机构可以"逆行"的时机，机遇就在其中。1997 年 11 月，工商银行汉城分行按原定时间开业，恰逢亚洲金融危机在韩国肆虐，记得我们到达韩国前一天 1 美元兑换 1300 多韩元，到达后兑换 1600 韩元，次日兑换 1900 多韩元。回国后一天 1 美元竟然兑换 2300 韩元。当时韩国的国债利率畸高，工商银行汉城分行买了不少债权，几年后收益于此，效益极好。

　　无独有偶，2003 年 5 月 19 日在澳门设立分行同样如此。20 世纪 90 年代后期，国际市场竞争加剧，欧美市场给予澳门的出口配额、关税等优惠逐步取消，再加上回归在即澳葡政府出现了一定的不作为心态，导致澳门社会治安状况恶化，失业率升高，澳门经济曾一度处于低潮。1999 年回归前，澳门经济连续 4 年负增长，失业率一度攀升至 7.7%。

表 7-1　　　　　　　　　　澳门回归前的经济增长和失业率情况

项目	1994 年	1995 年	1996 年	1997 年	1998 年	1999 年
经济增长率	4.3%	3.3%	-0.4%	-0.3%	-4.6%	-3.0%
失业率	2.5%	3.6%	4.3%	3.2%	5.4%	7.7%

资料来源：陈丽君：《澳门经济》，中国民主法制出版社，2010。

当时澳门经济结构单一，以旅游博彩业为主。但在这期间，赴澳门游客大幅减少，旅游博彩业收入跌幅巨大。1996 年赴澳门游客达815 万人次，1997 年和 1998 年则分别为 700 万人次和 695 万人次，降幅分别为 14% 和 0.7%，1998 年博彩收益比 1996 年减少了 15%。建筑地产业的需求也受到严重冲击，1998 年澳门不动产买卖成交金额只有 68.4 亿澳门元，比 1997 年减少 40.3%。2002 年工商银行准备在澳门设立分行时，由于澳门正处金融危机后的恢复期，经济比较萧条，记得有业内人士好意提醒我，你们在澳门设机构要谨慎，表达了对澳门的经济不看好。当然从表象来看，不看好澳门经济是有原因的，如从房地产市场看，当时澳门一般的居民住宅每平方米才 2000 多元人民币。工商银行在澳门有一些自办公司的大楼房产，清理资产时按账面价转让给澳门分行作办公室，也仅 3000 元一平方米。如今若房产重置，已经升值几十余倍了。我们坚信自己的判断不会错。我们看到澳门特区政府调整发展策略，明确了以博彩旅游业为龙头、服务业为主体、各行业协调发展的经济发展方向，提出了"走出谷底、逐步复兴、失业率下降、营商环境有所改善"的目标，在行政作风、办事程序、政策制定、警务管理等方面实施了一系列富有成效的改革。澳门经济在 1999 年回归后的第一年就走出谷底，随后连续多年出现两位数增长。

表 7-2　　　　　　　　　　澳门回归后的经济增长和失业率情况

项目	2002 年	2003 年	2004 年	2005 年	2006 年	2007 年
经济增长率	7.6%	12.9%	29.4%	14.8%	23.4%	24.5%
失业率	6.2%	5.5%	4.2%	4.0%	3.5%	2.9%

资料来源：澳门特别行政区政府统计暨普查局。

澳门回归祖国后，得益于与内地日益增强的经贸关系，经济连续 7 年强劲增长，年均增长率达到 10%。澳门就业状况不断改善，澳门的失业率也从 2002 年的 6.2% 逐渐降至 2007 年的 2.9%。商业环境不断改善，投资气氛活跃，国际上一些有实力的博彩、会展及旅游等投资财团陆续落户澳门，在澳门开展较大的投资计划。我们着手开设澳门分行，如同我们预判的一样，2003 年 5 月，澳门分行开业后，业务大幅增长。开业次年，存贷款分别达到 2.2 亿美元和 1.7 亿美元。开业后连续 5 年总资产、存贷款和利润年复合增幅长率超过 50%。然而，在香港遇到的问题我们在澳门也遇到了。澳门分行以批发银行为主，零售业务比较薄弱，业务发展受到存款和网点的极大制约。2007 年，澳门分行网点数量有限，在当地存贷款市场占比不到 2%，行业排名居 12 位，利润总额才 606 万美元。尽管澳门分行设立之初就提出了融入当地市场、成为澳门主要银行的目标，但实践表明，仅仅依靠自我内生发展，速度较慢，很难迅速占领澳门市场，只有依靠并购实现跨越式发展，能否复制在香港实施的并购道路，是我们一直思考的问题。

澳门银行业的发展历史

1902 年之前，澳门没有现代意义上的银行，只有华人经营的钱庄、银号，主要业务包括融资、信托、货币兑换、转账等。1902 年，葡萄牙大西洋银行在澳门开设分行，澳门的银行业进入萌芽时期。20 世纪 30 ~ 40 年代，由于抗日战争爆发，原本在内地和香港经营的银号、银庄、兑换店纷纷迁至澳门，造成了一时的繁荣景象，但抗战结束后又很快恢复了平静。澳门现代金融业起步于20世纪70年代，多家澳门本地银行都是在这一时期建立的。1970年8月，澳葡政府颁布《银行银号管制条例》，一些历史悠久的华资银号注册为银行，外资银行也纷纷进军澳门。这段时间成立或进入澳门的银行包括南通银行（中银澳门分行前身）、大丰银行、汇丰银行、恒生银行、诚兴银行、澳门商业银行、大东银行、永亨银行、太平洋银行等。1982年，澳葡政府颁布《信用制度暨金融结构管制法令》，随后法国国家巴黎银行、万国宝通银行、渣打银行、法国东方汇理银行、欧亚银行在澳门设立分行。1993年，澳葡政府颁布《澳门金融体系法律制度》，进一步完善了澳门金融业监管制度。澳门回归后，经济高速发展促进了澳门银行业进一步发展。

随着银行业的不断发展，澳门认识到建立一个适当的金融监管架构的重要性，于1980年设立了澳门发行机构（Issuing Institute of Macao），监管银行、保险和其他金融业。1989年，澳门货币暨汇兑监理署（Monetary and Foreign Exchange Authority of Macao）成立，取代澳门发行机构行使金融监管职能，并于1999年澳门回归后更名为澳门金融管理局（Monetary Authority of Macao）。其职责包括：建议及辅助澳门特区行政长官制定及施行货币、金融、外汇及保险政策；根据规范货币、金融外汇及保险活动的法规，指导、统筹及监察上述市场，确保其正常运作，并对该等市场的经营者进行监管；监察货币的内部稳定及其对外的偿还能力，以确保其完全可兑换性；行使中央储备库职能及外汇与其他对外支付工具的管理人职能；维持金融体系的稳定。

根据澳门金融管理局披露的数据，截至2007年底，在澳门经营的银行共有27家，包括11家本地注册银行及16家外地注册银行的分行。澳门银行业的服务网点数量为154家，自动柜员机374部，从业人员为4433人（见表7-3）。澳门银行体系的资产总额达到3281亿澳门元的

历史新高（2015 年达到 13408 亿澳门元），客户贷款 1086 亿澳门元
（2015 年达到 7607 亿澳门元），占银行体系总资产的 33%。银行业总
存款达到 2682 亿澳门元（2015 年达到 8600 亿澳门元）（见表 7 - 4）。
2007 年，澳门银行业净利息收入为 42 亿澳门元，营运利润达 41 亿澳
门元；2015 年，澳门银行业净利息收入达 162 亿澳门元，营运利润达
128 亿澳门元。

表 7 - 3　　　　　　　　　　　2007 年澳门银行业基本数据

项目	本地注册银行	外地银行分行	总数
银行数量（家）	11	16	27
分支机构数量（家）（总、分、支行）	100	54	154
自动柜员机数量（部）	267	107	374
员工人数（人）	2616	1817	4433

资料来源：澳门金融管理局。

表 7 - 4　　　　　　　　澳门银行业资产负债数据　　　　　　单位：十亿澳门元

年份	总资产	客户贷款	客户存款	银行同业资产	银行同业负债
2007	328.1	108.6	268.2	134.2	29.4
…	…	…	…	…	…
2015	1340.8	760.7	860.0	388.9	341.5

资料来源：澳门金融管理局。

　　由于金融机构众多，平均每 3000 人一家银行，俗称银行多过米铺。
因此，行业竞争激烈，市场格局基本固化，银行业并购比较冷淡，20
多年来仅发生两起银行业股权交易。第一起是 1984 年 9 月，中国银行
投资了澳门大丰银行 50% 的股权。大丰银行前身为大丰银号，1942 年
由何贤先生创立，1972 年正式注册成为澳门历史上第一家商业银行。
第二起是 2005 年 12 月，香港大新银行花费 16.69 亿港元，从葡萄牙商
业银行（BCP）千禧商业银行手中，收购了澳门商业银行 100% 股权。
澳门商业银行于 1974 年创办，在澳门共有 16 间分行，2004 年底以总

资产计为澳门第 8 大银行，其资产为总值 78 亿元澳门币，纯利为 6330 万元澳门币，其业务范围涵盖个人银行、企业银行及产险服务。澳门商业银行收购价约为账面值的 3 倍。在澳门银行市场，想要找一家银行并购对象，真是说"十年等一回"都算短的。

华人兴办的澳门本地银行

——诚兴银行

诚兴银行是澳门成立最早的华资银行之一，注册于 1972 年 6 月 24 日，最初注册资本为 500 万澳门元。诚兴银行的创始人为已故澳门知名实业家卢道和先生。卢道和先生 1934 年出生于广东南雄县雄州镇。1941 年举家迁居广州市，1948 年移居香港，在香港就读中学和商业大学。1956 年开始经营工商业，后来迁居澳门，从事针织业和转口贸易。当时澳门中华总商会会长何贤先生对他十分赏识和器重，称赞卢道和先生"对事业有开拓精神和企业管理的才能"，并乐意与之合作共事。在何贤先生的帮助下，卢道和创办了大荣洋行和诚兴银行有限公司，经营转口贸易、金融业和地产业。和诚兴银行同批成立的澳门银行还包括大丰银行（1970 年）、恒生银行（1972 年）、永亨银行（1972 年）、南通银行（1974 年）等。初创期的诚兴银行和其他从银号注册成的银行一样，主要经营简单的兑换和存放款业务。

1982 年澳门的《信用制度暨金融结构管制法令》颁布后，银行的注册资本要求提高至 3000 万澳门元，很多银行在此阶段进行了增资扩股。1983 年诚兴银行增资至 5000 万澳门元，卢道和持有 50% 股份，其余股份由 14 位个人股东持有。这些股东都是当时香港、澳门知名的企业家和社会名流，诚兴银行于 1984 年将总部迁至澳门南湾商业中心大厦。增资后的诚兴银行资本实力大幅增强，社会影响力也有较大提高，各项业务稳步发展。1985 年，诚兴银行在澳门拥有分公司 3 家，总资产达 3.91 亿澳门元。20 世纪 80 年代，卢道和先生身体变差，一定程度上影响了诚兴银行的发展。1989 年，卢道和先生把诚兴银行整体卖给了澳门赌王何鸿燊先生控制的澳娱集团。

何鸿燊一生充满传奇色彩。他出身于香港著名的何东家族。何东是 20 世纪早期香港著名商人，做过买办、地产商，经营贸易、航运、纺织、酒店等诸多行业，是当时香港首富。何鸿燊的祖父何福是何东的弟弟，也是香港顶级商人。何鸿燊的父亲何世光担任过沙宣洋行买办、定例局议员、华东医院主席、二十四行商会主席、华商会所主席等职。虽然出生于大富之家，但何鸿燊早年经历了家道中落。1934 年，由于父亲何世光投资股票破产，何鸿燊家变得一贫如洗。这段艰难经历锻炼了何鸿燊坚韧的性格，他也自此发奋自强，勤奋读书，凭借优异的成绩获得了中学的奖学金。第二次世界大战期间，由于日军占领了香港，何鸿燊来到澳门，在联昌公司工作。凭借刻苦用工、勇于冒险，以及记忆力好、富有语言天赋等特点，何鸿燊很快成为联昌公司的合伙人，并开始独立经营炼油、船运等生意，拥有了百万身家。但由于受澳门当地势力排挤，何鸿燊在第二次世界大战结束后离开澳门重返香港。何鸿燊回到香港后开始投资地产生意，是香港华商进军地产的先行者之一。

1961 年，何鸿燊与叶汉、叶德利、霍英东等结成联盟，创办澳门旅游娱乐有限公司，通过竞标获得澳门博彩专营权，开始了长达 40 年垄断澳门博彩业的历史。在长时间控制澳门博彩业之后，何鸿燊的财富和个人影响力不断扩大，成为影响澳门经济的"无冕之王"。在澳门，大约有 1/3 的人直接或间接受益于他的公司，每年上交给政府的赌税占澳门财政收入的 50%。除博彩业外，何鸿燊还在香港创建了信德船务有限公司，经营港澳间船务，并在香港上市；还广泛涉猎了金融、地产、电子、纺织、航空、机场等产业，经营版图不断扩大。

诚兴银行被何鸿燊控制的澳娱集团收购后，借助大股东澳娱集团的实力，银行各项业务取得较快发展。20 世纪 90 年代，澳门的银行开始向电子银行和家庭银行服务拓展，在业内竞争激烈、市场增长放缓的新形势下，各家银行调整发展领域、加强经营管理、优化资产组合。在这样的背景下，诚兴银行也大力改革，不断开发新的产品和服务，拓宽业务领域，逐步发展成为澳门地区举足轻重的金融机构。

1995 年，诚兴银行设立了信用卡中心。1997 年，诚兴银行将其总部搬迁至澳门置地广场，并一直沿用至今。2001 年，诚兴银行开办了企业服务业务。2006 年，诚兴银行在葡萄牙里斯本设立代表处，开始拓展在葡萄牙、西班牙、巴西及其他相关地区的业务，迈出了国际化经营的第一步。

澳娱收购诚兴银行后，聘用了禤永明先生担任总裁。禤永明先生曾任职于汇丰银行，是管理专才。为奖励禤永明先生对诚兴银行的贡献，2005 年澳娱集团分配给他 30% 的股权。在澳娱集团的业务支持和禤永明先生的领导下，诚兴银行由一家小型银行逐步发展成为澳门最大的本地银行。2001—2006 年，诚兴银行连续获得《银行家》授予的澳门地区"年度银行奖"。2004—2005 年，获得《环球金融》授予的澳门地区"年度银行奖"。

2007 年，诚兴银行是澳门第三大商业银行，最大的本土私营银行，存款市场份额为 9%，贷款市场份额为 12%。并具有强大的零售市场份额，活跃客户有 66750 户，占澳门总人口的 13%。2006 年末，诚兴银行总资产为 254 亿澳门元，全年净利润达 3.12 亿澳门元，ROA 诚兴银行 1.3%，ROE 诚兴银行 18.4%，连续 5 年资产、存款、贷款、股东权益、税后利润保持两位数的增速。在澳门重点区域设有 9 家网点，并有 47 台与银通（Joint Eletronic Teller Services Limited，JETCO）网路连接的 ATM。

工商银行收购诚兴银行

2007 年初，我们从投行得到确切消息，澳门诚兴银行打算出售控股权，这在家族银行比较多的港澳地区并不多见。工商银行并购团队凭借着对市场的把握、敏锐的嗅觉，以及对工商银行国际化发展趋势的深刻理解，立即意识到这对工商银行来说是一个不可多得的好机会，可能为工商银行股改后的国际化进程添上重要的一笔。虽然当时获得的信息还比较有限，团队立即向时任工商银行董事会秘书兼战略管理与投资者关系部总经理潘功胜做了汇报，并得到了高度关注。

当时，工商银行刚刚于 2006 年 10 月完成了股改上市，资本实力进一步增强，公司治理逐步完善，在国内业务处于领先的情况下，正在积极考虑推进国际化经营。根据工商银行"壮大亚洲"的国际化发展战略，扩大在港澳地区的业务布局和市场影响力是工商银行推进国际化经营的重要步骤。工商银行虽然于 2003 年在澳门设立了分行，但经营时间较短、经营规模较小，在澳门当地银行业排名靠后，收购当地银行是迅速扩大在澳业务的捷径。

关于何鸿燊先生为什么要出售诚兴银行，市场和媒体都有一定的猜测，认为是由于当时何鸿燊先生年事已高，家族内部利益格局复杂，希望变现诚兴银行股权用于遗产分配。同时，随着澳门银行业竞争日趋激烈，诚兴银行依托澳娱集团拓展业务、家族化管理的经营模式受到较大挑战，银行是一个注重规模经济的行业，需要不断增加资本才能快速发展，因此港澳地区的家族银行都需要从战略层面考虑提高资本实力，改善治理结构和拓展客户基础。并且当时正值国际金融危机前夕，港澳地区的金融市场比较高涨，银行股估值很高，诚兴银行择机出售可以获得合理的价格。

在得知诚兴银行欲出售的消息后，工商银行的战略收购团队立即组织了对澳门银行业竞争状况和诚兴银行基本情况的分析，认为诚兴银行与工商银行的国际化发展战略非常吻合，未来可能给工商银行带来较大的战略价值，是一个不可多得的收购对象。

说服澳娱集团进行一对一谈判

澳娱集团要全盘退出诚兴银行，从财务角度讲自然希望把卖价抬得越高越好，采取竞标的方式有利于引入多家投资者。在银行控股权出售机会罕见的港澳市场，诚兴银行一定会获得市场的青睐与买家的追捧，因此起初，何鸿燊先生准备通过竞标方式出售澳门诚兴银行的控股权。欧美的几家大银行纷纷准备投标。

但对工商银行而言，如果参与竞标，将大大增加整个交易的不确定性，而且价格也不好控制，从当时永隆银行出售的情况来看，估计诚兴银行的售价会创新高。最好的方式是能和澳娱进行一对一谈判。为此，我赴香港拜访何鸿燊先生，在表达工商银行收购诚兴银行诚挚意愿的同时，也谈到"何先生将诚兴银行卖给工商银行一定是最好选择，工商银行是国内最大的商业银行，资金雄厚，拥有庞大的分支网络，丰富的客户资源，先进的科技平台，可以为诚兴银行未来发展提供坚强支持。更为重要的是，工商银行作为诚兴银行的股东对澳门未来的发展将更为有利。但是如果何先生采取竞标方式出售，将不利于工商银行参与，请何先生慎重考虑"。听了我的话，何鸿燊先生低头陷入了沉思，但很快他仰起头，一字一句地说道："姜董事长说的我听明白了，我不卖给别人了，就把诚兴银行卖给工行。"

2007年6月，工商银行收购澳门诚兴银行的步伐开始加快。时任工商银行董事会秘书的潘功胜在香港会见了禤永明先生，禤永明代表何鸿燊先生就收购诚兴银行的交易结构、时间安排、交易价格等问题表明了态度。双方都了解了对方的关注点，开诚布公的交流使双方建立了良好的互信。2007年7月11日，谈判小组向工商银行董事会战略委员会汇报了收购诚兴银行项目的情况，董事会战略委员会同意继续推进。7月20日，工商银行向诚兴银行发出了非约束性收购意向函。

紧锣密鼓地，工商银行开始了对诚兴银行的尽职调查，主要分为三个阶段：一是审阅诚兴银行披露在网上资料库中的电子资料；二是与诚兴银行管理层进行访谈；三是针对诚兴银行的前三十大贷款、博彩业相关融资、结构性证券投资以及反洗钱系统等重要领域进行专项调查。工商银行组成了由国际业务、财会、资产负债、人力资源、金融市场、公司业务、个人金融、业务银行卡、风险管理、科技、法律、内控合规等10多个部门组成的强大工作团队，对诚兴银行进行全面的尽职调查。

与此同时，工商银行与诚兴银行股东就买卖协议开始深入磋商。在双方的工作团队、律师进行了大量前期沟通之后，2007年8月14日，并购团队再次赴香港与代表诚兴银行方面的褚永明先生就股份买卖协议进行谈判，就出售股份比例、对价支付方式、卖方保留股份的锁定期、买入与卖出期权等重要条款基本达成了一致。但双方还有最后一个焦点问题始终没有谈拢，就是价格。8月16日，我会见了褚永明，他转达何鸿燊先生促进双方战略合作的诚意，希望进一步了解工商银行决策者对交易价格的态度。我对褚永明说："请转告何鸿燊先生，工商银行看重的是澳门银行业未来的发展潜力，将来我们在澳门还会有更加广阔的合作空间和更加长远的共同利益。古人说，退一步海阔天空，我看大家不妨各让一步，在报价基础上折个中，我们就握手成交了！"褚永明非常欣赏工商银行的大视野和全局观，在向何鸿燊先生汇报之后，鉴于工商银行在资金、客户、网络、品牌方面的优势与影响力，尤其是在今后与内地联动中可以给予的支持，澳娱集团最终接受了提议，交易价格在双方愉快的会谈中达成一致。

在整个收购谈判过程中，何鸿燊先生一直表现出较大的诚意，在一些诚兴银行管理层都非常坚持的条款（如赔偿条件等方面）作出了一定让步，这也从侧面体现出何鸿燊先生对工商银行经营诚兴银行的看好，以及把握原则、善于取舍的交易哲学。

经过前期大量、全面而又细致的尽职调查和协议谈判，工商银行对诚兴银行的经营状况及基本面有了一定的掌握，对此次交易的风险和价值有了综合的判断，并通过协议条款对尽职调查中发现的结构性投资产品、关联交易等重点问题做了充分保护，规避防范了可能的风险，收购项目获得了实质性进展，黎明前的曙光已经依稀可见。

尽职调查中发现的四大问题和解决方式

在尽职调查过程中，工商银行团队发现诚兴银行持有约 8.6 亿澳元的结构性投资产品（SIV）。2007 年，发源于美国的次贷危机愈演愈烈，迅速在全球蔓延，次级债相关产品和结构性产品的交易已经基本处于停滞状态，无法确切核定其公允价值。由于诚兴银行持有的结构性投资产品难以准确估值，进而判断损失金额，这一问题成为买卖双方尽职调查的关注重点，双方各执一词，争执不下。

当时诚兴银行管理层认为，这些投资品还本付息正常，信用情况尚好，不存在减值迹象；工商银行尽职调查团队则认为，当时市场已经没有相关产品交易，难以准确预测未来的价格走势及下行风险，而这部分投资的估值高低将会直接影响诚兴银行的净资产，从而影响最为核心的交易价格。

几个来回的据理力争，经向何先生请示同意后，诚兴银行提出了解决方案：交割当日由澳娱集团按照账面金额 8.6 亿澳元将这些结构性投资产品全额购回。至此，这个问题终于以双方均能接受的方式解决。

除结构性投资产品外，澳娱集团的后续业务支持也是尽职调查中的一个重要关注点。澳娱集团是诚兴银行的大股东，也是澳门最大的公司，诚兴银行与澳娱集团及其关联公司的业务往来非常频繁，关联交易占比很大，例如收购前诚兴银行 50% 存款为关联方存款，34% 贷款为关联方贷款，至少 25000 名代发工资客户是澳娱集团的员工。这种与大股东的高度关联确实为诚兴银行带来了巨大的业务机会，但同时也可能存在关联交易风险。在尽职调查过程中，工商银行确实发现了一些关联方贷款利率比其他贷款略低的情况，诚兴银行管理层认为，澳门银行业竞争激烈，澳娱集团本身又是澳门最信誉卓著的公司，根据其优异的资质条件对贷款利率做适当的降低符合商业规范。

工商银行管理层清楚地知道，无论是收购前还是收购后，与澳娱集团的业务都将是诚兴银行的重要支柱，这将是一个两难的选择，一方面希望澳娱集团继续对诚兴银行提供业务支持，另一方面要尽可能、最大限度地降低潜在的关联交易风险。经过双方多次磋商谈判，澳娱集团同意在交割后 3 年内不从诚兴银行转移有关业务，并在 3 年之内不在澳门从事与诚兴银行相同或有竞争的业务。通过这样的安排，诚兴银行稳定了澳娱集团这一最大的客户。

诚兴银行涉及的博彩业相关业务的合规性是交易过程中的又一个棘手问题。博彩业是澳门的支柱产业，也是澳门金融业的主要业务来源，诚兴银行原大股东澳娱集团更是澳门博彩业的龙头，诚兴银行与澳娱集团的关联交易很多与博彩相关。但需要注意的是，博彩在内地并未合法化，2002 年，外经贸部、国务院港澳办、中央驻澳联络办曾联合发文，禁止境内外国有独资和国家资本参与的企业参与澳门博彩业经营活动，不得向博彩公司提供与博彩业直接相关的融资和担保业务，但可视情况为博彩公司提供建筑、装修、账户往来和汇兑结算业务。

工商银行对诚兴银行从事的博彩业业务非常关注。一方面，在尽职调查中针对博彩相关业务进行了重点调查，经过充分了解，并购前诚兴银行与博彩业直接或间接关联的贷款占总贷款的 16.4%，其中大部分是与博彩业间接相关的贷款，直接相关的贷款和担保仅占总贷款的 2%。另一方面，工商银行积极地与有关监管部门沟通，先后向港澳办、中联办、银监会等政府部门和监管机构进行了汇报，强调了诚兴银行从事的与博彩业直接相关的业务都发生在收购之前，而且规模并不大，由于当时诚兴银行不受境内法规监管，工商银行建议监管部门对收购前业务和收购后业务予以区分。同时，工商银行保证，诚兴银行在收购后不会再提供与博彩业直接相关的融资与担保。这得到了有关部门的认可，为本次交易扫清了监管审批的障碍。

一般而言，反洗钱往往与博彩资金相关联，这成为长期困扰澳门银行业的一个难题。2007 年 3 月，美国财政部宣布所有美国金融机构断绝与澳门汇业银行一切联系的声明，并正式把澳门汇业银行列入其反洗钱关注名单，理由是该银行涉嫌帮助某国洗钱。这一举动把澳门的反洗钱问题又推向了风口浪尖，成为全球关注的焦点。

澳门银行业的反洗钱问题不容忽视。诚兴银行反洗钱方面的合规问题成为了尽职调查的重点关注。为了验证诚兴银行内部反洗钱系统的有效性，工商银行特意聘任国际知名的会计师事务所，派出专门的反洗钱专家到诚兴银行进行现场调查和系统测试，以确保没有违反反洗钱规定的业务行为。工商银行一直以稳健合规、风险防范为经营前提，因此与诚兴银行股东方面特别商定，要在交易协议中加入反洗钱方面的合规承诺保证。解决了反洗钱方面的问题，工商银行这才安下心来，项目继续向前推进。

隆重的签约仪式

2007 年 8 月 29 日，工商银行董事会审议通过了收购澳门诚兴银行的交易，工商银行与澳娱集团、禤永明先生签署了交易协议，诚兴银行总资产为 253.87 亿元澳门元（约 31 亿美元），所有者权益为 18.03 亿澳门元（约 2.26 亿美元），资本充足率为 12.49%，核心资本充足率为 12.24%，不良贷款率为 0.67%，总资产回报率为 1.33%，股本回报率为 18.4%。工商银行收购诚兴银行 79.93% 的股权，支付对价 46.83 亿澳门元。

2007 年 9 月 12 日，为庆祝双方达成协议，在工商银行总行举行了收购诚兴银行的签约仪式。86 岁高龄的何鸿燊先生在禤永明等一行人的陪同下，亲自前往北京，何先生精神矍铄，那天他身着黑色的西装，系着黑色的斑点领带，目光深邃，面色平静。他说，该次收购是澳娱集团与工商银行的一次深层次合作，具有重要意义。

工商银行对何先生一行人的来访非常重视，精心安排行程，布置接待工作。我和杨凯生行长出席了签约仪式。我在签约仪式上发表致辞："澳门回归祖国以来，政治稳定，社会和谐，旅游、娱乐业蓬勃兴旺，与内地经贸关系日益密切，金融业在澳门有广阔的发展前景，

2007 年 9 月 12 日，（右起）何鸿燊先生、我和禤永明先生在收购协议上签字

工商银行对澳门未来经济发展充满信心。工商银行收购澳门诚兴银行，将进一步提升诚兴银行的品牌形象和市场地位。工商银行庞大的机构网络、丰富的客户资源、先进的科技平台，将为诚兴银行的未来发展提供坚强支持。收购完成后，工商银行将通过加强诚兴银行的公司治理、内部控制和风险管理，争取使诚兴银行成为澳门最优秀的银行。"

签约仪式结束后，何鸿燊先生还饶有兴致地参观了工商银行总部大楼以及收藏了诸多珍贵史料的行史陈列室，整洁明亮的办公环境、先进高效的科技设施以及有序和谐的工作氛围让何先生印象深刻、赞不绝口。通过这次"近距离接触"，何鸿燊先生在庆祝晚餐上感叹道："看来我把诚兴银行卖给工商银行的决定是非常正确的。我相信诚兴银行一定可以百尺竿头，更进一步，为国家、为澳门作更大一番贡献。我也衷心希望，澳娱集团及旗下各企业与工商银行在未来能有更加紧密的合作。"

何鸿燊先生接着又宣布了一个重大喜讯，此次北京之行，除了和工商银行签署诚兴银行的股权出售协议外，他还为祖国带来了一份大礼以纪念香港回归十周年。他将在人民大会堂向国家博物馆捐赠 5 件珍贵艺术品，均由中国当代著名艺术家在 1997 年香港回归时创作，具有很高的艺术水准和历史价值。这些艺术品由何鸿燊先生斥巨资从苏富比香港慈善拍卖会上成功竞拍下，并献给国家。一直以来，何鸿燊先生都致力于为中国艺术瑰宝回归祖国怀抱尽自己的一份心力。早在 2003 年，何鸿燊先生以个人名义出资 600 多万元人民币，买下了流失海外达 143 年之久的北京圆明园大水法猪首铜像；2007 年 9 月，在得知苏富比将以"八国联军—圆明园遗物"专拍之名拍卖马首铜像的消息后，何先生以迅雷不及掩耳之势，抢在拍卖会之前，以 6910 万港元高价购得马首铜像，将文物献给国家。

圆满的交割仪式

在获得各项监管批准之后，2008年1月28日，工商银行完成了收购澳门诚兴银行79.93%股份的交割手续，正式入主诚兴银行，成为这家有着36年历史的澳门本地银行的新东家。在当天上午举行的诚兴银行新一届股东暨董事大会上，我与何鸿燊当选为诚兴银行咨询委员会主席，工商银行为诚兴银行派遣了精明强干、经验丰富的管理层，工商银行福建分行原行长朱晓平被任命为诚兴银行新任董事长，工商东亚原副执行总裁余宏成为诚兴银行新任总裁，诚兴银行原总裁禤永明先生则担任了副董事长一职。

2008年1月28日，工商银行收购诚兴银行股权交割仪式在澳门举

2008年1月18日诚兴银行股东暨董事大会，
从左到右分别是禤永明先生、何鸿燊先生、我和时任工行董秘潘功胜

行，工商银行、诚兴银行的行徽在装饰的鲜花中相映成趣。我与时任工行董秘潘功胜，澳娱集团总裁何鸿燊先生，诚兴银行新任的管理层朱晓平先生、余宏先生，诚兴银行少数股东、副董事长禤永明先生悉数参加，交割仪式由新任诚兴银行总裁余宏主持。受邀来参加仪式的嘉宾还包括澳门特别行政区经济财政司司长谭伯源先生、澳门金融管理局行政委员会主席丁连星先生、行政委员尹先龙先生以及部分全国人大、全国政协代表。在各位嘉宾的见证下，潘功胜、禤永明、朱晓平分别代表大股东工商银行、小股东禤永明本人、诚兴银行在股东协议上签字。大家在亮成一片的闪光灯中举杯，庆祝工商银行、澳娱集团重要的一刻。

我在致辞中说到，收购澳门诚兴银行是工商银行国际化战略的重要一步，对中国工商银行巩固和发展在港澳珠经济圈的领先地位，打

2008 年 1 月 28 日，在澳门举行的工行收购诚兴银行交割仪式

我在交割仪式上讲话

造亚洲领先，直至国际领先的商业银行具有十分重要的意义。工商银行将利用庞大的机构网络、雄厚的客户基础和资金规模、领先的科技系统，全方位支持诚兴银行的业务发展，把诚兴银行建设成一家业务布局更为合理、经营更为稳健、客户基础更为广泛、资产效益持续提升的澳门地区最优秀的银行，与诚兴银行同享内地与澳门经济快速增长的成果。

褚永明在致辞中表示对诚兴银行的未来发展充满信心，指出工商银行收购诚兴银行旨在打造一个强大而有竞争力的银行业务平台，为诚兴银行的客户提供更丰富的产品和更广泛的分销管道。这项交易不仅对诚兴银行服务澳门不断增长的客户群，以及扩大今后业务规模，具有非常正面的意义，而且是朝未来目标迈出的一大步。

新任诚兴银行董事长朱晓平表示，未来诚兴银行将本着对客户、对股东、对员工高度负责的态度，开拓进取，努力工作，进一步加强诚兴银行的公司治理、内部控制和风险管理，提升诚兴银行品牌形象和市场地位，为支持澳门的经济发展和社会繁荣作出贡献。

经过整合重组，诚兴银行成为新的工银澳门

国际大型银行并购的实践表明，并购的成败很大程度取决于整合的效果，估计有 70% 的失败交易是由于整合没有做好。工商银行从跨境并购伊始，就将整合工作视为重中之重，此次收购诚兴银行是对工商银行整合能力的又一次考验。

按照一般交易惯例，从协议签署到最终交割还需要履行监管报批等程序，需要耗时数月。在这一阶段，澳娱集团仍然是诚兴银行的大股东，日常经营由原管理层负责。工商银行充分认识到签署交易协议只是并购交易中重要的一个里程碑，但还远未到终点。

按照协议，从协议签署到交割的过渡期内，工商银行将向诚兴银行派驻 3 名观察员，有权列席银行的重要决策会议（包括董事会），审阅重要文档账册。观察员的主要职责是进一步熟悉诚兴银行的业务发展、内部管理，找到整合关键和难点，为后期整合做充分准备。

经过仔细权衡，工商银行将观察员人选敲定为朱晓平、余宏、沈晓祺。朱晓平和余宏后来分别担任了收购后诚兴银行的董事长和总裁，沈晓祺当时是工商银行澳门分行的总经理，对澳门银行业情况比较熟悉，在诚兴银行和澳门分行合并后担任了新的工银澳门的总裁。

3 位观察员进驻诚兴银行后，一方面作为观察员支持澳娱集团和诚兴银行履行协议，审核过渡期的重大关联交易；另一方面抓紧熟悉诚兴银行经营管理情况，积极与诚兴银行管理团队沟通，稳定人心，鼓舞士气，并配合诚兴银行原管理层制订了 2008 年盈利目标和业务发展计划。同时，观察员还配合诚兴银行管理层筹备交割事项，包括起草董事会议案、设计公司治理结构、遴选未来董事人员等。观察员在过渡期的工作为后续整合打下了良好基础，过渡期和后续整合各项工作均有条不紊地进行。

在境外收购银行，很重要的是稳定队伍，稳定人心。诚兴银行有 300 多名员工，这对收购者工商银行来说无疑是一份沉甸甸的责任，如何防止人心不稳，是工商银行管理层面临的一个考验。对诚兴银行的员工而言，工商银行的进入让他们在兴奋之余也不免担心是否会面临裁员？薪酬福利水平会不会降低？诚兴银行与工行澳门分行会不会整合？如果整合，之后会不会发生职务调整？这些事情关系到员工的切身利益，使很多员工人心浮动，甚至开始思量另谋出路。考虑到员工心理稳定的重要性，工商银行管理层与派驻诚兴银行的观察员商议后，时任工商银行行长杨凯生来到诚兴银行，与诚兴银行的 150 名高管、中层管理人员、普通员工进行了一次会面和交流。就员工关心的诚兴银行未来发展问题，对诚兴银行未来的管理政策做了说明，向诚兴银行与会员工全面地介绍了工商银行的基本情况、行业地位和竞争实力，涵盖了资本实力、客户基础、市场地位、财务业绩、科技水平、治理结构和风险管理等各个方面，使诚兴银行每一位员工了解到新股东的实力和能力，对诚兴银行的未来发展更有信心。此外，还人性化地专门安排了问答环节，公开、正面、悉心地解答诚兴银行员工的提问，通过说明、解释和互动，诚兴银行员工消除了原有的顾虑，从之前的揣测担忧、将信将疑，转变为坚信肯定、充满信心。在 2008 年国际金融危机席卷全球的大背景下，工商银行承诺不主动裁员，真诚地挽留诚兴银行的员工在原有岗位工作。一年多下来，诚兴银行员工的离职率低于往年水准，本地员工数量不减反增。更为重要的是，工商银行特别注重发挥本地员工的作用，努力营造相互支援、相互促进的工作氛围，鼓励员工拓展澳门当地的业务。

并购后诚兴银行的整合与发展

经过过渡期的接触了解，工商银行并购诚兴银行交易完成后，整合工作便如火如荼地展开了。

首先，工商银行通过派驻专业化的管理与业务人才进入诚兴银行，因地制宜地将自身拥有的先进技术和经验植入诚兴银行的管理，显著提升了诚兴银行的管理水平。比如，工商银行运用其丰富的按揭贷款管理经验，帮助诚兴银行建立起每月的风险分析会制度，深入分析澳门楼市的变化趋势，选定代表不同地区、不同价位的标志性楼盘进行量化跟踪分析，适时调整楼宇按揭贷款的额度和审批权限，既有效控制了风险，又保证了服务效率。

诚兴银行持有的范围广泛的投资品在尽职调查和过渡期时，已经引起了工商银行的重点关注。考虑到 2008 年正值国际金融危机的兴起期间，这些投资存在一定风险，交割后工商银行立即停止了诚兴银行自营股票和衍生产品买卖，迅速控制并严格降低投向潜在风险较高的国家和地区的债券规模，全额收回与房利美挂钩的债券，伺机减持受金融危机影响较大的美国国际集团（AIG）、CIT 集团、美林、摩根士丹利等的债券，主动退出高风险债券 10.9 亿澳门元，按期收回 35.1 亿澳门元。

这些及时、有效的调整及风控措施，从一定程度上为诚兴银行在随后大规模爆发的国际金融危机中建起了一道屏障，抵御了冲击。在交割后不久，诚兴银行还按照当地最新标准自行组织反洗钱检查，相关检查结果获得澳门金管局好评。

其次，对诚兴银行信息科技系统进行改造和整合。收购前，诚兴银行业务包括公司业务、个人业务、投资业务等，业务全面，拥有自己的信息科技系统，但设备和系统都存在一定程度的老化问题。此时恰逢工商银行希望把其自主研发、全球统一的海外业务处理系统 FOVA 向境外机构推广，诚兴银行作为工商银行当时产品种类最复杂、外挂接口最多的境外机构，可谓一块充满挑战的试金石。为顺利在诚兴银行投产 FOVA，总行有关部门全力支持，先后从各分行、部门、中心抽调人员，对诚兴银行系统上线给予了全天候、全方位、不间断的现场及远程支持；诚兴银行管理层高度重视，与澳门分行和工商银行总行科技部门密切配合，开展了数十场需求讨论，提出了涵盖各业务领域的数百条需求，在开发测试阶段安排了 500 余人次赴北京、广州、珠海进行测试培训，在测试阶段安排了 10 次数据移行和 2 次完整的综合测试。

经过 16 个月的努力，2008 年 11 月 8 日和 2009 年 7 月 11 日，诚兴银行的 FOVA 系统投产和与工商银行澳门分行系统整合分别完工，为后期这两家机构的合并打下了科技基础。由此，工商银行的境外业务和境内业务的一体化正式起步。

再次，扎根本土、内外联动，拓展新的业务增长点。交割之后，诚兴银行一边维持与澳门本地长期客户的良好合作关系，一边在认真研究澳门地区业务发展方向的基础上，积极营销、开发拓展新项目，提前介入了澳门电厂、澳门机场、港珠澳大桥、澳门轻轨、横琴开发等优质基础设施项目。在管理层的带领下，诚兴银行抓住了金融危机中欧美银行在香港市场纷纷收缩信贷的机遇，把握有限的时间窗口提前布局，争揽优质信贷资产，先后成功参与或购买了长江实业、新鸿基、华润燃气、北京控股、上海实业、香港国际金融中心等一批优质银团贷款，总承贷额超过 37 亿港元。此外，根据澳门特区政府财政充裕的特点，诚兴银行加强了针对性、定制化的营销，先后争取到了澳门金融管理局、文化局、退休基金会等政府机构的账户开立，获得了大量优质存款。

最后，高度重视文化方面的整合。文化是一家企业的灵魂和内核，如何传播塑造良好的工行集团文化至关重要。好的企业文化如同"大音希声，大象无形"。这种文化传播不仅需要教育与引导，更需要身体力行与亲自示范。工商银行派驻员工的行动和行为，无疑对收购机构的影响是非常深刻的。这方面，工商银行派驻员工通过在工作和生活中的点点滴滴，向当地员工诠释工商银行的文化，使其理解、尊重并认同这一文化，逐步由本地人转变为工行人，实现集团文化的统一。诚兴银行的文化和工商银行的文化还是有很大差异的，一开始，诚兴银行的员工还心存疑虑，会适应不了新的大股东所带来的管理文化，但通过和工商银行派驻高管和业务人员的深入接触，发现他们非常尊重本地员工，经常主动征求老员工的意见，大家渐渐放下心来。

在 2008 年国际金融危机席卷全球的背景下，工商银行不仅承诺不主动裁员，还真诚挽留了诚兴银行的员工在原岗位工作，切切实实温暖了老员工的心。日常感情的培养也很重要，工商银行的派驻人员有意识地通过丰富的业余活动与诚兴银行老员工走在一起，加强交流，增进情感。以体育活动为例，无论来自内地或澳门、普通职员或公司领导、新员工或老员工，在锻炼时不分级别、地域，互相切磋。由外派员工和本地员工共同组成的羽毛球队在 2010 年还荣获了澳门银行同业协会羽毛球团体赛冠军，团队间结下了深厚的战斗友谊。

据时任诚兴银行风险总监、董事会秘书李志刚先生回忆，澳门的公司春节后上班有一项传统文化活动，名曰"春茗"，类似内地的团拜会，是增强员工间凝聚力、感受温暖的企业文化、加快融入新环境的良机，也是员工展示才艺的大舞台。"我那时刚由总行派驻到澳门，第一年就参加了春茗活动的国际标准舞集体表演，至今让人难忘。记得我刚出场时，大家看到新领导要展现舞姿，全场轰动，全场满是掌声（可能是倒掌）和吹口哨的声音，气氛达到了高潮。我觉得，虽然表演得不一定很好，但能够带给员工们轻松快乐，也就足够了。"

诚兴银行与澳门分行合并成立工银澳门

当时，澳门分行有 4 家网点、19 台 ATM，2 家网点尚在筹备中。诚兴银行与澳门分行建立了沟通机制，商定 2008 年拟在澳门新设网点及 ATM 的数量，确定了之后 ATM 的增设原则、布局结构，以及提高使用效益的途径等。

业务整合方面，诚兴银行主要业务为公司银行业务、零售银行业务和资金业务，以公司业务见长，零售业务相对较为薄弱；澳门分行以负债和零售业务为主，同时以银联卡和国际结算为重点开展中间业务。诚兴银行和澳门分行的业务各有侧重，合并后将充分发掘和利用各类资源，建立结构完整、资源共享、优势互补的统一业务体系，涵盖公司、零售、资金、资产管理和养老金管理业务等多元产品线。

财务和会计整合方面，由于诚兴银行和澳门分行财务会计制度存在一定差异，如澳门分行根据总行的相关规定对贷款提取1%的一般准备，而诚兴银行按照澳门金融管理局的指引，以风险为准则提取拨备，拨备额低于澳门分行按总行标准所提取的拨备。整合中，诚兴银行较快地建立了现有会计科目与工商银行会计科目转换表，确保及时准确上报总行所需的各类报表；较快确立了包括拨备提取等有关的会计准则；结合投产的 FOVA 系统，建立了与核心业务系统相适应的会计制度、会计科目体系和管理会计体系。

风险管理整合方面，诚兴银行设有专职信用风险的信贷管理部、专职金融市场风险的投资风险管理部以及对总体风险实施监督的稽核部；澳门分行设有首席风险官、专职信用风险的信贷风险管理部及对总体风险实施监督的内部稽核部。整合后的机构设立风险总监，负责全面的风险管理和控制。

内控合规（含反洗钱）整合方面，诚兴银行设有内部审计部门，但没有专门的内控合规部门，而是由合规专员、反洗钱/反恐怖融资专员（或助理专员）履行合规性检查、反洗钱检查等有关职能；澳门分行设有内部稽核部承担相关职能。合并后，工银澳门指定外部监事履行内部审计职能，直接向董事会汇报；同时设立专门的合规部，承担整合后的合法经营、业务合规、日常经营检查和反洗钱检查等有关职能。

虽然事先制定了周密详尽的整合方案，但诚兴银行与澳门分行的合并过程并非一帆风顺，执行过程中也出现了很多未曾想象到的困难。为将其一一攻克，工商银行总行、诚兴银行、澳门分行各层级的管理者和员工都付出了极大的努力。根据工商银行总行对整合进度的要求，诚兴银行管理层按顺序罗列出所有需要执行的事项，从而倒推出各项工作的时间表。前一事项的完成往往是后一事项执行的前提条件，相互之间的间隔时间非常短，如果其中任何一个环节出现拖延或遇到阻碍，则全盘打乱，这使整个整合过程容不得有任何闪失，没有任何退路。翻开 2009 年整合关键阶段的时间表，当时工作节奏之紧凑，安排执行之细致，可见一斑。

6 月 24 日，诚兴银行向澳门金管局提供了其要求的所有申请材料（之前已分批递交），并完成向总行定向发行次级债，补充附属资本。

6 月 26 日，澳门金管局召开行政委员会通过整合方案。

6 月 29 日，澳门金管局向财政司司长办公室提交通过整合方案的报告，提请财政司司长批准。

7 月 1 日，财政司司长签字批准，之后提交行政长官办公室。

7 月 2 日，澳门行政长官批准。

7 月 6 日，澳门金融管理局正式发布公告，批准本交易。

7 月 7~9 日，完成新机构的商业登记。

7 月 11 日，两行正式整合，当天夜间进行 IT 信息系统整合。

7 月 13 日，工银澳门召开第一次股东会议，选举产生新机构董事会成员。同日，董事会召开第一次会议，聘任了新机构高级管理人员。

2009 年 7 月 30 日，诚兴银行与工商银行澳门分行合并暨工银澳门的正式成立仪式在澳门举行。时任澳门特别行政区行政长官何厚铧、时任中央人民政府驻澳门联络办办公室副主任高燕参加了庆典。合并后的工银澳门拥有 14 家分行、3 家子公司和 500 多名员工，拥有近 500亿澳门元的总资产，成为最大的本地注册银行。总规模在澳门仅次于中银澳门，已经超越其他所有银行。合并在澳门的两家机构组建工银澳门后，工商银行不仅实现了在澳门地区的品牌统一和优势互补，还进一步拓宽了工商银行在澳门地区的市场空间和业务领域，提升了该行的影响力和竞争力。

在仪式上，我提出了工银澳门应确立"立足澳门、辐射内地、拓展周边、延伸葡语系国家"的发展战略，希望工银澳门更加深入扎根澳门本土，为支持澳门的经济发展和社会繁荣作出更大贡献。

虽然已经挂起了工商银行统一的白底红色工字图案的行徽，但在澳门本地人眼里，工银澳门仍然是一家十分本土化的银行，收购兼并提升了本土银行的战略价值。工银澳门虽注册地在澳门，但全行 900 多名员工中仅有 40 多名来自内地，其余都是当地员工。工银澳门提供的金融服务，从与市民日常生活密切相关的储蓄、个人支票、代发工资、代收水电费、缴纳社会保险、信用卡到发展置业所需的高等教育升学贷款、汽车贷款和住房按揭，再到市民在投资理财中用到的证券、基金、保险和财富管理服务，应有尽有。在当地员工的勤奋工作下，工商银行依托澳门特区政府和诚兴银行其他股东的支援，很快在澳门打开了局面。不仅原来诚兴银行的老客户没有流失，还新开拓了一批澳门当地的重要客户，全面融入当地社会。

工银澳门的发展近况

通过收购澳门诚兴银行，后又与工商银行澳门分行整合而来的工银澳门，已是澳门的第二大银行，最大本地法人银行，金融市场的领军者。一家土生土长、兼具工商银行血脉与传承的澳门本地银行，由一家小型银行发展成为澳门第二大的商业银行，确立了在当地金融市场的领先地位。工银澳门拥有全功能金融牌照，是澳门地区唯一一家同时拥有资管和托管牌照的银行。

工银澳门充分把握澳门经济腾飞的历史机遇和粤港澳一体化发展趋势，以"立足澳门、辐射内地、拓展周边、延伸葡语系国家"为发展战略，以"建设澳门地区优秀主流商业银行"为发展目标，推进资产、负债和中间业务协调发展。整合后，全行各主要经营指标实现了年均25%以上的复合增长，总资产、存款、贷款翻了两番，利润贡献翻了三番，累计实现净利润逾70亿澳门元，年人均利润贡献约为300万澳门元，稳居同业前列。截至2015年末，全行资产总额为1920亿澳门元、各项存款余额为1570亿澳门元、各项贷款余额为1238亿澳门元。全年实现拨备后利润24.16亿澳门元，增长19.73%；资本回报率（ROE）为15.68%、资产回报率为（ROA）1.11%，工银澳门管理优良，成本收入比为21.7%、非利息收入占比为31.67%；不良贷款率为0.06%，不良资产率为0.08%；各主要经营指标均处同业先进水平。目前，按照资产、利润、存贷款等主要指标计，工银澳门均为澳门最大的本土注册银行，在全部29家银行中排名第二位，属当地主流商业银行。

在支持澳门基础设施建设方面，工银澳门作为澳门金融市场主力信贷投放行，牵头本地大型银团贷款和重大项目融资，为澳门基础设施建设及投资开发提供资金支持。截至2019年9月末，已累计在本地投放贷款近4000亿澳门元，支持澳门经济社会发展。工银澳门支持澳门"中葡平台"建设，落地葡语系资产平台，承接资产30亿美元。在支持澳门经济多元繁荣方面，工商银行与澳门特区政府签订《特色金融发展备忘录》，积极推动澳门当地金融创新。其中，工银澳门运用人脸识别技术投产ATM KYC功能，提升ATM效率及确保运作安全。推进在线支付产品升级，推出工银 e 支付、智慧 POS 聚合支付终端机，受理银行卡、微信、支付宝等支付工具，为澳门当地消费者提供了多元化的在线支付选择。

在服务澳门融入粤港澳大湾区建设方面，工银澳门发挥连接澳门和内地资源优势，推动粤港澳三地合作及珠澳琴澳两地联动，助力本地企业抓紧大湾区发展机遇，深度参与共建"一带一路"。近年来，先后推出大湾区汇款、跨境企业通、跨境电商平台、湾区账户通等多样性的跨境金融服务，为本地企业提供一站式投融资金融支持。

良好的经营业绩获得国际主流媒体和评级机构的广泛关注和认可，工银澳门连续 7 年被权威财经杂志《银行家》《环球金融》《世界金融》等评为"澳门地区最佳银行"，2015 年更被评为"亚太区 500 银行'最强资产负债表'第三名"，惠誉和穆迪均给予工银澳门长短期债券正面评级。工银澳门还着力打破路径依赖，将转型创新作为布局未来发展的关键，大力推动经营结构调整和发展方式转变，推进经营转型。整合初期即在当地业务领域创造了诸多第一，包括第一家进入内地银行间债券市场、第一家发行离岸人民币 CD、第一家开展融资租赁、第一家开展离岸人民币银团贷款、第一家发行人民币澳门币双币信用卡、第一家发行人民币结构性产品、第一家推出资本项下跨境人民币贷款和养老基金、第一家推出 24 小时电话银行等，首家推出跨境直贷、首家推出开放式移动银行网络。

截至 2020 年末，工银澳门资产总额已达 3400 亿澳门元，葡语系资产在当地市场占比近三成，支付市场占比超过三成。尽管由于收购标的价格较高，是工商银行境外并购标的中 PE 值最高的，考虑到同期招商银行收购永隆银行的价格的参照值，和诚兴银行在市场上的稀缺性，因此诚兴银行并购时 PB 值达到 3.2 倍。不过从今天回顾过去，当初的收购价仅等于该银行现在 2 年的净利。不得不说，并购取得了极大的成功。

第八章

走进非洲
中非最大银行战略握手

——收购南非标准银行集团股权

2008 年 3 月 18 日 15 时，我与时任标银集团首席执行官雅科·马瑞（Jacko Maree）并肩走入工商银行总行十层会议室，在耀眼的闪光灯下，我俩有力地握手，见证了协议的签署。在中非悠久的历史中，第一次实现金融业的资本和战略合作。由于工商银行、标准银行都是上市公司，并购过程中的消息泄露，可能导致资本市场价格波动，影响交易达成。因此，并购保密十分重要。按照惯例，在并购未达成前，给予隐秘代号。此项目代号是跳羚（Springbok），一种以速度和敏捷闻名的非洲动物。

非洲是一个遥远的大陆，又是一个让人感觉很近的大陆，因为非洲的发展历程和中国的发展历程非常相像。在近 100 多年的历史上，中国和非洲国家一样，遭受过许多苦难。记得我小时候在上海，经常会在学校里表演非洲的节目，把脸抹得黑黑的跳非洲舞蹈。在我幼小的记忆里，就已经存在一个美丽神秘的非洲大陆了。

非洲是世界第二大洲，是发展中国家最集中的大陆，是人类发源地之一，并以古文明著称于世，也是当今资源丰富、发展潜力巨大的地区。同样作为人类文明发达最早的地区，中非两个古老文明早在大约 2000 年前就曾有过交汇。早在汉朝，张骞开辟了东起长安，西穿新疆大漠，辗转中亚、西亚、南亚，一直抵达地中海及北非的沿海地区的"丝绸之路"，自此打开了中非贸易往来与文化交流的通道；从东汉末年传入中国的"胡床"（折叠椅子），到唐朝时期敦煌壁画描绘的非洲黑人形象、宋代记载了非洲风土人情和地志物产的《诸蕃志》《岭外代答》等书籍，再到明代著名航海家郑和 7 次下西洋、4 次来到非洲东海岸的壮举，都传递了中非人民的传统友谊，见证了中非人民源远流长的文化交流。

中非虽然远隔千山万水，但相似的历史遭遇，以及在争取民族解放斗争中的同情与支持，让双方结下了深厚的友谊。新中国成立和非洲国家独立开创了中非关系新纪元。从 1955 年万隆会议新中国领导人同非洲国家领导人第一次握手，到 2005 年纪念万隆会议 50 周年，中国和亚非国家共同推动建立亚非新型战略伙伴关系；从中国帮助非洲培训争取民族解放的"自由战士"，到非洲国家支持恢复中华人民共和国在联合国的合法席位；从中非建设者们共同奋战在热带丛林，用血汗筑就坦赞铁路，到中非各领域务实合作不断深化拓展……历史的长河见证了中非人民世代友好的一座座里程碑。

中非金融的世纪握手

标准银行创立于 1862 年，它是非洲大陆最古老的银行。标准银行在南非从事营业活动长达一个半世纪，在非洲不少国家的经营也超过了一个世纪，其历史甚至早于非洲南部公共驿站的出现。它从南非开普敦初创的贸易融资银行，成长为非洲资产规模最大、机构网络最广和最有影响力的银行集团。1862 年的南非开普殖民地，钻石矿和黄金矿还没有被发现，但服务于英格兰纺织行业的羊毛业蓬勃发展，1862—1869 年，羊毛出口占开普出口贸易总值的 73%，当时从开普搭乘汽轮前往伦敦需要费时 40 天。南非殖民地金融服务严重短缺，成立银行赚取第一桶金的想法由此产生。后来成为标准银行首任董事长的苏格兰人约翰·彼得森（John Paterson），在伦敦游说当地投资者，成功募集到资本，在伦敦注册成立了"不列颠南非标准银行"，该银行名义注册资本为 100 万英镑。之后通过并购，标准银行迅速成长。不过在银行业的世界里，风和日丽、风平浪静的时光始终是短暂的，暴风骤雨、惊涛骇浪常见。19 世纪 60 年代英国爆发金融危机，标准银行出现大量不良贷款，在风雨飘摇中艰难生存。经过 7 年的治理整顿和坏账核销才逐渐走出低谷，"不列颠南非标准银行"也改名为"南非标准银行"。幸运的标准银行抓住了 19 世纪七八十年代发现钻石和黄金的契机。敢于冒险和承担风险是南非投资者的文化，他们相信眼光和耐心会给自己带来巨大的回报。无论是对钻石、黄金还是对腾讯的投资都反映了这一投资特征。这为标准银行带来滚滚商机，然而在殖民统治下的南非，战争不断、经济震荡，金融风险此起彼伏。给南非带来更深重灾难的是种族隔离制度。百年的世事变迁、惊涛骇浪，标准银行没有在风浪中沉没，历届出色的银行家来带领着标准银行侥幸渡过战争时期、渡过了经济大萧条和政治大变革时代。第一次世界大战后，标准银行和巴克莱银行成为英国经营非洲业务的主要跨国银行，第二次世界大战结束时，标准银行已经成为非洲领先银行。1969 年两家同属英资背景，同样起源于伦敦的标准银行和渣打银行合并为标准渣打银行（Standard Chartered Bank）。合并后在 60 个国家和地区拥有了 1500 多个分支机构。因南非实施种族隔离制度，20 世纪 80 年代后各国经济制裁升级，渣打银行在压力下着手减持股份，最终于 1987 年将持有的 38.98% 标准银行股权悉数出售。标准银行成为一家完全由南非资本拥有的金融机构。在曼德拉及南非人民的努力下，1994 年 4 月，种族隔离政策从法律上根本废除，南非走向民族和解、重新拥抱世界。

标准银行在非洲 18 个国家设有分行，连续多年保持了 20% 以上的净资产回报率，净利润 20 年复合增长率超过 20%。非洲的银行也在走向世界，1999 年，标准银行在上海创立了代表处，2001 年通过收购怡富银行（Jardine Fleming Bank）开拓亚洲市场，2004 年创立了标准资源（中国）有限公司，为中国矿业和金属行业提供商品交易业务。中国市场是标准银行在新兴市场的重要支点，标准银行一直在思索进入中国市场的最佳方式。

中国工商银行也正在眺望着非洲的金融机会。当中国企业在采购、销售全球化的时候，不一定需要中国银行业的跟随服务，当中国企业投资、生产和服务全球化的时候，就需要有中国银行业的延伸服务。世界资源研究所的调查显示，中国"走出去"企业在开展对外投资和并购中所需资金的 80% ~ 90% 源自中国的银行机构。2007 年 6 月，工商银行的境外分支机构总数超过 100 家，但在非洲地区还是空白。当时非洲市场已经呈现出巨大的发展潜力，中非贸易额从 2000 年的 106 亿美元增加到 2008 年的 1072 亿美元，年均增幅为 34.7%，远高于同期中国外贸增幅。非洲成为中国第四大海外投资目的地。2008 年底，中国对非洲投资累计达 260 亿美元，在非洲 49 个国家设立境外企业达 1600 多家，占中国对外投企业总数的 12.9%。2000 年至 2007 年，全世界经济增长最快的 10 个国家里有 6 个来自非洲，撒哈拉以南非洲地区持续位居世界经济增长第二快区域；随着非洲国家的现代化及城镇化建设，到非洲投资的中国企业也越来越多，融资项目需求越来越多，非洲金融业孕育着发展良机。但从金融发展阶段来看，非洲金融市场却远没有成熟，非洲金融规模居全球末席。撒哈拉以南非洲地区一半以上的人口甚至未能享受银行服务。

中国是世界上最大的发展中国家，非洲是发展中国家最集中的大陆，13 亿多中国人民致力于实现中华民族伟大复兴的中国梦，10 亿多非洲人民亦致力于实现联合自强、发展振兴的非洲梦。为了共谋发展，同迎挑战，2000 年 10 月，在新世纪第一年，中国和非洲友好国家共创了中非合作论坛，打造了中非集体磋商与对话的平台，创新了南南合作范畴内发展中国家之间的合作机制。在 2003 年第二届部长级会议上，中非双方提出进一步巩固和发展 "长期稳定、平等互利、全面合作的新型伙伴关系"。在 2006 年北京峰会上，胡锦涛主席代表中国政府宣布深受非洲国家欢迎的 8 项举措，将中非合作推向新的高峰。

伴随着中非新型战略伙伴关系的确立和发展，中非合作关系进入了一个全面、快速发展的黄金时期，经贸往来迅猛发展。在新兴市场中，非洲将成为世界经济未来的新增长点，这已经成为金融圈的基本共识。但从金融角度来说，为实体经济发展承担造血功能的非洲金融市场却远没有成熟。非洲金融体系的规模在全球范围内仍居末席，除了毛里求斯、南非等为数不多的几个离岸金融中心外，撒哈拉以南非洲地区目前一半以上的人口仍未能享受银行服务，这吸引了越来越多的银行在该地区大力扩展分支机构；非洲国家积极开展与外国金融机构的合作，有助于为非洲本土金融业的运转注入新鲜血液。与此同时，随着大多数非洲国家的现代化及城镇化建设，一批国有企业希望通过发行债券和股票进行融资，为非洲证券市场带来了生机和很大发展空间……在内部改革和外部因素的共同作用下，非洲金融业孕育着发展良机，巨大的增长空间强烈地吸引着全球银行界的有识之士。

从中资银行以往在境外新设分支机构的经验来看，从机构设立、开展业务，到实现良好的财务回报需要较长时间，若本地化程度不够，提升市场渗透深度较难。非洲国家众多、差异性大，一行一址申设进入，网点、资源、人才完全无法覆盖非洲广袤大地，无法提供完整金融服务，难以适应非洲发展机遇。收购兼并是银行海外发展的又一途径，可发挥并购双方的比较优势，降低客户、渠道和品牌扩展成本，有利于本土化经营，用较短时间建立起支撑广袤市场的业务基础。工商银行虽然积累了一些并购经验，并购运作不像初始那样青涩了，但海外并购不是伊甸园，充满了风险和挑战。一着不慎，满盘皆输。一般而言，并购风险大于机构申设。相较于已经在非洲金融市场根基深厚的金融同业，中国银行业要在非洲大陆立足并非易事。手握非洲第二大银行南非联合银行（ABSA）接近 60% 股份的英国巴克莱银行在非洲 12 个国家业务活跃，集团 2007 年利润的 13% 来自非洲；葡萄牙的圣精银行、投资银行（BPI）和千禧商业银行（BCP）则在西非法语区和葡萄牙语区耕耘着各自的市场，在安哥拉一共拥有超过 170 家分行；而作为本土的行业龙头，总部位于南非的标准银行集团在非洲 17 个国家设有分行，自 1987 年英国渣打银行撤出南非后，通过自身的增长和收购成为现今非洲最大的银行……除了对市场环境熟悉的先发优势外，欧美同行在长期战略制定、人才和产品创新等方面都有着同期中国银行业无法比拟的竞争优势。

进入陌生的非洲银行市场，是申设分行还是收购兼并？这是摆在工商银行面前的一个关键选择。即使作出后一个选择，选择条件都合适、双方有意愿的并购机会也像火星碰上金星一样难得。

2005 年 6 月，国际货币会议（IMC）首次在中国召开，会议讨论的主题包括"中国与金融服务业""全球金融服务业的发展战略""重塑银行业的外部力量"。在中国加入世贸组织将满 5 年，即将取消对外资银行的限制之时，中国市场在国际金融业中的热度丝毫不低于北京 6 月火热的天气，高盛集团副董事长、花旗集团首席执行官、汇丰集团主席、摩根大通银行董事长兼首席执行官等国际银行业巨头的高管们几乎无一缺席这次盛会。刚获批股份制改革方案的工商银行，作为会议东道主行，在家门口欢迎来自全球的金融家。这次会议也同样吸引了非洲银行业领军人物，标银集团 CEO 雅科·马瑞访问了工商银行，双方对初次会晤都印象深刻。

在工商银行总行会见雅科·马瑞

2007 年 5 月，非洲发展银行年会首次在中国召开，这是非洲发展银行历史上规格最高、规模最大的一次年会——77 个成员国悉数到会。中国参会者对非洲的热情和了解程度，以及中国进步的速度使参会的雅科·马瑞惊叹不已。在这次会议上，很多中国公司的代表围绕在雅科·马瑞身旁，积极地询问非洲的投资环境、投资政策以及进入非洲市场的途径。雅科·马瑞回忆说："中国的企业家和银行家对非洲的熟悉程度和投资热情出乎意料，这让我确信中非开展贸易和投资活动的黄金时间已经到来。"

2007 年 6 月，国际货币会议在开普敦召开，雅科·马瑞担任会议轮值主席。标准银行的总部坐落在约翰内斯堡商务中心区，大楼底座下就是一个金矿遗址。经过 145 年的发展，标准银行已成为南非乃至非洲最大的商业银行，拥有领先的市场地位、强大的分销网络和多元化的业务结构。我们又一次见面，两家银行达成了业务上"战略合作"口头意向。双方团队努力工作，很快形成战略合作协议。

当时，正巧标准银行因资本金不足拟增发股份。双方银行有无可能从业务合作走向股权合作，这一想法像闪电一样掠过。在非洲这块欣欣向荣的土地上，南非无疑是最具发展潜力的新兴市场，如果工商银行能够对标准银行的股份进行长期战略投资，无疑将会进一步夯实双方的战略合作，并以此方式拓展非洲市场。当时外部环境也比较成熟，南非的监管体系完善，金融市场发达，1990年后银行并购整合较多，政府对外资银行准入放松。但标准银行是怎样思考的？双方需要进一步沟通想法。

2007年10月，标银集团董事长库珀和CEO雅科·马瑞应邀来到北京，他们坦诚地告诉工商银行领导，标准银行之前也一直思索如何能与一家国际性银行建立战略关系，也曾与几家国际性银行有过接触，但未曾考虑过中国的投资。然而，他们深入考虑后认为，重要的不仅是引入新资本，是中非之间长期合作的美好前景吸引了他们，是与工商银行建立战略合作关系的长期利益吸引了他们。回顾以往多次沟通的过程，双方想法契合。记得我在标准银行总部大楼参加了标准银行董事会的欢迎会上，标准银行董事长库珀作了一次热情洋溢的讲话，他讲述了郑和到非洲的故事，他强调中国人是热爱和平的民族，从来没有对非洲带来侵略和掠夺。这也代表着许多非洲人的心声。

此后尽职调查迅速开展。调查过程不仅是风险分析，更是合作开端，尽职调查开展恰当，会促进双方相互理解，有助于紧密合作。交易双方对所有的疑问都进行了毫无保留地沟通和坦诚友好地交流。对标准银行高管团队访谈问题超过400多个，会议一场紧接着一场，对财务、法律和政治风险进行了细致全面的交流与评估，对战略合作与股份收购核心条款逐条进行谈判和修订。工作团队亦深入标准银行网点现场考察。在尽调过程中，工商银行管理层也与董事会、国内监管机构和主要股东进行了充分沟通。

并购过程的一波三折
投资股权比例问题的妥善解决

标准银行的股权较为分散，最大的股东是南非公共投资集团，约持股 13.9%，其后是耆卫保险公司以及黑人经济振兴法案（Tutuwa）参与者，占比分别为 8.2% 和 7.6%，其他股东的持股份额均不到 5%。曾有多家大型国际金融机构都有意竞购标准银行，因想获得控股权的要求而无法达成一致。最初标准银行希望工商银行入股 10%，因为过多资本投入将影响其资本回报水平，也担心出让太多股权会引起政府和监管部门的关注，增加审批难度。工商银行则认为 10% 的持股比例太低，不能体现战略投资意图，要求入股 20%。从技术角度考虑，上市公司低于 20% 的股权投资需要进行公允价值调整（Fair value adjustment），被投资企业股价波动、汇率波动都会给工商银行的报表带来影响。"由于工商银行的收购方案不具有侵略性，不要求更换管理层，再加上中非友好深入合作的宏观背景，所以标准银行的管理层和股东最终把票投给了工商银行。"一位国际投行人士如此评价。

双方最终同意 "10% + 10%" 的双重收购结构，10% 系标准银行向工商银行定向发行新股，另外 10% 系工商银行收购标准银行已发行的普通股，认购新购和收购老股互为前提条件。适当的交易价格是本次交易成功的又一关键。价格太高有损工商银行利益，价格太低则难以获得对方股东大会的批准，并可能引发欧美银行的竞争性要约。工商银行收购团队在参考了众多交易先例后，新股以交易宣告前 30 个交易日标准银行股票按成交量加权平均的价格定价，老股定价为相对于新股认购价 30% 的溢价，最终收购价格为 120.29 南非兰特/股，平均溢价水平为 15%，这一价格既对标准银行股东有一定的吸引力，又能够合理控制工商银行的收购成本。在工商银行董事会审议通过此次交易之前，工商银行和大股东财政部及汇金公司的独立财务顾问分别对此次收购交易进行了独立评价，出具评价意见均认为本次收购交易是公平合理的。

应对花旗的负面报告

交易公告后，媒体给予了积极反映。全球各大新闻媒体在显著位置都刊登了消息，就连向来挑剔的境外大牌媒体亦对此交易褒奖有加。"ICBC"成为全球媒体，特别是财经媒体上最热门的词汇之一。国际各大投资银行也纷纷就本交易发表专题研究报告，评价大都积极正面，南非《时报》指出，"这是南非结束种族隔离之后得到的最大一笔境外直接投资；这是中国公司迄今为止最大的一笔海外投资"。南非《商报》在《扭转对华不满舆论》中评论道，"人们一直认为中国在非洲的发展战略是通过向非洲国家提供低廉的贷款换取资源，而中国工商银行的动作意味着中国想和非洲一起谋求更大的发展"。美国《华尔街日报》认为，工商银行布局彰显中国金融雄心，"中国最大的银行宣布向南非投资55亿美元，这是经济强劲、资金充裕的中国正由输出玩具、运动衫和MP3播放器等商品向输出资本进化的最新信号"。英国《金融时报》说工商银行找到好朋友，"尽管工商银行在一年前进行了首次公开发行，手头资金充裕，但它在投资海外之前，显然经过了深思熟虑。55亿美元的收购价格并不高，与此前中国对非洲的交易不同，这是一宗非常公开的交易，条款和条件都很透明。这一交易清楚地显示了中国在非洲的投资逐步成熟，因为市场普遍认同标准银行是南非最优的蓝筹股和最稳定的金融企业，中国正在超越自己在过去以提供廉价贷款来换取矿产资源的策略"。

此项收购交易公告后还需要获得股东大会75%的多数票通过，并经南非法院的最终裁定才告成功。然而就在这个关键时刻之前，一个

不测事件发生了。2007年10月29日，花旗集团证券分析师亨利·霍
（Herry Hall）甩出重磅"炸弹"，发表了一份题为《我们不会投票赞成
每股136兰特的转让协议》的研究报告。该报告洋洋洒洒28页，观点
偏激、措辞严厉，抨击此次收购项目，认为"该交易存在诸多圈套"，
指出标准银行具有稀缺性和独特性，认为工商银行正以历史性的超低
价格收购，"10% + 10%的交易结构隐藏了每股收购均价120.29兰特的
事实"，并力图怂恿股东应该要求更高的溢价，"实在的公平价格应为
每股187.7兰特，但考虑到引入工商银行作为战略合作伙伴的协同效
应，建议最终向工商银行要求每股161.2兰特的转让价格"。那位分析
师还指出"对南非来说，让中国政府有效控制南非银行业'皇冠上的
明珠'是正确的吗？工商银行所持的20%股份会不会是以南非作为代
价为中国的发展提供便利呢"？

面对突如其来的舆论危机，我们十分冷静，并密切关注市场的最
新反映，了解投资者的投票倾向变化。释疑解惑的最好方式是面对面
沟通，我和潘功胜带队出访南非，拜访了南非政府部门的负责人，表
达了工商银行投资标准银行的坚定信心及战略性、长期性，说明中非
金融合作对中非合作的重要意义。同时通过一对一会谈、小型座谈会
等多种形式会见了20多家标准银行的重要股东，强调我们的投资价格
是合理的，并展示两行战略合作演示文稿，量化预期协同效益，让股
东清晰地看到工商银行投资后的增长机会和实施路径。我们还参加了
标准银行年度的管理大会，会场人头攒动，400余人到会。我和雅科·
马瑞的演讲引起共鸣，我讲道："一个亚洲最大的银行和一个非洲最大
的银行携手，有什么理由怀疑未来呢？"雅科·马瑞则呼吁股东相信管
理层的选择和判断，他说："我们不仅可以获得进一步发展所需的资
金，还将获得一个长期的支持性股东，一个值得信赖的战略合作伙
伴。"会场气氛热烈，结束时全场起立，掌声经久不息。这次南非之行
取得了明显的效果，标准银行做了一次股东调查，结果显示赞成交易
的股东比例较两天前上升了13%。

**2008 年 3 月 25 日工商银行与标准银行战略合作启动会议，
从左四至左六，分别是时任工商银行行长杨凯生、我及标银集团
CEO 雅科·马瑞，左方签约的是时任工行董秘潘功胜**

尽管如此，由于标准银行的股权相当分散，能否在股东大会上获得 75% 的赞成票仍然具有较大的不确定性，还需要我们继续努力。当时我和库珀董事长开了个玩笑："我们打个赌吧，看看哪家银行的股东大会获得投票的赞成率更高。"2007 年 12 月 3 日，投票结果揭晓：工商银行股东大会以 99.96% 的赞成票通过了本次交易，标准银行股东以 95% 的赞成票表达对此次交易的支持。此后，中国和南非的监管机构、法院相继批准了本次交易。2008 年 3 月 3 日，这一天注定将浓墨重彩地载入中国银行业的并购史册，工商银行以 54.6 亿美元收购标准银行集团 20% 的股权，成为该行单一最大股东，创造了中国投资非洲最大项目的纪录。

携手迎接中非经济的机遇和挑战

在工商银行的并购案例中，对中小银行通常采取控股权并管理权的收购模式，这有利于并购后整合。标准银行是一家规模较大的银行，20%的投资金额已经很大。工商银行对标准银行的收购虽为单一最大股东，但不直接介入银行管理。工商银行对标准银行的管理文化、风险控制和发展战略都较为认同，标准银行的管理团队很优秀，银行也运行良好。但工商银行是战略投资，不仅要关心投资的安全性、收益性，更要实现双方的战略合作目标，仅参加股东大会行使股东权力是不够的，还必须通过派员参加董事会，参与标准银行的经营战略制定和重大经营管理决策。标准银行董事会成员多为独立非执行董事，原则上股东并不派出董事。经过积极谈判争取，最终标准银行同意工商银行有权提名两名非执行董事，其中一名是副董事长（杨凯生行长任首任副董事长）。工商银行对标准银行的股权管理，主要是通过董事会的作用及公司治理来实施的。工商银行董事担任标准银行集团信贷委员会、风险与资本管理委员会、董事事务委员会委员和集团审计委员会的观察员。日常还通过电子邮件、非正式讨论和电话会议等多种形式进行沟通。经验丰富的董事会帮助管理层作出更专业性的商业决策，管理层也频繁地与董事保持沟通。我们坚持的一个观点是：工商银行与标准银行要齐心协力、共谋长远、保持可持续的发展。我们看好非洲的未来，没有短期目光。工商银行对标准银行董事会提出的战略转型、聚焦非洲、重视科技、成本管理等建议都为标准银行所重视和采用。相互理解、相互尊重是合作成功的前提。双方银行及团队个人都注意相互尊重、理解和认同，主动倾听对方的声音。有着不同文化的中非银行，面临着不同的市场环境，有时也会有争议，但强调求同存异、协商解决问题，合作非常愉快。双方经常说的一句话："我们不仅是合作伙伴，我们更是一个大家庭。"

　　在非洲人来看，标准银行是非洲最大的商业银行，其背后有一个强大的中国融资渠道及中国市场，在中国人来看，工商银行是中国最大的商业银行，其在非洲有广泛的网络资源。越来越多的中国企业在非投融资选择与工商银行、标准银行合作，工商银行的客户关系和资金优势，标准银行的市场资源和人脉优势，发挥了整合优势。

　　两家银行建立了战略合作长效机制，成立了由两行最高层领导组成的战略合作联合指导委员会和多个对口合作团队，全面推进公司与投行业务、结算与现金管理、全球托管、金融市场、跨境人民币业务、风险管理、信息科技等多个领域务实合作，合作规模逐步扩大，形式趋于多样，领域不断拓宽。双方的风险管理团队就此加强交流和联系，相互学习，取长补短。工商银行与标准银行的合作，从贸易融资、项目融资、银团贷款、现金管理等传统产品到结构性商品融资等创新产品，以"贸易＋金融"方式引导中资企业进入符合国家对非战略的领域和产业，为在非中资企业提供全方位的金融服务，有力地推动中非贸易的发展；工商银行积极探索，通过金融服务推动南非乃至非洲经济的发展，改善非洲发展中国家人民生活水平。

纵览工商银行 25 年来的国际化历程，收购标准银行股权是一个重要里程碑，具有跨时代的意义。收购实现了亚洲最大银行与非洲最大银行之间的握手，以股权投资带动战略合作的新模式开创了中非金融合作的先河。之后股权合作还在深化，2014 年工商银行投资 6 亿美元收购了标准银行控股的阿根廷标准银行，双方以 80% 和 20% 的股比合资，共同拓展阿根廷市场。

2018 年是工商银行收购南非标准银行股权 10 周年，也是双方战略合作 10 周年。这是经历考验、应对挑战的 10 年，也是同舟共济、密切合作的 10 年，更是共同成长、共赢发展的 10 年。工商银行投资标准银行 10 年后，双方领导层举行了会面，报告了 10 年来的一份好成绩单：标准银行经营稳健，分红稳定、收益良好。从并购初的 2008 年至 2017 年 6 月末，标准银行累计实现归属工商银行净利润 320 亿兰特，平均 ROE 为 14.7%，工商银行共收到标准银行现金股息约 147.5 亿兰特，股票股息 1995 万股。按权益法计算，工商银行对标准银行的年均投资收益率为 7.65%，高于同期国内外、本外币债券的投资收益率。获得高额分红的同时，工商银行还实现了数亿美元的战略合作收益。过去 10 年，工商银行在非洲存量信贷项目达 106 个，承贷金额合计 200 多亿美元，贷款余额为 60 多亿美元，项目安全性和效益性良好。非洲已成为工商银行仅次于亚洲的重要业务聚集地。通过金融服务努力推动南非乃至非洲经济的发展，改善非洲国家人民生活水平。中国对非洲的投资更加积极和务实。股权合作对双方的影响是显而易见的，通过商业化、市场化的紧密合作，提高双方经营管理能力、客户服务能力等核心竞争力，并由此获得更大的市场吸引力与话语权。收购往往更着眼于一个战略的思考，只要战略方向是正确的，并执着地朝这个方向走，未来会收到更大的回报。

21 世纪以来，中国与非洲的商贸交往取得突飞猛进的发展。中国连续多年成为非洲第一大贸易伙伴国。近年来，非洲经济表现出来的活力吸引了越来越多投资者的关注。"投资非洲"已成为众多在全球寻找商机的中国企业家们的选择。国有大中型企业是中非合作的主力军，越来越多的民营企业日益活跃在非洲。2007 年到 2016 年的 9 年时间里，中国对非洲非金融类直接投资从 44.6 亿美元增加至 345.7 亿美元，增长了近 7 倍。2018 年是中非合作的崭新一年。在"一带一路"倡议下，越来越多的中国投资参与到非洲国家的经济建设之中，在 2018 年中非合作论坛北京峰会上，习近平主席发表了重要讲话，中非领导人围绕"合作共赢，携手构建更加紧密的中非命运共同体"主题，规划新时期中非合作"路线图"。一个更加美好的中非世纪合作前景展现在世人面前。目前，非洲的人口总数为 13 亿，预计到 2050 年，非洲人口将会增长一倍多，达到 24.5 亿。人口增长和城市化、工业化是非洲未来发展的关键驱动力。非洲未来必然会成为全球经济增长的新引擎，中非金融合作的战略意义将会进一步凸显。

第九章

踏上北美
枫叶之国的金融新色彩

——收购加拿大东亚银行

2012 年中国农历春节，在加拿大最繁忙的机场——多伦多皮尔森国际机场，一幅色彩明艳，长达 20 米、高 5 米，加拿大境内最大尺寸的室内全新主题形象广告，在机场客流量最密集的机场大厅亮相，色彩明艳的"同鼓舞，共发展"宣传主题，突出醒目的"工"字标识，吸引了穿梭于机场每位旅客的目光。中国工商银行再次迈出国际化重要的一步，在枫叶之国描绘着新的金融蓝图。

回忆起两年前的 2010 年 1 月 28 日，工商银行成功收购加拿大东亚银行，成为其控股股东，这是中资银行在北美地区完成的首次银行控股权收购，加拿大东亚银行（后更名为"工银加拿大"）也成为工商银行在欧美发达国家收购的第一家海外机构。这项交易使工商银行获得了加拿大银行业牌照和客户资源，完成了加拿大市场的突破。同时，通过捆绑交易解决了工商东亚股权重组问题，优化了在香港地区的投行资源配置，为集中精力支持工银国际的发展奠定了基础。

从中国香港到加拿大

——加拿大东亚银行的发展史

李国宝家族在东亚银行的发展史是中国香港近代史的一个缩影。19 世纪末，香港成为远东转口贸易商埠时，李国宝的曾祖父李石朋就已在当时香港的商业中心——上环文咸东街的一家船务公司开始了奋斗历程。李国宝祖籍广东鹤山，若寻根问底，其曾祖父（李石朋）的父亲李家成才是家族中第一个到香港"淘金"的人，虽然他在李石朋 5 岁时就已去世，却是带领家族从鹤山到香港的开路人。

5 岁丧父的李石朋聪明且有远见，他从当学徒开始，白手起家，通过艰苦而又不失智慧的奋斗，奠定了家族的百年基业。当时的香港，生意都由英国人控制，李石朋坚信，只有学会与洋人打交道，才能在香港找到发展的机会。因此，他在 17 岁那年做了一件很多学徒同伴看起来不可思议的事情，主动到教会学校，也是现时香港最杰出的中学之一——圣若瑟书院报名就读，成为该校首批华人学生之一。

后来，为了让下一代接受良好教育，他还找了个外国人专门教自己的大儿子，也就是李国宝的祖父李冠春学英语，李氏家族也从此留下了高度重视教育的传统。李石朋通过创办"和发成"船务公司，运输越南大米到香港积累到第一桶金，之后创办"南和行"自营进口米生意，并以在当地买田、当地加工再从当地运到香港销售的一条龙模式来经营，他本人也成为香港富甲一方的华商。因常体会到香港华商缺乏银行支持的不利，李石朋晚年时一直希望开办一间西洋式的银行为同胞服务。他的心愿直到1918年末才变为现实。1918年11月，31岁的李冠春和三弟李子方，联手本地简东浦、周寿臣等华商以200万港元注册资金，创办了一家银行，并于翌年1月在港岛皇后大道中二号正式开业。这些青年才俊当时被公认为"全港最具影响力人士"，他们在中国内地、日本、印度尼西亚、印度及东南亚其他国家都经营着很大的生意，银行因此而命名为"东亚银行"，李冠春兄弟也因此成为香港的第一代华人银行家。

东亚银行一成立便得到众华商的关怀与支持，头一年存款额突破400万港元，取得超过37万港元的盈利。开张大吉后，银行的创业者们乘胜而上，不但于第二年将总行迁往更占地利的香港德辅道中10号（现址），还迅速开始拓展海外经营网络。1920年，分别在中国上海和越南西贡市（现胡志明市）开设分行，1930年和1952年分别开设了越南海防分行与新加坡分行。东亚银行成立伊始，就注重服务于国际贸易，建立国际网络。1921年时，亦即成立2年后，东亚银行的代理行已设立于天津、汉口、东京、新加坡、横滨、伦敦、纽约、神户、长崎、孟买、加尔各答等地。

翻开东亚银行90年前的招股章程，"组织一名实相符、信用稳固之银行，按切吾国社会之习惯，参以外国银行之精神"，这一要义也成为东亚银行近百年来风风雨雨历程中始终坚持的理念。东亚银行成立后，以保守稳健的风格渡过了数次大的银行危机。1935年，由于嘉华银行宣布暂停营业造成市民恐慌导致对银行的挤兑。东亚银行香港和东亚银行上海均遭受挤兑，东亚银行将成百箱的银元堆放在营业大厅，把金条也放在大厅显眼的地方，不限制客户提取存款，从容应对，最终挤兑人群散去。而同时不少银行如广东银行等采取了停业或者限制提取的措施，声誉受到很大负面影响。1965 年，由于房地产价值突降，在房地产领域过度投资的香港明德银号无力兑换支票，引发了香港历史上最大的银行挤兑风潮。明德银号申请破产的第二天，市民开始在各家银行门口聚集，要求提款，其中恒生银行情况尤为堪忧。尽管有汇丰银行支持，挤兑恒生银行一直没有停止，最后以汇丰银行收购恒生银行控股权才停止住挤兑。东亚银行一直在银行同业中保持最高水平的流动性资产率，贷款对存款比例在 1965 年时仅为 51%，低于汇丰银行的 55%，也远低于恒生银行的 75%，虽然短期对利润有一定影响，但长期看经营更稳健，更加能够应付客户的兑付需要，因此在危机中安然度过。

东亚银行经历过一次又一次的危机，每次均安然脱险，并且转危为机，经过近百年发展，成为香港最大的本地银行。即使把总行在香港以外的其他跨国银行算上，东亚银行紧随汇丰集团（包括集团成员恒生银行）、中银香港，曾排在第三位。北美作为全球经济、金融最为发达的地区之一，一直被东亚银行视为海外业务拓展的主要目标区域之一。1975 年，东亚银行与美国银行共同推出首张港元信用卡——东美信用卡，并于 1984 年在纽约开设了其在美国的首家分行，此后于 1989 年后在纽约的华人聚居区开设了第二家美国分行。与此同时，日益被由华人移民带来的潜在市场机会所吸引，东亚银行的决策者开始把目光投向华人众多的另一个北美重要国家——加拿大。

加拿大是一个由移民组成的多民族国家，早在 100 多年前，华人就开始成批地来到这里。历史上加拿大的华人曾遭受过不公正的待遇，直到 1947 年，随着加拿大排华法的废除，华人获得了较为平等的法律地位，华侨移民流入开始逐步增加。1990 年，加拿大的华人达 70 万人，约占全国总人口的 2.5%。早期加拿大华人主要来自中国大陆，以广东省的四邑（新会、台山、开平、恩平）地区居多。1967 年，加拿大当局放宽了移民入境条件，来自香港地区的移民日益增加，80年代中后期增长更快。20世纪80年代末，为拓展加拿大业务，服务华人移民客户，东亚银行决定在加拿大开设分行。1991年，加拿大东亚银行在多伦多注册成立。

1992年，加拿大东亚银行在多伦多正式营业。在其后的十余年间，加拿大东亚银行在不断拓展营业网络的同时，强化运营管理，提升服务品质，致力于为当地华人企业和个人客户提供优质的金融服务。1992年，加拿大东亚银行在安大略省多伦多市列治文山区（Richmond Hill）开设了第一家分行，向客户提供零售和公司银行业务。1994年，第二家分行温哥华分行（2004年更名列治文分行）在加拿大西海岸的温哥华市列治文区（Richmond）开业。温哥华是加拿大第三大城市，也是西部工业中心、北美第三大海港和国际贸易重要中转站。同时，温哥华也是一个风景宜人气候舒适的城市，当时约有10万华人（目前50多万）定居于此，是北美最大的华人社区之一。加拿大东亚银行是当时列治文区唯一的香港华资银行，它的开设吸引了不少来自香港的新老客户，银行的10名职员都能以流利的粤语、普通话及英语提供服务。

1996—1998年，加拿大东亚银行在多伦多又相继设立了三家分行，分别为1996年设立的士嘉堡区分行、1997年设立的万锦区分行、1998年设立的密西沙加区分行。2005年，其第六家分行在温哥华开业，使其在加拿大西海岸的业务得到进一步加强。加拿大东亚银行通过六家分行为当地的华人社区提供包括零售银行、企业银行和贸易融资服务在内的全面的银行产品和服务，并始终保持稳健的经营管理风格。该行员工103人，客户数超过10000个。截至2008年12月31日，加拿大东亚银行的资产总额为5.56亿加元，贷款总额为4.44亿加元，存款总额为4.82亿加元；净资产6329万加元，资本充足率14.95%，不良贷款率0.45%，拨备覆盖率275%。尽管资产质量较好，但加拿大子行成立以后经营一直比较谨慎，经营效益一般，对集团贡献有限，且对母公司依赖较多，而东亚银行作为一家中型银行，对海外机构能够通过的业务资源也比较有限。

对工行而言，并购海外银行机构时，希望资产质量方面不要有太多问题，这样不会在并购后牵涉过多的精力。工行作为一家特大型银行，拥有大量的业务资源。我曾讲过"榕树理论"，一个跨国银行就像一棵大榕树，根须非常多，每个根须所在土地的营养是不一样的。由于是一个整体，有的地方缺水了，其他的根须会把水送到这里来，有一段时间这里有水了，也会输送到其他地方去，这就是跨国公司内部业务链国际化的过程。我们在海外设立分行或收购银行后，工行全球机构涉及该地机构的业务，如国际结算、汇款、货币清算、融资业务等都会汇集于它。相比中小银行，工行在业务发展上机会更多。

战略契合：彼之东隅，我之桑榆

2008年，距完成股改上市已有两年，工商银行在俄罗斯的机构开业，迪拜分行、多哈分行、悉尼分行申设工作进展顺利。工商银行一直希望加快推进在北美地区的机构网络布局。2007年11月，工行在纽约开设美国代表处已经10年了，纽约州银行局才有条件地通过了工商银行的设立分行的申请，工行决定考虑先从进入北美的加拿大市场起步。加拿大经济平稳增长，中加贸易发展良好，中资银行进入加拿大具有较大的发展潜力。几年来，工行通过印度尼西亚哈利姆银行、澳门诚兴银行、南非标准银行等并购积累了不少并购实践经验，因北美银行市场高度发达、金融渗透率高、行业竞争激烈等因素，若能收购一个有一定客户基础和发展平台的金融机构是快速拓展当地市场的较优选择。

机遇出现了。受 2008 年国际金融危机影响，东亚银行遇到了一定流动性困难，促使其加快了海外发展战略的调整步伐。北美市场由于监管严格，资本金、流动性等投入较高。从东亚银行集团整体角度看，出于变现部分股权增加流动性和调整业务布局的需要，东亚银行有意出售其美国和加拿大机构的部分股权。

衡量银行业绩及其稳健状况的不是经济高速增长时期的辉煌，而是在经济下行、市场动荡时是否能依然耸立并持续增长。金融危机期间，全球对加拿大银行业的表现和稳定性评价较高。加拿大的金融机构素以保守、稳健著称，由于加拿大金融体制监管严格，加之危机中政府措施得当，稳定了金融市场。相对于绝大多数西方国家，加拿大在 2008 年金融风暴中受到的影响是较小的，也是唯一未需要政府斥资拯救银行业的西方国家。在国际金融危机后，世界经济论坛发布全球银行业"健康"报告，加拿大银行体系健康排名全球第一。美、德、英三国银行体系同次排名分别为第 40、39 位和第 44 位，素以金融安全著称的瑞士也屈居第 6 位。在这样的监管环境下，东亚银行加拿大机构资产质量稳定，没有大的问题。这次出售机会对工行来说是难得的战略机遇。

工商银行与东亚银行多年来已建立诸多业务往来，且有共同的投行合资公司——工商东亚，双方一致保持着良好的合作关系和密切沟通。东亚银行加拿大子行的股权转让机会很快进入了工商银行的视野。2008 年 3 月，东亚银行主动提出可以考虑出售加拿大东亚银行控股权给工商银行，这一提议得到了工商银行的积极回应。随后，双方就具体合作事宜展开了磋商。

曲折谈判：各为其主，互利共赢

尽管工商银行和东亚银行拥有长期友好关系，并且此次收购机会对于双方来说都是符合各自发展战略的良好契机，但交易谈判的过程也并非一帆风顺。2008 年 3 月，双方启动交易谈判，在谈判桌前东亚银行李国宝主席提出在加拿大子行的牌照申设及后续经营中，东亚银行及其本人付出了艰辛努力，如果不是考虑到与工商银行的长远关系，不会同意出让控股权，因此希望在收购价格上能够体现控股权收购的溢价。同时，东亚银行对工行的投资入股非常有信心，希望可以保留 30% 股份，在交易后作为小股东继续分享子行的经营成果。

为此，东亚银行方面提出以加拿大东亚银行净资产的 2.5 倍作价，并以约定一系列小股东保留事项的方式分享未来银行管理控制权为条件，要求与工行签订投资意向函。东亚银行在谈判过程中提出，为保障其作为小股东的权益，加拿大东亚银行的多个重要事项审批需要董事会一致同意方可通过，这样东亚银行就可保留对加拿大东亚银行很多重要事项的否决权。

站在工行的立场上，2008 年全球局势风声鹤唳，北美金融机构哀鸿遍野，不少机构急于出售，低于净资产的收购机会比比皆是。尽管加拿大东亚银行资产质量比较稳定，规模适中，没有大的风险敞口，是一个稳妥的、符合工行"标准"的并购机会，但 2.5 倍净资产价格无疑是逆资本市场操作规律的。同时，控股权收购的目的即在于将未来加拿大机构打造为工行集团北美平台的有机组成部分，工行作为控股股东对子行的绝对控制权是收购交易的题中之义，将重大管理权与小股东分享也是违背工行的一贯战略，公平合理、符合市场惯例的公司治理原则在加拿大东亚银行收购中必须予以贯彻。

谈判桌上的双方既是朋友又是对手，态度的友好无法避免立场的差异。由于各自利益诉求不同，谈判一波三折，直到 2008 年 7 月项目仍未取得实质性进展。在此期间，工商银行继续拓展在港业务，在香港的全资子公司工银国际于 2008 年 5 月获得了香港金管局批准的投行牌照，成为工行在香港独资的投行平台。从优化资源配置的角度考虑，工商银行有意处置所持与东亚银行合资的工商东亚的全部股份

（75%），以集中资源全力支持工银国际的快速发展。如何突破已有障碍，成功推进两个看来独立的交易，工行面临不小的挑战。

柳暗花明：创新思维，捆绑交易

2008年8月，北京奥运会隆重举行，东亚银行李国宝主席赴京出席了北京奥运会闭幕式，其在京期间就加拿大东亚银行项目进展情况与工行交换了意见。东亚银行表态，期望尽快落实该项目的最终合作方案，表示相信工商银行扩大北美地区网络标志着工行国际化进程的深化，是工商银行国际化战略布局的重要一步。这样的表态，意味着双方尽管在具体合作方式上仍需谈判，但合作气氛仍非常良好。

2008年9月，美国雷曼兄弟宣布申请破产保护，国际金融危机全面爆发。因有市场传言东亚银行持有大量雷曼证券和AIG风险敞口，金融交易部门出现巨额亏损，东亚银行受传言影响又一次遭遇挤兑。9月24日，东亚银行港湾中心自动取款机和营业厅站满了前来取款的人，门外市民排队绕了几圈，且仍在不断延长。到下午5时，东亚银行全部自动取款机的现金已被取尽。该行股价出现下跌，跌幅超10%，东亚银行的债券也遭抛售。东亚银行立即采取措施，一方面公布在雷曼和AIG的投资情况，另一方面李国宝主席和其他董事在市场上买入东亚银行股票以显示信心。凭借长期友好合作关系，工行也向被挤兑的东亚银行香港分行伸出了援手，拆借了部分人民币资金以解燃眉之急，挤兑风潮趋于平息。

此次风波再次表明金融危机并不容易安然度过，"现金为王"对于风暴中的中小型银行也许正是一句金玉良言。同时，工行也再次向东亚银行证明了自己作为合作伙伴的可信赖程度，东亚银行利弊权衡的天平终于向工行倾斜。

2008 年 9 月，双方再次启动曾经一度中断的交易谈判。谈判桌上，工行在争取降低加拿大东亚银行收购对价和实现控股股东控制权的同时，提出同步向东亚银行出售工行持股工商东亚的 75% 股权，两个交易互为交割前提。因为工商银行在港全资子公司工银国际获得投行牌照后，基于优化资源考虑，工行正想将所持的合资投行——工商东亚的股份出售，以能全力支持工银国际在港发展。工行的这一提议得到了东亚银行的积极回应，因为一直以来东亚银行也有发展独立投行平台的战略考虑。从 2008 年 9 月开始，双方就工商银行收购加拿大东亚银行控股权和东亚银行收购工商银行所持工商东亚全部股权两桩交易同时进行磋商，并同意以绑定方式安排交易。2008 年 10 月 15 日，工行纽约分行隆重开业，东亚银行李国宝主席专门来函致贺，同时希望加拿大东亚银行项目进程顺利开展，并再次表达尽早签署投资意向函的愿望。此后，双方又围绕交易的对价问题进行了多次磋商，最终在 2009 年初基本达成了一致意见，并同意双方工作团队按照已达成的共识，尽快落实尽职调查和协议磋商工作。

2009 年 3 月，双方签署了无约束力的投资意向函。同年 4 月，工商银行由总行战略管理与投资者关系部、信贷管理部、财务会计部、法律事务部、金融市场部、国际业务部、信息科技部等多个部门，以及外部财务顾问、会计师及法律顾问组成了数十人的专家团队对加拿大东亚银行开展了紧锣密鼓的尽职调查工作。衍生金融业务、房地产贷款业务、存款来源、人员结构、法律合规等方面是这次收购尽职调查的重点。经过近一个月的尽职调查，工行尽职调查团队得出的结论是：加拿大东亚银行的规模较小，资产负债表相对干净，经营稳健，未涉及重大法律风险，但业务结构单一，对母公司的依赖程度较高。在工商银行进行尽职调查的同时，东亚银行的工作团队也对工商东亚完成了尽职调查工作。双方随后在尽职调查的基础上就两项交易的交易协议做了进一步谈判，为能够统筹推进两项交易，工商银行和东亚银行在两项交易协议中就相应条款作出了对等安排，最终于 2009 年 5

月达成一致。

2009 年 6 月 4 日，工商银行与东亚银行联合宣布，双方就加拿大东亚银行及工商东亚股权买卖达成协议。工商银行以 8025 万加拿大元（约 7300 万美元）收购加拿大东亚银行 70% 股权，相当于加拿大东亚银行 2008 年底净资产的 1.81 倍，成为加拿大东亚银行控股股东；同时，工商银行向东亚银行出售其持有的工商东亚 75% 股权，交易对价为 3.72 亿港元（约 4800 万美元）。上述两项交易互为前提条件。两项交易完成后，工商银行和东亚银行将合作营运和管理加拿大东亚银行，在交易完成一年后，工行拥有买入期权，可将持股增至 80%，而工商东亚将成为东亚银行全资附属公司。

此次两项交易达成协议，对双方而言是双赢的选择。收购加拿大东亚银行 70% 股权将使工商银行获得加拿大银行业牌照和客户资源，为进一步拓展北美地区业务和网络奠定良好基础。同时，出售工商东亚将有利于工商银行在香港的机构布局和业务整合，集中资源发展在港投资银行业务。市场舆论对本次并购交易的评价良好，普遍认为这是工行布局北美的战略性举措，同时有利于工行整合香港业务；对东亚银行而言，则有助于加强其香港本地投行的市场占有率，是一个双赢的局面。工商银行可以籍此逐步实现其全球战略布局，从第一阶段的亚洲，第二阶段的欧洲，到第三阶段的美洲，稳步迈向全球，完善了国际化战略布局。两项交易的同步实施，既实现了收购东亚银行的加拿大机构，又实现了工商东亚股权的溢价出售，实现了双赢。

监管审批：进军枫叶之国的通行证

并购交易需要对东道国的监管体系及并购审批流程有一个准确的把握，这不仅关系到并购交易本身的获批，也关系到并购机构日后的运营发展。工商银行在海外并购的前期研判阶段，通过项目法律顾问及财务顾问，对目标国的监管体系、审批流程做一个全面的梳理和研究，评估交易推进监管审批难度，做到心中有数。

加拿大金融监管是从保险业监管开始的。19 世纪末，加拿大政府成立了保险监管办公室，后发展为内阁的保险部。该部负责监管在联邦注册的寿险公司、财险公司、信托和贷款公司以及养老金计划，并向政府提供保险精算服务。

加拿大银行业监管之所以晚于保险业，是因为加拿大的银行体系长期以来比较稳固。加拿大地广人稀，居民集中区较少，早期的基础产业是农业、林业、木材加工业等，这类经济活动和资金需求都具有高度的季节性，银行分支行体系可以在广大地区之间进行资金的余缺调剂。这套英国式的高度集中的庞大分支行体系，使加拿大银行业实际上成为一个具有卡特尔特征的行业，确保了银行的特权和利润，也大大降低了其倒闭的可能。

1925 年，由于伴随家庭银行（Home Bank）经营失败，加拿大政府开始设立银行总监督官办公室，负责监管注册银行。1934 年颁布的《银行法》，确定联邦注册银行的监管权归属中央。20 世纪 60 年代初，波特勋爵就影响金融体系的结构性问题进行研究并提交报告认为，金融业的发展已经突破了现有的法律和监管框架，应通过强有力的政府监管和行政权力制定和落实更严格的金融管理标准。1967 年，加拿大政府设立了加拿大存款保险公司，以确保小额存款的安全性。20 世纪 80 年代中期，在调查两起银行倒闭案时，加拿大政府认为有必要建立统一的负责联邦金融机构监管的机构。1987 年 7 月，加拿大通过《金融机构监管》法案，将保险部和银行总监督官办公室合二为一，成立了金融机构监理署（Office of the Superintendent of Financial Institutions, OSFI）。

1987 年和 1992 年，加拿大先后修改《金融机构和存款保险修正案》和《银行法》，允许银行通过金融控股公司的形式建立附属机构从事信托、证券和保险业务。同时，其他金融机构也可以向银行业渗透，加拿大金融业由此进入混业经营时期。1999 年 6 月，加拿大财政部颁布了以风险管理为核心的《监管框架》，明确了 OSFI 进行监管操作的原则和方法。OSFI 负责对所有银行、在联邦注册的保险公司、信托公司、信用社、福利社以及养老金进行综合监管，对财政部负责，独立于央行。根据与各省区政府的委托协议，OSFI 还负责监管部分在省区注册的金融机构。OSFI 监管的金融机构资产总额已占加拿大金融机构资产总额的 80% 以上，是名副其实的超级监管机构。

加拿大银行业的并购交易主要涉及加拿大《银行法》和《竞争法》监管审批程序。按照加拿大《银行法》规定，对于市值小于 80 亿加拿大元的银行进行控股权收购，即收购股权比例超过 50% 需经加拿大财政部的批准。加拿大金融机构监理署将代表加拿大财政部受理相关审批事宜。申请人需根据金融机构监理署的相关要求准备报批材料，金融机构监理署将会对申请材料进行预评估并与申请人沟通，待其认为符合要求后，申请人可向金融机构监理署提交正式申请。

向加拿大金融机构监理署申报的材料主要包括申请人公司信息、交易概要、申请人所在国监管机构信息、申请人财务信息、对收购目标的董事会安排、商业计划以及相关政策等内容。审批材料正式提交监理署后，加拿大财政部将在 45 天内对该申请给予批准或驳回的答复，如果财政部认为有必要，审批期限可以再延长 45 天。

按照加拿大《竞争法》规定，对于符合下列条件的交易：（1）收购股权比例超过 35%；（2）收购目标总资产（或总收入）大于 4 亿加拿大元，或收购资产（或收购资产产生的相关收入）大于 7000 万加拿大元，交易交割前需向加拿大工业公平竞争局履行相关备案手续。

交易交割前的备案程序分为一般备案程序和提前裁定备案程序。一般备案程序是由申请人根据有关要求向公平竞争局提交备案材料，公平竞争局将进行为期30天的审查，在审查期内申请人不得进行交割。该局将对并购项目就公平商业竞争及损害投资等提出意见，并有可能要求申请人补充相关材料。若审查期内其未提出异议，申请人可进行交割。提前裁定备案程序是申请人可根据并购交易的复杂程度和对公平竞争的影响程度提出申请，如果公平竞争局接受提前裁定备案程序申请，审查期可以缩短至14天。相比而言，提前备案程序对申请人更为主动。工行并购团队与项目法律顾问进行了讨论，考虑到被收购的加拿大东亚银行在加拿大银行业市场份额很小，工商银行并购交易不会构成垄断竞争的问题，因此工行可以向公平竞争局申请提前裁定备案程序，即使未获准也可以按照一般程序进行备案。

中加建交 40 年的贺礼，并购交易成功获批

在与东亚银行签署交易协议后，根据监管报批要求，工商银行先后向中国银监会、财政部、国家外汇管理局、加拿大工业部公平竞争局、加拿大金融机构监理署、加拿大财政部、中国香港金融管理局等相关监管机构提交了监管报批材料，工行与中外监管当局保持密切沟通，积极推动交易审批。

2009年7月，交易获得了中国银监会的正式批准。同月，交易也获得加拿大工业部公平竞争局的正式批准。2009年8月，工商银行确定了外派董事和高管人选，安排派驻观察员，并向加拿大有关监管部门提交了收购后董事人选安排材料。2009年10月，工商银行成立了加拿大子行筹备组。2009年11月中旬，交易获得了国家外汇管理局和香港金融管理局的批准。

由于本次收购交易是中资金融机构首次在加拿大收购当地商业银

行，加拿大财政部和加拿大银行监理署作为收购标的所在国的主监管机构对交易的审批表现得非常谨慎。在收到工行的申请材料后，提出了多轮问题，要求工行补充申请材料，其最关心的问题主要集中在三个方面：一是工商银行收购后对该行董事会和管理层的改组计划；二是工商银行收购后该行的业务重心和发展策略；三是工商银行收购后能否加强对被收购银行的管理和监控。针对加拿大监管的问题，工行项目团队立即和项目律师精心准备解答材料，第一时间反馈给监管部门。同时，为推动境外监管审批，时任工商银行董事会秘书谷澍率领工行并购团队专程赴加拜访加拿大银行监理署，介绍工商银行和沟通交易情况，得到了加拿大监管部门的高度认可。

2010 年是中加建交 40 周年，中加关系进入新的发展阶段。中加经济互补性强，合作空间广阔，经贸合作是中加关系的重要组成部分，当时中国已成为加拿大第二大贸易伙伴、第三大出口市场和第二大进口来源国，双方在双边贸易、双向投资、能源资源以及新的领域的合作正在向更大规模、更宽领域、更高水平发展。中加关系的又一个亮点是，两国人员交往不断增加。2010 年，中国已成为加拿大最主要的移民和海外留学生来源地之一，在加拿大有华侨华人 140 多万人、中国留学生近 6 万人，中文已成为当地第三大语言。

2010 年 1 月，时任加拿大总理斯蒂芬·哈珀率政府及企业代表团访华。工商银行作为中国企业代表受邀参加与加拿大代表团的招待会，在哈珀总理演讲后进入企业问答环节，谷澍董事会秘书借此契机代表工行向哈珀总理做了提问，谈到工行收购加拿大东亚银行控股权的并购项目，希望加拿大监管部门给予支持，能尽快批准。加拿大代表团金融业监管高层当即表态支持，半个月后，本次交易获得加拿大财政部和加拿大金融机构监理署的正式批准。本次交易获批充分说明了加拿大监管部门对工商银行经营能力和风险管控能力的认可，为工商银行在其他发达国家，包括美国的后续收购兼并活动提供了强有力的背书。

2010 年 7 月 6 日，在工行加拿大弘业庆典上，我和王丽丽
（右一，时任工行副行长）、谷澍（左一，时任工行董秘）在台上

在完成境内外监管审批程序后，2010 年 1 月 28 日，工商银行完成了对加拿大东亚银行 70% 股权交割，正式成为该行的控股股东。2010 年 7 月 6 日，工行将加拿大东亚银行更名为"中国工商银行（加拿大）有限公司"，并在多伦多举行了隆重的弘业庆典。我和王丽丽副行长、加拿大财政部部长弗莱厄蒂、中国驻加拿大大使兰立俊、东亚银行副总裁李民斌以及当地政界、金融工商界人士等 400 余名嘉宾共同出席了庆典。庆典仪式上，加拿大财政部部长弗莱厄蒂先生热情洋溢地致辞，加拿大总理哈珀也专门致函祝贺。我在致辞中指出，作为工商银行在加拿大的窗口和桥梁，工银加拿大将秉承严谨规范、客户至上的经营理念，严格遵循加拿大监管规定，积极支持中加两国之间的经贸往来和经济活动，努力为中加两国客户提供全面、优质、高效的一站式跨国金融服务，努力成为沟通中加经贸往来的新桥梁，成为中加两国金融交流与合作的新平台。随着我与其他嘉宾共同启动印有枫叶的冰墙，"中国工商银行（加拿大）"的徽标徐徐显露出来，精诚所至、金石为开，枫叶之国加拿大向工商银行开启了大门。

2010 年 7 月 6 日，弘业庆典现场，左三是中国驻加拿大大使兰立俊，左四是我，右二是王丽丽副行长，右四是加拿大财政部部长弗莱厄蒂

科技引领，全面整合，积极探索"工行模式"

收购完成后，工行加紧开展对工银加拿大的全面整合工作，确定了"工行主导、兼容当地、科技引领、多头并进、积极稳妥"的整合策略，派遣了一支精干的筹备小组赶赴加拿大，在确保接管整合过程稳定的基础上，积极探索在加拿大经营的"工行模式"，打造工银加拿大的差异化竞争优势。

海外收购后，通过对信息系统的升级更换，梳理业务线，增加产品的丰富程度，充分利用工行的技术优势，实现集团内客户、资源和信息的全面共享，提高系统的业务管理及风险控制能力和可靠性等，具有极其重要的战略意义。加拿大东亚银行原有信息系统较为落后，与工行系统也不兼容。因此，2010 年 2 月，在收购交易完成后，工行管理层就立即将 FOVA 系统（工商银行境外一体化综合业务处理系统）投产提上了首要议事日程。

作为工行在欧美地区首家收购的海外机构，工银加拿大投产 FOVA 系统并非易事，在系统整合上遇到了诸多前所未有的挑战。一是工银加拿大在多伦多和温哥华均有分行，两地时差、税率、节假日等均有所不同，这也是工行首次遇到联邦制国家多时区、多税率、多节假日的问题，以往设计的系统架构还无法满足需求。为此，工行专门设计实现了跨时区业务处理，为将来其他境外机构实施跨时区运作进行了有益尝试。二是加拿大借记卡收单市场有别于其他国家完全被 VISA、Master 垄断的局面，而是由加拿大银联组织 Interac 独家掌控，为此工银加拿大的借记卡系统需根据当地监管要求及 Interac 的规范重新设计开发。三是加拿大存贷款业务本地特色明显，根据当地要求需新增退休养老储蓄和免税储蓄等新储蓄业务品种，而且对普通存款业务的组合收费套餐、分层及分段计息规则也给 FOVA 系统整合增加了新的难度。用当时参与系统设计与改建的员工的话说："有时，产品上的一小步创新，对系统来说却可能是一个伤筋动骨的过程。"

此外，原加拿大东亚银行的信息系统是东亚银行总部用两年多的时间为其定制开发的一套系统，经过多年的完善，虽然技术上不是很先进，但功能上可基本满足本地业务的需要，且用户界面友好，系统功能灵活，使用较为方便。两行系统功能本身的差异性，加上并购后要求银行要在业务不间断的情况下更换系统，并且加拿大与中国还有 12 个小时的时差，子行员工经常白天处理日常工作，深夜与总行相关部门召开视频、电话会议，甚至节假日也常常加班，以保证 FOVA 系统在工银加拿大的顺利落地。

"当时通过 VPN 电视会议系统，我们和总行没日没夜地开会讨论，经常去当地的一家东北饺子馆吃饺子，匆匆吃完后，嘴巴一抹就回办公室继续加班，12 点、1 点后回家很普遍。"时任工银加拿大总经理回忆道，"记得那年多伦多冬天的雪下得特别大，回家路上总看到满大街都是繁忙的铲雪车，为第二天焕然一新、整洁有序的城市默默地做着准备。"

加拿大是用工监管非常严格的国家，当地员工最初对加班有一些抵触情绪。子行管理层通过加强与当地员工的沟通交流，加倍关注对员工的培训和辅导，给予了员工更大的心理缓冲期，同时总行各部门的支持人员不分昼夜，给予子行技术支持，子行员工们深受感染，逐渐理解了 FOVA 项目的重要性和紧迫性，适应了 FOVA 系统投产期间的高工作强度和工作压力。

"我是科技出身，忍不得别人说我们系统不好，不服输的精神使我们两边受压。一方面，总行希望我们尽快投产，且从有利于整体的品牌与管理的角度，要求我们保持工商银行全球统一的风格；另一方面，适应当地习惯也至关重要，而且加拿大的做事风格是尽可能稳妥，这些同样必须兼顾。我们为此特别研究了加拿大当地前几大银行的网银特点，经对比发现，中外银行的差异很大，加拿大银行的网银逻辑性强，页面归类清楚，操作上简单易懂、使用方便；中资银行的网银则像一个大型金融超市，尽可能把所有的东西都呈现给客户，但需要客户自己去选择，这适合于分析、逻辑能力较强的中国人。我们需要在总行系统的基础上重新设计一套符合加拿大本地人上网习惯的网上银行系统。这方面的压力来自当地员工，他们认为 FOVA 系统太中国特色了，不符合当地的需求和使用习惯，需要加强考虑加拿大市场的情况。"时任工银加拿大总经理如是说。

经过一年多的磨合、研究、试错、调整，2011 年 5 月 21 日，工银加拿大终于成功实现了从原东亚银行系统向 FOVA 系统的全面切换，5 月 24 日正式对外营业，对外营业当天经受住了加拿大维多利亚节小长假后业务高峰的挑战，成为工行集团内首家同步投产 FOVA 核心系统、银行卡、网上银行、电话银行和单证系统的境外机构，各项业务功能得到全面提升。一是零售业务功能更加丰富。新增了居民退休存款计划产品、免税储蓄账户两种当地特色存款产品,新增组合存款交易,灵活支持各种收费套餐,大幅优化保管箱业务功能。二是实现借记卡业务联机处理。工银加拿大提前半年自行发行符合当地卡组织标准的芯片借记卡,并支持 24 小时 ATM/POS 收单,极大地提升了银行卡渠道的服务能力。三是不断创新金融市场业务,支持工银加拿大外汇即期、外汇远期、外汇掉期,以及相关业务的会计核算处理和清算处理,并实现了外汇敞口集中管理的功能,扩展了金融业务市场。四是网上银行功能更加贴近客户习惯,对海外网银的交易页面框架设计、登录方式、账户展现形式等均进行了优化,进一步丰富了工银加拿大网银功能。同时,工银加拿大的业务流程也通过 FOVA 系统的投产得到优化,客户服务能力得以全面提升。

一名工银加拿大的老员工说:"记得刚上 FOVA 系统时,多伦多地区以及温哥华地区采用两个系统,仿如两个国家一样,客户在登录网上银行或是拨入电话银行时,都需要对两个地区进行选择。"

最后总行针对联邦制国家的特殊情况对系统进行了改造及合并,这对全行的国际化整合战略来说,无疑是一个重大突破,为今后在美国的收购及整合打下了良好的技术基础。

因地制宜,充分发挥协同优势

加拿大东亚银行被收购前以当地零售业务为主、客户多为香港背景的移民群体和企业。加拿大银行业垄断程度较高,前五大银行的资产规模占比达 85%,工商银行接管后,应该如何确定工银加拿大的发展方向及战略定位,成了工银加拿大管理层的又一难题。考虑到工银加拿大在当地经营网点相对有限的特点,除了迅速引入工行集团的产品线和优势业务,加强内外联动外,工银加拿大管理层在电子化建设、渠道营销等方面积极尝试,加快业务发展和做大做强。

加拿大财政部部长弗莱厄蒂授予工行加拿大开业证书

工银加拿大依托集团整体优势，迅速增设了公司金融、投资银行、国际结算、贸易融资等新业务线，推出内保外贷、对公人民币、供应链贸易融资等新产品，参与银团项目，积极挖掘推荐投行业务，对原有业务结构形成良好的补充与拓展。

工银加拿大还积极营销中资及当地企业，通过当地使领馆、加中贸易理事会等有影响力的机构和组织成功拓展中资企业客户和本地大型公司，迅速拓宽了自身发展的客户基础。截至 2012 年 6 月末，开立账户的中资企业 28 户，占已投资加拿大中资企业总数的 40%，并成功营销了包括 Brookfield、麦格纳、庞巴迪、福特等在内的本地大型公司，并通过内外联动开通了境内人民币账户和为总行开立加元账户，为做大做强中加清算业务奠定了基础。

依托工行全球领先的信息科技平台和电子银行业务优势，工银加拿大积极探索传统银行和网络银行相结合的发展模式，大力发展电子银行业务。并购后，子行先后推出了三代芯片借记卡：从原来无法查询余额、消费取现不能超过 100 元的磁条卡到能够满足借记卡所有基本功能的芯片卡；从满足客户本地用卡到提供银联全球网络服务和加币、人民币双币的特色服务；从 ATM 机具少，客户用卡不方便以及跨行用卡成本高的用卡环境到加入北美 Exchange 组织，拥有 2400 台 ATM（根据加拿大银行业协会统计，2015 年末，当地最大的银行加拿大皇家银行拥有 4800 台，零售业务发展最好的加拿大道明银行拥有 3200 台），为客户提供低成本、全功能的用卡环境。通过不断的产品创新，工银加拿大为当地客户精心打造了极具特色并可提供与本地大银行相差无几的取款服务的借记卡产品。同时，为突出工行人民币结算优势和中国元素的特色服务，子行还发行了银联人民币预付卡产品和银联加币、人民币双币信用卡，为客户提供了一套完整的银行卡服务解决方案。通过持续打造特色的银行卡服务，一方面提升了客户的用卡体验，强化了对本地客户服务能力；另一方面促进了对客户的营销宣传，增进了本地客户对工行的了解和认识，提高了存量客户的忠诚度和满意度。

此外，作为子行的重要客户群体，子行密切关注留学生这一重要客户群体的市场需求，在无政策性障碍的前提下，为留学生量身定做"留学通"等业务。这些产品充分利用了工行集团的网络优势、产品的价格优势以及华人学生对工行的认知优势，使更多学生以及学生家长了解工行产品、认同工行产品、忠实于工行产品，进一步增加了工银加拿大的开户数量。

以人为本，推动企业文化融合

收购完成初期，工行正式外派工银加拿大的员工仅有 5 名，其中包括 2 名管理层，在员工中的占比不到 5%。原东亚员工年龄普遍偏大，但工作经验丰富，大部分有十多年以上银行工作经验，非常熟悉原有业务和客户，对维持业务的稳定至关重要。在人力资源政策上，工商银行秉承着"本地化"原则，子行管理层通过召开会议、座谈、走访和举办集体活动等多种方式加强与这些员工的交流和沟通，宣传工商银行的企业背景和文化，介绍工银加拿大未来发展愿景，使员工信心明显增强，员工队伍非常稳定，原 CEO 也留下来担任高级顾问。在此基础上，工银加拿大也陆续招录了一批本地员工，致力于新业务和市场的开拓。

在企业文化上，工商银行始终坚持"以人文本"，充分尊重当地的文化习惯和思想理念。通过举办普通话培训班、回国参加工行文化之旅、观看工行宣传片、举办多种多样的具有中华传统文化特色的职工文体活动等，引起广大员工的共鸣。子行还以举行更名弘业庆典为契机，让尽可能多的当地员工参与庆典筹备和庆典活动，从中感知工商银行文化，提高自豪感、荣誉感和团队协作精神。庆典之后，子行在多伦多和温哥华两地各分行开展了以"共庆弘业"为主题的员工周末集体活动，并邀请员工家属参加，介绍工行并观看弘业庆典录像及工商银行宣传片，辅以丰富多彩的文体活动，传扬工行企业文化，前所未有的参与程度，有效凝聚和提升了员工对工行的归属感和认同感。

通过上述努力，收购后，工银加拿大实现了稳妥迅速的接管和有序高效的整合，管控体系和制度迅速与总行接轨，科技平台及功能迅速优化提升，业务与产品迅速更新与丰富，客户基础迅速发展壮大，成功实现了员工队伍的跨文化融合和企业形象的迅速提升。在此基础上，工银加拿大的本地化经营能力及核心发展能力迅速增强，为在加拿大和北美地区的持续发展奠定了良好基础。为表彰子行实现的收购整合成就，加拿大最有影响力的加中贸易协进机构——加中贸易理事会（CCBC）特别授予工银加拿大 2010 年度会员奖。截至 2015 年末，工银加拿大总资产 15.4 亿加元，全年实现净利润 1343.3 万加元，分别较收购前2009年末数据增长了近2倍和26倍，完成了一家并购机构脱胎换骨式的发展。

成功收购加拿大东亚银行让工商银行以并购方式快速进入了重点空白市场。通过股权投资方式实现国际化发展的模式，在欧美成熟市场得到了再次印证，对于正在加速融入世界的工商银行而言，这仅仅是一个开始，随着工行集团全球网络布局逐渐到位，国际化进入新的发展阶段，如何实现境外机构在当地市场的本土化经营，如何发挥母行优势加强内外联动，如何在成熟金融市场寻求差异化发展，已成为一个新的课题。米兰·昆德拉曾说过"在时间的乱山碎石中流过，两岸的景致并不重要，重要的是溪流将流向沃野还是沙漠"，工行人正在脚踏实地，稳步前行，积极探寻着一条属于自己的国际化发展之路。

第十章

南下泰国
中资银行首次自愿要约收购

—— 收购泰国 ACL 银行

每一段历史都独一无二，每一段记忆都无法复制，但回头凝望之时，总有一些时刻在岁月的刻度上留下格外清晰的痕迹。20 多年并购历程中，工行的境外并购谱写了无数值得铭记的华彩篇章，而 2010 年 4 月 16 日这一天又是一个亲历者难以忘怀的时刻。这一天，是工行对泰国 ACL 银行自愿要约收购要约期的最后一天，就在这看似平静的一天，泰国证券交易所内，随着秒针跳动和交易数据的变动，人们紧张的心情也起伏着。闭市的时刻终于来临了，大家欢呼了，工行在 ACL 银行持股比例达到 97.24% 的极高的收购股份数。这次收购成功实现了中资银行历史上通过自愿要约方式对境外上市银行的首次收购，项目代号"魔术"成为现实的真实写照。

缘起：重生的"千佛之国"是工行海外布局重要一环

泰国原名暹罗，位于东南亚中南半岛中部，与缅甸、老挝、柬埔寨和马来西亚接壤，由于全国佛教气息浓郁而被誉为"千佛之国"。

1949 年，泰国人脱离高棉人统治，用自己民族的名称将国家更名为"泰"，寓意"自由"。但实际上第二次世界大战后的泰国长期处于军政府的独裁统治下，直到 1991 年才实现民主化。相比政治改革，泰国的经济开放到来得更早一些。20 世纪 80 年代中期，尤其是 1987 年以后，泰国迎来了经济发展的大好时机。在本币升值等因素的刺激下，日本和"亚洲四小龙"纷纷进行资本和产业转移，寻找新的廉价加工基地，其投资在 1987 年率先大量涌向泰国，并带动欧美资本及当地厂商增加投资，使泰国在东盟国家中最早出现国际投资热潮。资本涌入和产业转移促进了泰国出口贸易尤其是工业品出口的快速增长，泰国经济进入高速发展期。1987 年至 1993 年泰国国内生产总值年均增长率为9.8%，人均国内生产总值从 1986 年的 810 美元提高到 1993 年的 1980 美元，而在此期间其通货膨胀率始终未超过 6%。

实行经济自由化的泰国在 1985 年至 1995 年成为世界上经济发展最快的国家之一，20 世纪 90 年代跻身"亚洲四小虎"之列。首都曼谷等大都市是人口和财富的聚集地。然而在表面的繁荣背后，支持经济高速增长的基础却较为薄弱。受到泰国产品出口结构单一和国际市场需求萎缩的影响，泰国的出口增长率从 1995 年的 22.5% 下降到 1996 年的 3%，而经常项目逆差由 1992 年占 GDP 的 5.8% 上升到 1996 年的8.5%。泰国经常项目的逆差及财政赤字使泰国政府较大程度依赖举借外债来弥补资本缺口，外债由 1992 年底的 396 亿美元增加到 1996 年底的 930 亿美元，相当于 GDP 的 50%。为偿付这一巨额债务，泰国必须保持年 15% 以上的出口增长率和持续的外资流入，而这显然不太现实。泰国从 1974 年以来一直实行与美元挂钩的固定汇率制，为维持这一固定汇率不得不保持高达 13.8% 的市场利率，从而吸引大量的国际资本流入泰国，其中相当部分投向了非贸易领域，特别是房地产业进而形成了经济泡沫。结果房地产业因投资过热导致供求严重失衡，财务公司及银行坏账增加，资金周转困难，金融风险空前积聚，而泡沫破灭后投机资本的大量外流又对整个金融体系及宏观经济造成了很大冲击。

1997 年 7 月 2 日，泰国宣布放弃固定汇率制，改为有管理的浮动汇率制。当天泰铢贬值 20%，泰国金融危机全面爆发，继而升级成为席卷亚洲的金融风暴，泰国经济遭到巨大破坏。

但危机并没有压垮泰国。泰国很快再度恢复平稳快速发展的态势。2005 年 GDP 增速超过 5%，经济发展水平居东盟国家前列，巩固了在东南亚地区的主要经济、金融中心地位。与此同时，亚洲新兴市场在全球经济中的地位与日提升，并随着东盟国家经济纽带的加强呈现出区域经济一体化的趋势，中国—东盟自由贸易区也已蓝图清晰。

泰国与中国的关系源远流长，清朝时期华人就已经来到泰国谋生，并逐渐融入当地。具有华人血统的郑昭曾统一暹罗，建立了统一的吞武里王朝。1989 年开始，中泰两国经济合作日益增多，大批华人到泰国发展实业，在泰国经济和政治中扮演着越来越重要的角色。如今，泰国的重要经济支柱产业都有华人参与，不少大型企业都由华商创办。20 世纪 90 年代初期在很多国人心目中留下深刻印象的一档电视综艺节目"正大综艺"，就是由泰国华资企业中的佼佼者正大集团冠名赞助的。泰国政府和工商界高度重视中国市场，对华态度一直比较友好，努力扩大对华经贸合作，两国政府之间也建立了有效的合作机制。随着中国—东盟自由贸易区建设的推进，两国经贸领域的合作不断拓宽和深化。

同时，2006 年加入世界贸易组织过渡期结束后，我国对外开放程度不断加深，人民币国际化也提上日程。工行依托自 1992 年设立新加坡分行开始已初步建立的国际化经营基础，抓住中国开放型经济发展和国际金融危机带来的海外发展机遇，在 2007 年、2008 年通过并购成功进入了印度尼西亚市场，增强了港澳等市场的经营实力，国际化步伐日益稳健。敏锐的工行人意识到，作为东南亚的第二大经济体及对华经贸往来频繁的市场，泰国应成为工行在东南亚地区机构和业务拓展的优先关注地区和战略重点市场，借助泰国市场，工行有望建立起辐射整个湄公河流域的金融架构。

目标：小而美的泰国 ACL 银行进入视野

明确泰国市场的战略重要性后，2007 年起工行对泰国市场进行了长时间的跟踪研究。其间，多家国际顶级投行带着不同的项目推介书多次登门拜访，向工行推荐了 10 家以上的潜在并购目标，其中不乏当地市场的顶尖大型银行。但工行在机会面前从来都是冷静的，综合考虑泰国的市场总量有限、波动性较大，中泰双边经贸活动密切，当地华侨众多等特点，工行明确了服务中泰两国蓬勃发展的贸易投资、搭建辐射湄公河流域的区域平台是工行进入泰国市场的主要目的，从而确定了通过控股并购一家规模适中、风险可控的当地银行进入泰国银行业的思路。

泰国金融体系自 1940 年建立，1997 年亚洲金融危机爆发前逐步形成了由 15 家泰资商业银行、14 家外资银行、几十家金融公司及 4 家政府专门金融机构组成的现代金融体系。由于市场较小而机构较多，泰国监管机构希望银行通过并购整合现有机构而非新设机构的方式扩张。经受了 1997 年国际游资的猛烈冲击后，泰国监管机构对外资进入本国金融体系余悸犹存，因此虽然亚洲金融危机后，泰国开始逐渐放开外资参股、控股本地银行的限制，但外资开设分行的监管禁区却没有实质性松动，不少外资银行都通过收购方式进入泰国。经过长期的市场跟踪，泰国 ACL 银行从众多候选目标中脱颖而出，进入工行视野。

ACL 银行的前身是一家名为 Sinn AsiaPhanich Company Limited 的财务公司，成立于 1969 年 8 月 22 日，注册资本 500 万泰铢，最初仅有 12 名员工。1972 年，公司更名为亚洲信贷有限公司（Asia Credit Company Limited），并于当年 10 月 26 日从泰国财政部取得了从事金融和证券业务的牌照，业务范围延伸至证券承销、证券经纪、投资咨询和住房贷款等领域。随着业务的稳定发展，公司在 1974 年 12 月 16 日成为泰国证券交易所会员，1978 年 11 月 22 日在泰国证券交易所上市。上市成功极大地增强了公司资本实力，其注册资本增加至 4 亿泰铢。在当时，亚洲信贷是泰国股市交易最活跃的股票之一。以资产规模计，从 1974 年起，该公司已是泰国最大的财务公司。到 1979 年底，其总资产达 35 亿泰铢。它也是当时泰国最大的证券经纪商，尽管证券经纪只是其业务的一部分。1983 年，法国兴业银行通过其附属和联营企业间接持有了亚洲信贷的股票（持股约 25%），成为其大股东。法国兴业银行的进入提升了公司的运营管理水平，并引领其进入国际金融业务领域。这一时期的亚洲信贷公司是泰国货币市场和资本市场上领先的金融机构之一。

20 世纪 80 年代中期后，随着泰国外向型经济发展，国际资本的涌入给亚洲信贷带来了新的业务机会。1988 年，其与国外金融机构联合承销了 7500 万美元的泰国国际基金（Thailand International fund）或称瑞士基金（Swiss Fund）。1989 年，在公司成立 20 周年时，其注册资本提升至 5 亿泰铢，总资产达到 17.89 亿泰铢。1991 年，公司扩张了证券业务，在宋卡（Songkhla）和那空叻差席玛（Nakhon Ratchasima）两省区开设了两家证券服务机构，以便为其他省区的客户提供与总部客户一样及时和准确的信息服务。其时亚洲信贷已认识到国际化发展的重要性，开始探索国际合作。1993 年，公司与 Crosby 证券公司（一家领先的外国证券经纪商）合作，拓宽了其国外客户基础并提升了证券研究能力，使其证券业务水平向国际标准迈出了关键一步。1994 年，亚洲信贷为了提升业务灵活性，进行了组织重构，将其业务划分为两个主要的板块：金融业务和证券业务，并强化了这两个业务单元在其各自领域的专业性和运营效率。这一年，财政部批准了该公司在春武里（Chon Buri）、宋卡（Songkhla）、清迈府（Chiang Mai）、那空叻差席玛（Nakhon Ratchasima）、孔敬（Khon Kaen）、苏拉他尼

（Surat Thani）、罗勇（Rayong）、乌隆（Udon Thani）和拉查布里
（Ratchaburi）等9个省区建立9家贷款机构的申请，公司的业务网络进
一步扩大。

伴随泰国经济高速增长，亚洲信贷公司保持了稳定和持续的业务
增长。泰国最权威的信用评级机构泰国评级和信息服务公司（Thai Rat-
ing and Information Services Co.，Ltd）给予公司AA–级的评级，与相似
业务领域其他领先的泰国金融机构获得的评级相同。然而，亚洲金融
危机使泰国的金融和证券行业陷入了历史上最严重的萧条，58家经营
困难的财务公司以及金融和证券公司被勒令暂时关闭，其中56家在后
来永久关闭。亚洲信贷尽管是33家幸存的金融机构之一，但也遭受了
重大损失，在房地产贷款等方面出现了大量不良资产，并由于核销相
关资产形成了数额庞大的累积亏损，此后多年都在为弥补相关历史欠
账而艰苦努力。

1997年6月27日，作为应对金融危机的措施之一，泰国政府修订
了商业银行法，放宽了商业银行外资持股比例的限制，允许外资在10
年内持有多数股权。亚洲信贷的两大股东法国兴业银行和泰国盘谷银
行相信公司仍可能通过适当的业务调整继续发展，因此再次注资。由
此，法国兴业银行的持股比例从25%提高到51%，盘谷银行的持股比
例从8%提高到39%，同时公司更名为SG亚洲信贷公众有限公司（SG
Asia Credit Public Company Limited）。为了满足证券公司和财务公司业
务分离的监管要求，1999年11月26日，公司以SG亚洲信贷证券有限
公司（SG Asia Credit Securities Limited）的名称向泰国商务部登记注册
了其证券子公司。同时，财务公司作为母公司，继续使用SG亚洲信贷
公众有限公司的名称开展业务，并持有证券公司99.99%的股份。当
年，公司通过泰国财政部的"一级资本支持计划"成功获得援助、剥
离不良资产后，财政部成为其第一大股东，持股比例为32.17%。同
年，公司获准经营外汇和贸易融资业务、吸收储蓄和定期存款，以及

开设新的分支机构。

2000 年，SG 亚洲信贷公众有限公司迁至曼谷素坤逸（Sukhumvit）路商业中心大厦（Emporium Tower）。此处是曼谷市区的商业和贸易中心，多家顶级公司在这里落户。这一年，公司从泰国财政部获得了新的业务许可，包括一般贷款以外的进出口信用融资、外汇服务等。这些新的业务使该公司的服务范围更加全面，拓宽了其客户基础并带来了收入增长。2001 年，泰国金融机构仍然受到经济不稳定的影响。为应对困难，公司管理层努力提升运营效率，并通过贷款业务提升收入，特别是专注于贸易融资等适应客户需求的业务。尽管如此，货币市场充足的流动性、国内投资的减少以及有限的优质客户导致金融机构之间在借贷业务上竞争激烈。2001 年 4 月，为帮助泰国金融机构解决金融危机造成的不良贷款问题以维护泰国金融系统的稳定，泰国政府成立了国有资产管理公司 TAMC。TAMC 成立后，先后购入了 1.3 万亿泰铢的不良资产。在 2001 年至 2003 年间，亚洲信贷也向 TAMC 出售了部分不良贷款，获得了 TAMC 发行的近 27 亿泰铢的本票作为对价。这次剥离使其经营负担进一步减轻。2004 年，由于泰国金融行业大规划中有"单一银行存在"的监管政策要求，当地银行不允许持有另外一家银行超过一定比例的股权。法国兴业银行为在泰国设立分行，向泰国财政部转让了其持有的亚洲信贷全部股份。至此，泰国财政部和盘谷银行成为公司的两大股东，持股比例分别为 30.61% 和 27.49%。同年，公司向泰国财政部申请了银行牌照并于 2004 年 12 月 24 日获批转型为商业银行。2005 年，公司从泰国财政部获得了全能银行业务牌照，并于 2005 年 12 月 23 日开始以 ACL 银行公众有限公司（ACL Bank Public Company Limited）的名称开展业务。当年，ACL 银行获得了泰国央行颁发的"表现优异的小型银行"（Small but Cool Award）称号。2006 年，ACL 银行的第二大股东盘谷银行受限于泰国银行业的"单一存在"政策和持股上限法规，将其股份由 27.49% 减持至 19.26%，并仍须进一步出售剩余股份。

2006—2007 年，泰国商业银行遭受了油价上涨、国内政治动荡和自然灾害的多重影响，但 ACL 银行仍保持了稳健发展。到 2007 年末，其资本充足率达 31.92%，在泰国金融行业中最高，这为 ACL 银行进一步稳健拓展业务打下了坚实的基础。2008 年，该行获得了泰国股票交易所的"最佳公司治理报告奖"（Top Corporate Governance Report Awards）。然而，这一年泰国经历了国际油价危机、国内政治冲突、美国次贷危机引起的全球经济衰退等多重困难。ACL 银行相应调整了业务计划，降低了贷款增长目标，但仍保持盈利。

尽管盈利能力一般，但规模适中、资产负债表干净、业务牌照齐全的 ACL 银行对工行的泰国市场战略来说再合适不过了。

波折：监管限制阻碍工行首次尝试

在经营稳定复苏的同时，由于各种原因，ACL 银行的主要股东持股意愿开始发生变化。首先考虑出售股权的是第二大股东泰国盘谷银行。继 2004 年的"单一存在"规则后，2007 年上半年，泰国央行进一步规范金融市场，防止上市银行公司治理失灵，有关监管规定已不允许泰国的商业银行持有另外一家泰国商业银行超过 10% 的股份，盘谷银行当时持有 ACL 银行 19.26% 股份，被迫要尽快处置所持 ACL 股份。由于其本身因竞业限制长期不能深入参与 ACL 银行日常管理，因此盘古银行向市场发出讯息出售其全部所持股权，工行迅速跟进此次潜在机会。

2007 年下半年，工行开始与盘谷银行就股份转让事宜进行接触，并就有关合作达成初步意向。2007 年 8 月中旬，我率团访泰，与相关方面沟通并购事宜，先后拜访了泰国总理、副总理、财政部部长、央行行长和盘谷银行董事长等高层。泰国监管机构表示原则上支持工行进入，但基于当时的法律要求，坚持外资股东持股不能超过25%，但存在由泰国财政部和央行共同豁免至49%的可能性。为此，工行首先试图从技术上突破难关，设计了两步走的并购思路：第一步收购ACL银行24.9%的股份，包括盘谷银行转让的19.26%及其确保其他股东转让5.64%；第二步通过定向增发方式将持股比例增加至不超过49%。采用定向增发方式主要是为申请豁免考虑。按照泰国有关法律规定，如持有上市公司股份比例超过25%，收购方需进行全面要约收购，但若是定向增发可申请豁免要约收购。很显然，在外资持股上限为49%的情况下，工商银行无法进行全面要约收购，只能通过定向增发申请豁免。

尽管工行为此设计了具有可操作性和针对性的两步走交易结构，且董事会2007年9月27日通过收购议案，并随后与盘谷银行签署非约束性合作备忘录，向ACL银行发送商业计划书用于申请有关监管豁免。但由于缺乏给予经营良好银行外资持股上限豁免的先例，工行的方案让遵守判例法的泰国监管机构感到为难，获得ACL银行49%的股份存在难度。这显然与工行"收购、控股、整合、协同"一家泰国当地银行，使其成为工行集团的一个有机组成部分的并购初衷背道而驰。面对监管法规的铁线，工行也无可奈何。同时，由于当时泰国正在经历政权过渡，政局一度混乱，工行作为潜在外商投资者也需进一步观察东道国政治风险，因此第一次并购被搁置。

曙光重现：控股收购成为可能

2008年国际金融危机使全球银行业估值大幅下降，泰国银行业估值水平更是低于亚太地区和全球银行业的平均值。为引进外资促进本国银行业发展，泰国政府对外资并购态度发生转变。当时泰国主流银行如盘古银行、泰华农民银行和大城银行等外资股份都接近50%。新加坡大华银行（泰国）和英国渣打银行（泰国）等都是外资独资的。2008 年 8 月，泰国颁布《金融机构业务法》，对金融业开放政策做了重大调整。尽管仍保持外资股东持股总数上限为 25%，但泰国央行可单独豁免至 49%；在外资银行进入可挽救危机银行、增强该银行实力以有利于泰国金融业稳定的情况下，泰国财政部和央行可共同批准豁免超过 49%。至此，外资银行从法理上已有望获得泰国银行（包括经营良好银行）的控股权。

泰国政府顺利完成更迭后，政局也逐步趋于稳定，新政府对华友好，中泰经贸往来持续升温。加之国际金融危机的肆虐已影响泰国的各行各业，拉动经济增长的投资、消费、出口从 2008 第三季度开始出现增幅快速下滑趋势，2009 年第一季度，泰国 GDP 增速甚至为 −7.1%，到了 10 年来的最低。泰国方面希望引进外资，树立信心。

盘古银行也因监管压力继续迫切需要处置 ACL 股权，泰国财政部也开始考虑退出 ACL 银行，以变现投入的财政资金支持其他战略性行业发展。自 2007 年的深入接触后，尽管暂时受挫，但工行对泰国市场战略价值的判断不曾动摇，并一直保持对泰国市场的密切关注。很快，工行了解到 2008 年以来泰国监管政策的变化和泰国财政部的出售意愿，从 2009 年初开始重启并购进程。

经历了第一次尝试，积累了经验的工行人对重启的并购机会进行了重新审视和深入研究。考虑到监管环境和泰国政局的变化，认为从全行整体战略出发，对 ACL 银行的并购目标应该是以合理的成本、最小化的风险确保获得控股权，要解决的关键问题是获得持股上限豁免和设计合理交易结构。为此，工行对谈判对象和策略进行了调整，由主要针对盘谷银行改为主要针对同时作为监管机构和 ACL 银行大股东的泰国财政部，兼顾盘谷银行，并以此为基础推进交易磋商和监管沟通。

　　监管规定的横亘显然是项目推进的第一大挑战，高层互动无疑是解决这一难题的最佳方式。2009 年 3 月，时任董事会秘书谷澍带队赴泰国开展监管沟通，分别拜会了泰国财政部部长和央行行长，表达了工行希望通过并购进入泰国市场的意愿。在会见刚就任财政部部长不久的高恩（Korn Chatikavannij）先生时，谷澍向对方说明，工行以适当股权比例进入泰国市场，不仅可以发挥桥梁作用，引导更多的中国资本支持泰国经济发展。也有助于发挥工行在 IT、客户基础、经营管理等方面的优势，在为 ACL 银行带来价值增加的同时促进泰国银行业发展。高恩先生毕业于剑桥大学，曾是一名投资银行家，任职于摩根大通泰国。他是一个对市场经济认识深刻，对外资友好，拥有开放性思维的官员。高恩先生在会谈中当场表态，认为工行的投资意向"是一件好事"，在外资银行进入能够使 ACL 银行经营效益明显改善和促进银行业效率提高的前提下，可以考虑允许突破持股比例限制。他说，泰国财政部对 ACL 的投资是非战略性的，具有特定的历史原因，如今危机解除，财政部会依据三项标准来考虑未来股权的安排：一是是否能取得监管豁免；二是潜在并购方进入后能够带来的战略效益，特别是对泰国银行业整体和经济发展的意义；三是出售价格要可弥补其对 ACL 银行投入的历史成本。从会谈情况来看，泰国财政部对工行通过并购 ACL 银行进入泰国市场表示欢迎，并有意与工行就 ACL 银行股权转让事宜保持接触。后来，泰国央行也表示欢迎包括工行在内的符合条件的外资银行进入泰国市场。

　　泰国财政部和泰国央行的表态积极正面，踌躇满志的工行也善于抓住每一个稍纵即逝的历史机遇趁热打铁。2009 年 6 月 26 日，我在北京会见来华访问的泰国总理阿披实，我向其介绍了通过并购 ACL 银行进入泰国市场的意愿，以及工行进入泰国市场对推动泰国经济金融发展的积极意义。阿披实总理对此给予了积极回应，表示将在有关法律框架下推动泰国财政部和央行对工行并购 ACL 银行的审批，并建议工商银行与泰国财政部和央行进一步沟通有关细节问题。

良好的开端是成功的一半。双方高层会谈定下的积极基调给后续工作带来了希望和动力，ACL 银行收购项目正式启动。也许是预见到交易过程将挑战中资银行在境外首次尝试的上市银行全面自愿要约这一复杂的资本市场程序，项目代号"魔术"。

魔术：运动员与裁判的竞赛

出口的光明并不意味着道路的平坦。当确定重启的谈判策略是以泰国财政部为重点时，工行团队清楚这绝对是一个硬骨头。泰国财政部既是 ACL 银行最大的股东，同时也是泰国银行的主要监管者，并且将在批准此次并购交易的过程中起到决定性作用。运动员如何在与裁判的博弈中维护自身利益？看来只有依靠工行智慧的"魔术"了。

泰国财政部尽管表态积极，但也并非没有顾虑。由于工行无可争议的世界大行地位，其市场进入对"泰国银行业整体和经济发展的提振意义"几乎没有证明难度，因此与泰国财政部的谈判重点落在收购价格上。财政部既是监管者也是股东，担心社会舆论及政治对手质疑它们贱卖国有资产。泰国财政部在亚洲金融危机中救助过 ACL 银行，历史购股价格为 11.5 泰铢，它们在谈判初期的要价是 14～15 泰铢。ACL 银行当时的经营情况一般，工行经过研究后认为最多愿意出覆盖其成本的价格。

在价格问题上，尽管双方态度都比较温和，但对底线的坚持都是坚定的，激烈的谈判就此展开。考虑到双方不对等的谈判地位，连工行的律师团队都毫无把握。工行团队采取了迂回的谈判策略，先与第二大股东盘古银行进行谈判。由于盘古银行受限于监管规定，急于出售 ACL 银行股份，同时 11.5 泰铢的价格已经较二级市场交易价格更优，盘古银行很快接受了工行的要约，同意了 11.5 泰铢的交易价格。

获得盘古银行的支持后，我率队赴泰国拜访了泰国财政部，耐心说明11.5 泰铢的合理性，有理有利有节地争取到了泰国财政部的理解。

经过多次监管沟通和反复磋商，工行收购 ACL 银行控股权的交易最终形成兼顾各方利益的交易方案。工行在获得全部监管批准后，以每股 11.5 泰铢的价格对 ACL 银行发起全面自愿要约收购，要约在工行获得承约股份比例超过 51% 后生效。工行先与盘谷银行签署协议，对方承诺在工行发起自愿要约收购时接受要约，向工行出售所持全部 ACL 银行股份（持股 19.26%），该协议以工行自愿收购要约生效为先决条件。泰国财政部也表示考虑给予工行突破外资持股上限豁免，并在工行发起自愿收购要约时向工行出售所持全部 ACL 股份（持股30.61%）。通过上述交易方案，实现了多方共赢：一是确保工行既可以获得泰国政府对首次外资控股经营良好银行的监管批准，又通过事先锁定盘谷银行股份排除其他竞争对手，使自愿要约可获得足够股份比例（超过 51%），最终获得 ACL 银行控股权；二是自愿要约收购符合泰国政府出售国有资产的公开竞标程序（自愿要约阶段其他投资者都可以提出竞争性要约参与竞购 ACL 银行股份，相当于竞标），解除了其给予工行突破外资持股上限豁免的顾虑；三是使盘谷银行免除了对交易成功可能性的顾虑，先行签署附先决条件的交易协议既可排除工行在自愿要约收购阶段的其他竞争对手，又推动其为确保交易成功主动帮助工行进行监管沟通和收集更多股份。

推敲：艰苦的尽职调查摸清 ACL 银行家底

尽管 ACL 银行是一家上市银行，公开渠道的信息披露已较规范，但为了切实摸清情况，工行团队在 2010 年 8 月到 9 月组织行内精干力量以及由财务顾问、会计师和律师组成的中介尽职调查团队对 ACL 银行做了详尽的尽职调查。整个尽职调查工作分为非现场尽职调查和现场尽职调查两个阶段,非现场尽职调查阶段从 8 月 24 日开始,9 月 15 日结束,在北京进行。因为 ACL 银行是上市银行,在此阶段,尽职调查团队主要通过收集 ACL 银行定期报告、对外公告、宏观经济金融和银行业数据、新闻报道等公开资料,加以整理、分析和总结,提出值得关注的重点领域或问题,形成实地尽职调查的资料需求和问题清单,并提交 ACL 银行。通过该阶段的高效工作,总结出了 ACL 银行在信贷资产质量、衍生金融业务、资产管理公司本票、未决诉讼、未弥补累积亏损、存款变动趋势等方面值得关注的关键问题,为明确实地尽职调查重点奠定了基础。现场尽职调查阶段从 9 月 16 日开始,9 月 23 日结束,在泰国曼谷现场进行。现场尽职调查的主要工作内容包括现场审阅贷款、衍生金融业务和 IT 等相关资料、与公司管理层访谈、调阅审计工作底稿和实地考察网点等。

短时间内审阅大量资料以充分掌握一个完全陌生的机构,并在此基础上精心准备管理层现场访谈问题进而评估银行管理水平,特别是所有书面和口头工作都需要用英语进行,这些工作是极其艰苦的。工行向来有迎难而上的勇气和决心,工作团队以高度的责任心和专业水平圆满完成了任务。尽职调查后得出结论:ACL 银行资产负债表相对比较干净,没有与次贷相关的投资敞口,经营比较稳健,未涉及重大法律风险,但盈利能力相对较弱,存在个别影响净资产的潜在资产减值风险,不过金额较小,风险相对可控。尽职调查结果是项目推进的有力支撑,为了确保做好尽职调查,工行团队以超常的工作强度夜以继日地奋战了 30 多天,牺牲了所有的个人休息时间。在现场尽职调查的时候,有一个让人颇为辛酸又感动的小故事。泰国是著名的旅游胜地,椰林树影,碧海蓝天,当得知工作团队要赴泰国实地调查时,有位"天真"的团员准备了泳衣希望可以在结束工作后利用休息时间小试身手。谁知为了尽量利用会谈时间多获取信息,工作团队的现场访谈时间表每天从早 8 点到晚 10 点都安排得满满的,那位团员到离开泰国也没有一次机会穿上泳衣。

紧锣密鼓：中资银行首次通过自愿要约方式收购境外上市银行

尽职调查圆满完成后，接下来的一段日子可以用一张累累硕果的时间表来记录：

2009 年 9 月 29 日晚，工行董事会审议通过交易方案。同日，工行与 ACL 银行的第二大股东泰国盘谷银行联合宣布，双方已就盘谷银行所持 ACL 银行 19.26% 的股权交易达成协议。同时，工商银行宣布在满足一系列先决条件之后将向 ACL 银行全部股东发起要约收购。通过上述交易，工商银行有望最终获得 ACL 银行 100% 的股权。

11 月 27 日，工行股东大会通过收购泰国 ACL 银行的议案。

12 月 31 日，本次交易获得中国银监会的批准。

2010 年 3 月 2 日，泰国财政部和央行正式向工行发放有关监管批准。

3 月 4 日，工行向泰国证监会递交了要约收购文件。

3 月 9 日，工行正式发起对 ACL 银行全部已发行股份的自愿要约收购。

4 月 21 日，工行完成要约收购的股份和资金交割，交易对价为 177.86 亿泰铢（约合 5.53 亿美元），共获得 ACL 银行约 97.24% 的股份，工行收购 ACL 银行控股权交易正式成功。

工行收购后，ACL 银行价值得到投资者的充分认可，股价一路攀升，最高价达到每股 25 泰铢，此后至 2011 年完成退市前长期保持在

20 泰铢以上，远高于工行每股 11.5 泰铢的自愿要约收购价格，股权增值明显。随后，工行抓住 ACL 银行股价稳定的窗口期，于 2010 年 12 月 28 日迅速对其发起退市的自愿要约收购，退市要约收购于 2011 年 3 月 18 日完成，工行最终获得 97.7% 的股权，为泰国 ACL 银行收购项目画下了完美的句号。

未雨绸缪：高速推进接管整合

"90% 的并购死在交割后。"并购项目整合的难度不仅在于整合工作本身千丝万缕、极其复杂，还因为在交易之后，人们往往容易忽视新机构融合的重要性，特别是跨国并购中不同的文化、语言背景下，新机构的归属感不是一朝一夕可以培养起来的。因此历史上无数轰轰烈烈的并购项目最终铩羽而归，实质是败在了整合环节。工行人要避免这样的历史重演。

收购泰国 ACL 银行是对上市公司的自愿要约收购，工行接管整合工作面临与以往项目不同的难点。由于收购前 ACL 银行严格按照上市公司治理规则运行，泰国财政部和盘谷银行作为大股东未深度介入其日常经营管理，且按公司治理规则只能推动董事会支持工行接管。而工行需在自愿要约收购实施期间、尚未获得控股权、按照公司治理规则无法进入现场工作的情况下，协调时任董事会和高管层提前着手准备后续接管整合工作，工作时间紧迫，难度较大。但是，得益于周密的接管整合方案和耐心细致的工作，项目筹备组努力营造中泰双方员工协同配合氛围，经受住了接管期间当地政局突然变化的考验，对 ACL 银行的接管整合工作高效实施并顺利推进。

在自愿要约收购实施期间，工行针对泰国法律对董事会成员结构和董事资格众多的限制条件，设计了董事更替的合理方案，并通过耐心细致的工作，在工行尚未控股 ACL 银行的情况下，争取到时任 ACL 银行董事的理解和支持，提前做好了董事更换的准备工作。在自愿要约收购结束当日，ACL 银行完成对工行派任董事和高管人员的提名；4 月 23 日，董事会完成董事更换和专门委员会调整，正式接管该行；4 月 30 日，完成高管任命。至此，新的董事会和管理层的组织权力架构得以确立，工行派驻高管人员对 ACL 银行日常经营实现了实质性管理与控制。

同时，企业文化整合、营造群体共识工程也快速有效展开，为后续整合与转型发展创造出良好氛围。工行泰国项目筹备组针对无法在自愿收购要约结束前尽早进入 ACL 银行现场开始前期工作的项目特殊性，灵活应用各种远程沟通方式，以审慎、谦逊、尊重的态度和站在对方角度考虑问题的方式，逐步建立起与 ACL 银行关键人员的信任关系，为进驻现场工作奠定了基础。得益于前期沟通营造的互信与认同以及自愿要约初步显示出的良好结果，筹备组在 4 月初即进入现场工作，本着循序渐进的同时快速高效的原则，迅速展开多层次、多角度的沟通，引导本地员工尤其是关键员工广泛参与。通过庆典、FOVA 系统引进工程等专门团队迅速推进相关工作，中方员工与 ACL 银行员工的互信度和沟通度不断加深，ACL 银行员工队伍保持了稳定，相互融合和变革思维在组织内逐步形成，变革方向逐步明朗。记得 2011 年 4 月，泰国南部遭遇地震，曼谷震感明显，总行得知消息后深夜第一时间向泰国同事致电慰问，对方感动地用生疏的中文连声说"谢谢"，并在第二天专程回函感谢。一点一滴间，工行人用真诚和关怀赢得了外方同事的尊敬和信任。

2010 年 7 月 8 日，ACL 银行更名为"工银泰国"。时任工行副行长、工银泰国董事长易会满，上任伊始便对工银泰国盈利能力不强的问题作出分析，他指出工银泰国存在的主要问题是盈利能力相对较弱，过于依赖存贷款息差收入，信贷成本较高，对子公司的管理还需加强，要求工银泰国在业务发展中要重视资本约束和资本回报，调整业务结构以增加中间业务收入，改善营销渠道、扩大客户基础，同时还要加强信贷风险管理和对子公司的风险管控。

正确的方向指明了，工银泰国全体管理层和员工上下一心，向着目标迈出了坚实的步伐。如今，工银泰国积极发挥工行集团优势，在延续原 ACL 银行业务功能的同时已经成功构建了新的核心业务能力。大力推进内外联动，与工行中国境内机构开展代付、融资、信用证等业务合作，积极向国内分行推荐泰国客户在中国投资项目，与工银亚洲、工银国际、工银租赁和新加坡分行等机构联动业务蓬勃发展。同时，工银泰国积极介入工行体系内东南亚其他地区的大型银团贷款，大力拓展国际结算和贸易融资，开办了人民币预结汇业务，开通了跨境贸易人民币结算通道。

为推广工行品牌，扩大市场影响，2010 年 11 月 3 日上午，工行在曼谷成功举办主题为"合作共赢，共创未来"的"泰国—中国企业家论坛"，中泰两国政府部门、学术界和企业代表 250 余人参加。我率领由工行高管、部分中国政府官员及中国企业家组成的代表团赴泰参会并做主旨演讲，泰国总理出席。当晚，在曼谷举行了由中泰两国政府部门、学术界、企业和媒体代表 500 余人参加的工银泰国弘业庆典仪式，标志着工行正式在泰国市场闪亮登场。中泰企业家论坛和工行工银泰国弘业庆典不仅从大局上有利于推动中泰两国经贸往来，也充分

新闻发布会，台上左三至左六，分别是时任泰国财政部部长、我、王丽丽和谷澍

泰国财政部部长、中国驻泰国大使等参加工行泰国弘业仪式

展示了工行的影响力，在当地业界产生了轰动效应。数十家重量级中泰企业与会，迅速提升了工银泰国品牌形象，还发掘了包括中泰高速铁路合作建设项目、泰老边界钾矿项目、华富里府太阳能电站项目、曼谷空铁项目等在内的十余个重大业务合作项目机会。

接管整合和转型发展相关工作的成功推进，使子行迅速度过了并购之初的波动期，顺利完成过渡，各项业务健康发展，经营效益逐步提高，资产质量持续改善。中间业务收入、国际结算量增长迅速，跨境协同效应开始显现。工行 FOVA 系统顺利投产和平稳运行，进一步增强了工银泰国的子行市场竞争力。

工行进入泰国市场的良好发展态势和子行的市场表现获得了业界的高度认可。收购后，国际三大评级公司之一的惠誉评级公司对工银泰国的长期评级为 AA＋级、短期评级 F1 级（ACL 银行自 1967 年成立以来未获得外部评级），评级结果优于包括盘谷银行（长期评级为 AA

级，短期评级 F1 级）在内的泰国其他商业银行。2015 年 1 月，中国人民银行正式授权工银泰国担任曼谷人民币清算行，同年 4 月工银泰国正式启动人民币清算行服务。截至 2015 年末，工银泰国总资产已达 51 亿美元，较收购后完整年度 2010 年增长 1 倍多，净利润达到 3700 万美元，增长 167.53%，远高于同业平均增长水平，市场占有率已成功跻身在泰外资银行前列；不良贷款率从 5.3% 下降至 1.6%，降幅达 3.7 个百分点，明显优于泰国银行业 2.55% 的平均水平。成绩取得的背后有许许多多不为人知的付出和艰辛。记得泰国红衫军和黄衫军对峙时期，曼谷发生纵火事件。我担心员工的安危，打电话给工行在泰国的高管，他告诉我，他们所在的大楼看得见被纵火的大楼，但安慰我放心，说离他们还有一个街区呢。当一家银行国际化之后，风险也就全球化了。不仅有信用风险、市场风险和流动性风险，还有国别风险、合规风险等，甚至更多的突发事件都与国际化企业密切相关了。如伦敦地铁的毒气事件、莫斯科地铁的爆炸案、在南非发生的抢劫事件、越南的反华游行等，每次案件发生，总行总是非常担心海外员工的安危。

尾声：更是新起点

收购泰国 ACL 银行，是中国商业银行首次对国外上市公司以全面自愿要约收购方式进行收购，是工行乃至中国企业海外并购史上具有里程碑意义的重要事件。同时，也是泰国政府首次同意外资银行并购当地经营良好银行控股权，示范意义明显。此次并购之后，泰国监管机构对给予外资持股上限豁免的态度又开始趋于谨慎，可以说，工行并购时机的把握恰到好处。收购泰国 ACL 银行的交易结构与程序复杂，为工行稳健推进海外并购积累了新的宝贵经验。该项目的成功快速推进，标志着工行海外并购运作水平和执行能力跃上了更高层次。通过此次并购，工行获得了进入泰国银行业的业务牌照和客户资源，由此可分享快速增长的泰国经济和中泰两国贸易投资带来的大量业务机会。工行正在把工银泰国打造成为湄公河乃至东南亚地区的重要经营平台。

清晨再次降临泰国，一轮红日喷薄而出，将热量和光芒铺洒向这片孕育着生机与希望的土地。当阳光射向曼谷市中心"ICBC Thai"醒目的标志时，喜悦中的工行人清醒地意识到，站在新的起点，一条崭新的征程又在前方了。朝着将子行建设成最有价值、最受尊敬的泰国本土银行，成为中泰金融服务桥梁和湄公河区域最具竞争力的金融服务提供者的目标，工行人奋进的脚步永不停息。

第十一章

千虑一得
一美元交易背后的故事

——收购 PDS 资产

在纽约，坐一次地铁 2.75 美元，买一个汉堡 10 美元，看一场电影 15 美元，工商银行却用 1 美元实现了一场成功的跨国并购！真会有这么划算的交易吗？是不是承债收购？会不会潜藏了什么风险？这个项目能赚钱吗？PDS 与银行有什么关系？卖家为什么会出售这个项目？人们肯定会有一连串的疑问，然而这是在国际金融危机时期发生的真实并购事件，在这一美元交易的背后有许许多多不为人知的故事。

"这是最好的时代，这是最坏的时代"

从 2007 年开始，在短短不到一年时间里，由次贷危机演变成的金融危机席卷华尔街。2008 年 10 月 15 日，美国道琼斯指数暴跌 7.87%，成为 1987 年股灾以来最惨的一日，引发全球市场纷纷暴跌。同期，美国 9 月零售销售数据降幅为三年来最大，纽约州制造业指数则触及

2001 年有记录以来的最低水准，美国明显已经陷入衰退陷阱。历经 11 年艰难申设历程的工商银行终于获批在美国成立机构，在美机构经过短期筹建也完成了开业准备。2008 年 10 月 15 日，我赴纽约主持工商银行纽约分行的开业庆典。巧合的是，当日美国道琼斯指数创出近 20 年来最大单日跌幅。在一片惨淡中，工商银行纽约分行的开业带来了一抹亮色。华尔街银行家纷纷前来祝贺，盛大的纽约帝国大厦为工商银行纽约分行开业点亮了富有中国意韵的红色与黄色彩灯，这是它第一次为一家企业亮灯，还是一家中资企业，这也是中国最大的商业银行——中国工商银行在美国的首次亮相。在我去位于川普大楼的工行纽约分行时，房东川普先生在楼下等着，邀请我一定先去他家坐一坐，在他家聊了一会儿，他还请人摄影留念。真没想到 7 年后他会成为美国总统。

在之前的并购案例中讲到，危机时期往往是并购的好时机。其实市场拓展、业务发展也是同样道理。在国际金融危机的大背景下，企业破产倒闭、市场信贷紧缩，许多金融机构受危机影响自顾不暇。然而，新进入美国金融市场的工行纽约分行却迎来了业务发展的好时机，许多美国知名企业，如沃尔玛、波音、西南航空、辉瑞制药、戴尔等都先后成为工行纽约分行的客户。从正式营业到 2009 年底，纽约分行就实现了当年盈利，这对于很多在美国的外资银行来讲是不可想象的。中国工商银行在美国的影响力迅速提升。

找上门来的并购机会

有时候好的项目在某种程度上，与其说是"众里寻他千百度"，莫如说是可遇而不可求。而即使"遇"到了好项目，在把"好项目"变成"成功项目"的过程中，由于受市场和行业形势变化、国内外监管审批、公司治理要求、双方管理层和员工团队对接，以及国际政治经济关系等不确定性因素影响，"取"还是"舍"？项目究竟是"利"还是"弊"？这正是并购最诱人的魅力——对并购标的和时机的把握，检验着决策者的胸怀、眼界和胆识；贯彻好决策意图、妥善应对种种新情况新问题、在不同诉求的交易对手之间不失时机斗而不破地沟通，则考验着执行者的政策水平、专业知识、思辨能力和沟通技巧。

在那场风声鹤唳的国际金融危机中，随着市场上不时传出的机构破产、倒闭的消息，各种并购交易也层出不穷。当时在北京，工商银行总行的战略并购团队迎接了络绎不绝的全球知名投行，总行大楼里穿梭着一批西装笔挺、领带袖扣齐整，携带精心装订、排版考究的演示文稿的外国投行家，他们积极地为工商银行介绍着一个又一个的并购机会。

面对推荐来的上百个项目，工商银行认真冷静地听取、审视，捏紧口袋，拒绝了许多所谓的"并购"良机。作为一家国有控股的商业银行，我们不能容忍并购失败。

2009年2月的一天，工行纽约分行迎来了一位特殊的客人约瑟夫·斯皮兰（Joseph Spillane）先生，满头银发的他主动找到时任工行纽约分行总经理，希望可以整建制并入工商银行旗下。约瑟夫·斯皮兰于1986年创立了PDS，他来找工行时，PDS是富通银行（北美）下属一个相对独立的业务部门，经营地在美国纽约和英国伦敦，主要面向美英机构投资者（包括银行、券商、对冲基金及其他从事自营交易的公司）提供固定收益产品清算和融资等外包服务。PDS业务创立后曾整建制从德意志银行转入花旗银行，2000年再由花旗银行转入富通银行（北美），其核心团队共事超过20年。

在全球银行业中，有两家著名银行被称作"老妇人"——英格兰银行被戏称为"针线街的老妇人"，而历史悠久的通用银行更被比利时人尊称为"无冕皇后"和"优雅的老妇人"。富通集团的历史，就是一部收购兼并史。它由荷比卢的200家银行、保险公司及其他公司兼并组成，在全球50多个国家和地区设有分支机构，拥有员工近6万人。1990—

2006 年间，富通的总资产翻了 20 多倍。在 2006 年财富 500 强排名中，富通以 1123 亿美元的总资产排名第 18 位，在银行金融类排名中仅次于花旗集团，成为一家活跃于银行、保险和资产管理领域的真正的全球性金融机构。

然而，成于斯亦败于斯。在收购兼并领域纵横驰骋、百战百胜的富通集团，最终倒在了血腥的并购战场上。著名的"荷兰银行"收购案，富通集团与它的合作伙伴苏格兰皇家银行、桑坦德银行（Santander）刚获"大胜"，以 1010 亿美元的现金加股票赢得了收购却不幸地"死"在庆祝盛宴的酒桌上，致使富通掉入了万劫不复的深渊。历史性错误已无法挽回，收购荷兰银行成为富通永远的噩梦。荷兰政府出资 168 亿欧元，将富通在荷兰的银行和保险业务国有化，包括富通高价收购的荷兰银行股份。法国巴黎银行并购了富通集团比利时银行业务 75% 的股权，以及富通在比利时的所有保险业务和富通集团卢森堡银行业务 67% 的股权。比利时政府则保留富通比利时剩余 25% 的股份，卢森堡富通银行剩余 33% 的股份由卢森堡大公国持有。收购后，富通比利时改名为法国巴黎银行富通（BNP Paribas Fortis）。

在 2008 年法国巴黎银行（BNP Paribas）收购富通银行（Fortis）的交易中，法国巴黎银行（BNP）因在美国已拥有证券清算业务线，便未将 PDS 纳入拟保留资产清单，同意让其自谋出路。正是在这样的背景下，自 2008 年底起，PDS 部门便不再接纳新客户。即便如此，2009 年该部门预计税前利润仍有望超过 1000 万美元。这一项目引起了工商银行总行的关注。

什么是 PDS

当时，中国还没有成熟的主经纪业务（Prime Dealer Services，PDS）。在美国，PDS 是证券经纪服务的一种，通称"Prime Brokerage"，即主经纪商为机构客户提供的一揽子"管家服务"。

要深入了解什么是主经纪业务，首先需要了解一下美国的证券清算业务。在美国，证券市场主要包括以国债、市政债、政府类机构债、公司债为主的固定收益产品，以及股票和期权类产品。在 2008 年国际金融危机中，美国证券经纪公司经历了一次历史性的行业"洗牌"，或申请破产，或被并购，或转型为银行控股公司。美国金融市场格局演变也影响了证券经纪行业的发展，各主要参与机构的层次也愈发分明：

一是超级银行或金融控股集团，如摩根大通银行、纽约梅隆银行、花旗银行、美国银行、富国银行等。这些资金雄厚的综合性银行开始成为新一代证券经纪市场的主体，它们有全面的资质、庞大的客户群体、强大的证券清算资源池，能为多数证券经纪公司提供清算代理和资金服务。

二是大型投资银行和大中型证券经纪公司，如高盛银行集团和摩根士丹利银行集团等综合性投行，还有许多证券公司，它们提供全功能证券服务，并拥有自主证券后台业务线，在满足自身证券后台服务的基础上，也为其机构客户提供证券清算等后台"一揽子"服务。

三是以 PDS、潘兴（Pershing）为代表的专业清算机构，它们以提供灵活而专业的经纪商（Broker Dealer）服务为主，目标客户清晰、风险较低、收入稳定。

在美国证券清算体系中，PDS 扮演着"清算公司"（Clearing Firm）的角色，一头对接清算组织和存托机构，另一头对接金融机构客户。作为客户证券清算"账户行"，PDS 通过其自主研发的业务系统与相关清算组织无缝连接，为证券经纪公司、对冲基金、证券交易公司、银行等客户提供包括证券清算、清算融资、证券存管等全面、专业、高效的证券清算后台服务。

具体来说，PDS 提供包括与交易对手以"钱货互讫"（DVP/RVP）方式达成的证券和资金交割、实时交易状态查询、日间敞口管理，以及清算完成后的证券保管（Safekeeping）、公司行动（Corporate Actions）等综合金融服务。主经纪商的目标客户群包括有大额量化交易需求的对冲基金、经纪券商、地产信托、商业银行以及政府机构等。主经纪商的产品体系为包括清算托管、融资融券、证券交易执行以及专业客户经理团队在内的综合化金融解决方案等。营业收入则主要来自从客户频繁杠杆化的操作中取得的利差收入和佣金收入。

在美国证券产业链中，相比股票承销、资产管理等业务，PDS 的商业模式可谓是最"安全"的业务，主要体现在资本运用安全、盈利模式稳健、融资风险可控。首先，PDS 投入资本金主要存放在中央证券存管公司（DTC）、固定收益清算公司（FICC）、全美证券清算公司（NSCC）和清算代理银行，作为证券清算铺底保证金，类似于中国银行业的金融机构同业存放，安全性很高。此外，PDS 业务以清算的交易数量和托管资产规模向客户收取服务费用，不涉及自营交易，只要系统运营稳定，就可获得稳定的手续费收入。更重要的是，其融资风险可控。PDS 的证券融资业务以客户的证券清算需求为主导，以 PDS 实际控制的高流动性证券或足额现金为抵押，配合严格的风险监控模型和盯市机制，风险可控。

工商银行主要是从发展战略来考虑并购事宜。尽管工行纽约分行开业后在传统存贷业务方面发展迅速，同时也在不断拓展资金、国际结算、清算等中间业务，但收入有限，受经营牌照限制，在发挥业务优势、资金实力和品牌价值，发展多元化经营方面存在难度。面对美国市场这一新的经营环境，过多和单一拓展信贷业务潜在风险较高；贷款利差低，参与一些风险较低的银团贷款收益率更加微薄。PDS 拥有较为成熟的固定收益清算业务线和托管业务的大部分关键功能，并购 PDS 资产有助于工商银行在美国的业务多元化；可快速进入风险低、收益稳的证券清算领域，支持工商银行集团固定收益产品交易和托管业务的国际化发展，显著提升在美机构的盈利能力；完善工商银行在美国的业务发展布局，而且可为工商银行未来在美探索发展投资银行和资产管理等业务预设基础。此外可借助和汲取 PDS 团队丰富的欧美客户管理经验，与美国主流机构投资者直接开展业务，加快融入美国资本市场，增强综合服务能力。收购 PDS 资产可为工商银行提供一个比较完整的清算业务运营平台，依托其发展北美清算托管业务，可使工商银行相关业务经营管理人员较快了解学习英美证券清算和托管业务的实际运作情况，为今后工商银行相关业务的全球化发展积累必备的人才、知识和组织经验。此外，项目的财务回报也是理想的，PDS 多年来经营稳健，财务回报良好；持续 20 年没有任何运营和信用损失，其主要管理人员有 30 年以上的从业经验；业务模式稳定，即使在国际金融危机期间也实现了较稳定的盈利。依托工商银行十多次并购积累的宝贵经验，在审慎研究的前提下，工商银行管理层和董事会经过多次讨论，综合考虑收购对于工商银行的战略意义和可能面临的风险因素后，最终决定跟进 PDS 收购项目。

考验智慧与勇气的决策

如上所述，整个并购项目的最大风险是战略层面的。首先是收购一个从未涉足的新业务线，工行纽约分行也刚刚成立；其次是 PDS 收购机会出现在有毒资产肆虐的金融风暴中，这对工商银行来说不啻为一个很大的挑战。在工商银行并购的项目中，研究分析费时最长、研究报告页数最多的就数这个项目了。高管层、董事会以及监管部门提出问题，要求答疑最多的也是这个项目。虽然 PDS 只是一家从事证券清算的公司，项目规模不大，业务也比较单一，收购额仅一美元，但因为对这一领域不太熟悉，所以格外谨慎。

整个交易还涉及较多的法律问题，其潜在风险和挑战主要涉及几个方面，需要与有关各方深入谈判和协商。

第一，作为工商银行在美国市场的第一次资产收购，这次交易的结构较普通收购更为复杂。PDS 当时只是富通银行北美子公司的一个业务部门，工商银行要收购 PDS 必须要先设立或收购一个证券经纪公司，将 PDS 业务装入该公司才能营业。另外，对于证券清算业务来说，在资产转移时即要迅速转换系统、客户、数据，时效性要求极高，这也是一大挑战。

第二，交易面临复杂的监管审批程序。除了中国银监会审批外，本次交易还需要经美联储、美国金融业监管局（FINRA）审批，向美国证券交易委员会（SEC）报备，在美国相关各州证券监管部门审批、注册该州证券经纪业务牌照、申请各种清算会员资格，如 DTCC、FICC、Euroclear 等会员资格。

第三，交易可能给工商银行带来新的监管风险。收购 PDS 需要设立或收购一家证券经纪公司，证券经纪公司主要受 SEC 和 FINRA 监管。尽管 SEC 和 FINRA 的监管只针对证券经纪业务，但若新公司经营出现问题，将会影响工商银行在美其他业务的拓展。如果工商银行无法实现对 PDS 的有效控制和管理，将可能削弱工商银行对北美地区业务监管风险的综合控制能力。

第四，能否有效管理整合 PDS 业务和团队。一方面，当时工商银行对 PDS 业务领域和市场运作还较为陌生，且受限于 SEC 对券商关键岗位的任职要求，工商银行难以在短期内通过派驻关键岗位人员控制其经营管理。另一方面，PDS 团队核心成员共事超过 20 年，合作非常紧密。一旦收购后 PDS 团队的关键人员流失，可能存在无法维持业务正常运行的运营及合规风险。

因此，开展这个并购需要稳步及审慎推进，而且成功推进的前提是迅速且低风险地获得牌照。

牌照！牌照！

要实现 PDS 营运，需要有美国相关监管机构颁发的牌照。当时获得 PDS 运营所需的证券经纪公司牌照有三种方式：一是收购富通银行北美证券子公司，该公司是 PDS 业务当时的承载实体。但是富通证券当时还有几个未决的民事诉讼，如果工商银行收购了富通证券，那将意味着新公司还没开张，就要首先做好在美国打官司的准备。二是工商银行自行申设一个法律实体。三是收购一个无实际业务的证券经纪公司，即壳公司。三种方案的优劣如表 11 - 1 所示。

表 11 - 1 获得牌照方案对比

备选方案	关键审批程序	优点	缺点	审批完成时间
收购富通证券	1. FINRA/SEC 核准 2. DTCC 注册	1. FINRA/SEC 审查时间较短 2. 无须到各州更新牌照注册 3. 可保留现有客户业务合同	1. 存在现实诉讼风险和潜在声誉风险 2. 法国巴黎银行给予免责效力的不确定性较大 3. 尽职调查和免责谈判可能耗时较长	4 ~ 6 个月
自行申设	1. FINRA/SEC 核准 2. DTCC 注册 3. 到各州注册牌照	可有效规避法律风险	耗时最长，不确定性最大	8 ~ 13 个月（1 年以上可能性较高）
购买壳公司	1. FINRA/SEC 核准 2. DTCC 注册 3. 在牌照未注册的州进行注册	1. 设立成本低廉 2. 潜在法律风险小 3. 完成时间较短	需要对壳公司进行尽职调查，并扩展牌照	6 ~ 10 个月（6 个月可能性较高）

经与项目投行和律师探讨，工商银行初步认为购买壳公司最具现实可操作性，可在减少 PDS 业务不稳定性和规避潜在法律诉讼风险之间达到平衡。通过项目投行筛选，工商银行也已基本锁定了一个有少量业务经营的证券经纪公司（Strongcity）。

该公司当时仅有 1 名员工，基本处于歇业状态，主要以代理人身份为其他证券经纪商介绍证券经纪业务，取得分润收入。公司成立以来累计净收入约为 2 万美元，截至 2009 年 11 月 30 日，公司净资产约为 5 万美元，公司自身簿册没有客户，也不直接开展证券经纪业务，可以说是一个名副其实的空壳公司。但该公司作为在美国 SEC 登记和获得 FINRA 成员授权的证券经纪公司，具备工商银行在美拓展 PDS 业务的必要资质，而且经营记录良好，没有任何监管处分、不良记录和未决诉讼。因此，收购这家空壳公司有利于交易较快获得美国监管机构批准，并规避 PDS 母公司的潜在诉讼风险，是工商银行进入美国机构经纪业务领域较为合适的壳资源。

拍板：跟进！

"一美元"收购达成

在下定决心要跟进 PDS 收购项目后，工商银行随即与 PDS 的东家法国巴黎银行进行谈判。我也直接写信给巴黎银行的董事长希望予以支持，我认为会得到巴黎银行的认同。虽然只是以一美元价格出售，但这仍是一个双赢的结果。原因之一是巴黎银行自身在美国已有证券清算业务线，若再将富通的 PDS 并入，不仅要支付调查分析成本，而且还须事后重组整合，费时费力费钱；原因之二是若将富通的 PDS 并入后再裁员，可能要支付几百万美元的员工遣散费，降低潜在成本支出不就是增加收益嘛。

果然法国巴黎银行很快表示愿意以 1 美元出售 PDS，包括该项目的
TSS 系统（清算系统）、客户名单、客户合同以及全体雇员合同。收购
意向和价格确定后，交易的另一关键就是与 PDS 团队核心成员的雇用
合同。PDS 有三位核心成员提出要与工商银行进行利润分成，这也是
他们同意由工商银行收购的前提。考虑到通过利润分成有利于在并购
完成后有效调动 PDS 团队积极性，充分利用其个人资源维持 PDS 业务
稳定发展，共同做大业务"蛋糕"，并配合工商银行进行管理整合。工
商银行本着"共赢、保底、不谈崩"的原则与这几位核心成员就雇用
合同进行了多轮谈判，并最终达成了共识。

2009 年 11 月，工商银行组织尽职调查工作团队，会同外聘投行、
律师和会计师对 PDS 展开了详尽细致的尽职调查工作。尽职调查取得
五点基本判断：第一，PDS 在为机构客户提供证券清算外包服务领域，
经营模式成熟、个性化服务能力强，未来具有较大潜在发展空间。第
二，PDS 运营和信用风险很低，历史上从未产生过运营和信用损失。
其代客清算业务对每笔交易收取费用，几乎不存在风险敞口，清算风
险极低。对客户融资 95% 以上通过美国国债回购协议进行，均为以客
户持有的债券为抵押的短期融资，逐日监控敞口变化，并以客户在 PDS
的清算铺底资金覆盖债券价格波动风险。PDS 不参与金融衍生产品清
算。第三，PDS 核心技术运行稳定、清算流程成熟、操作经验丰富，对
市场所有参与方（客户、清算组织、存托行和监管机构等）的把握能
力较强。其服务模式不仅可帮助客户化固定成本为可变成本，而且可
根据客户具体需求，实时解决有关操作、报告和会计结算等方面的问
题，提供高度个性化的服务，因此具有较强的客户忠诚度。第四，PDS
财务回报较强，利润率高，收入稳定。总的来看，即使在国际金融危
机和母公司业务收缩期间，PDS 利润所受影响也较为有限。第五，资
产负债干净，除少量隔夜拆借外，无须银行融资。这个尽职调查的结
果印证了工商银行管理层前期对标的的判断。

2010 年 4 月，工商银行董事会就 PDS 收购项目议案进行了讨论。由于这是工商银行第一次做这种资产收购，而且当时对这种业务还不是特别熟悉，各位外部董事的看法也不尽相同，有理解和肯定的，有提出中肯建议的。"我认为如果由工银国际或者其他的全资子公司来做，有利于我行的证券业务在一个统一的平台之下运作，以后可以由全资子公司的董事会或管理层直接面对美国的监管部门或者监管要求……""……第一个问题，PDS 有三位关键员工的分润比例在我看来还是很大的，分润是不是有一个最高限额？第二个问题，根据我以前的经验，美国监管机构对公司的合规性要求是非常复杂的，我想知道我们在这方面是否有所准备？"几位董事的提问和建议都切中问题关键。

时任董事会秘书谷澍对董事关切的问题一一做了细致答复："前期，我们在跟美国的监管机构沟通时，他们就表示希望由工商银行直接做这个交易。原因就是他们对工商银行已经有十几年的了解，纽约分行设立以后，他们对纽约分行也有一定的了解。所以他们希望是由工商银行来做这个交易。如果由工银国际来做收购主体，美国监管机构需要对工银国际重新进行了解，需要调阅大量的资料，耗费的时间非常长……""关于分润比例的问题，我们和 PDS 三位核心员工签订了 5 年雇用协议，分润的前提就是未来子公司的 ROE 水平，是参照美国同类公司的大致水平商定的。我们的分润比例比同业还要低一些。关于监管审批和申请的问题，我们做了很充分的准备。在国内，我们已经跟中国银监会做了比较充分的沟通，银监会对这个项目有一个比较清晰的了解，也同意我们继续做下去。美国那边，我们跟 FED、SEC 和 FINRA 都有过沟通。另外，因为长期合规经营，PDS 的几位关键员工和美国的监管部门也保持了比较良好的关系。还有卖方巴黎银行也愿意协助我们做好向美国监管部门的相关申请工作……"

我觉得在这样一个非常重要的清算领域，能够进入并开展业务，对工商银行的未来业务发展是一种非常重要的探索。我们现在非常习惯做传统商业银行业务，欧美的银行出了很多问题以后，我们沾沾自喜，认为我们的模式很好，这可能过度乐观了。我们现在之所以能够生存得比较好，是因为目前我国的利率没有市场化，我们还有2.33%的净利息边际（NIM），这才变成全世界最盈利的银行。但是我们再做什么？大量吸收存款、大量发放贷款，我们做的一些中间业务都是跟存贷款相关、结算相关的中间业务，真正拥有高科技含量的中间业务所占的比重是相对较低的……

如果仅仅是这样开展海外业务，将来在利率市场化背景下，中国的银行很难发展起来，那中国的企业就不要"走出去"了，到外面也没有一个中国的银行为它们服务，这也不行。将来全球化程度进一步加深，中国会大量在国际市场上融资，如果大量融资，一定会有与PDS相关的业务，现在的机会可能还比较小，但未来的前景是比较好的，我们希望有这个平台为中国资本市场的全球化创造条件。

时任行长杨凯生也表示："董事会应该站在更高的战略层面研究这个问题。第一个层面就是国内的银行包括工商银行应不应该、需不需要在国外发展一些我们现在还没有涉及的领域、还没有从事过的业务，哪怕从很小的规模起步？我觉得这个答案恐怕是肯定的，应该这样去做。第二个层面，这件事情我们的成本有多大？我们究竟要花多少钱？现在我们付出的成本是很有限的。第三个层面，这件事情成功了以后，会给工商银行带来多大风险？我认为这个公司的业务性质似乎决定了它可能带来的风险也是有限的，或者是工商银行现在可以承受的。总之，我的意见是，第一应该干，第二成本不大，第三风险可以承受。所以从这三点来考虑，我认为，我们应该下决心。"

工商银行领导层的战略眼光、开拓精神和工商银行并购团队周密细致的前期准备得到了董事们的认可。一位外部董事表示："我还是赞成这个议案的，像这样的清算业务国内各大商业银行在国际上都还没有，我们捷足先登、先走一步，慢慢再进行业务布局，我觉得对工商银行未来的发展是有好处的。我的建议是，先从总体上把这件事情认可一下，具体操作问题将来由管理层慢慢解决。"

最后，PDS 收购项目获得了工商银行董事会审议通过，买卖双方签署了收购协议。

工商银行立即启动项目境内外监管报批程序，有关交割整合准备工作也同步启动。在项目律师的协助下，工商银行在 2010 年 5 月向美联储和 FINRA 提交了全套申报材料。情理之中，意料之外，仅仅过了一个月，美联储即批准了 PDS 交易！尽管项目律师曾乐观预计 1～2 个月可获得美联储批准，而工商银行并购团队则对能否顺利获批充满疑虑，毕竟纽约分行历经 11 年才得以正式获批开业。6 月 22 日，工商银行收购 PDS 资产项目也获得了中国银监会的审批通过。

获得两国监管批准后，工商银行在 2010 年 7 月完成了壳公司收购，并将其更名为工银金融服务有限责任公司（以下简称工银金融），整个交易的又一关键步骤得以完成。项目团队随即开始有关会员资格申请及承接 PDS 业务准备工作，包括 IT 系统、办公用房的准备，并同步推动 FINRA 审批。2010 年 10 月 19 日，FINRA 正式批复同意工银金融收购富通 PDS 证券清算部门，同时授予工银金融证券经纪执业牌照。至此，项目所需的国内外监管审批手续已全部完成。

工银金融在 2010 年 10 月上旬完成办公用房装修改造，10 月中旬启动系统并行测试。项目团队经过认真考虑，决定将 PDS 交割时间放在 10 月 29 日。因为 10 月 29 日是个星期五，在当天交易结束后，项目团队将与 PDS 团队一道连夜将全部系统转移至工银金融的新办公地点，并利用周末两天的时间进行运行调试。

2010 年 10 月 29 日，工银金融承接 PDS 业务各项运营条件全部具备，顺利交割。10 月 30 日、31 日周末两天，工银金融中外员工齐心协作，连续奋战 48 小时，顺利完成了 PDS 业务系统、人员和客户从原富通银行向工银金融的平稳过渡。2010 年 11 月 1 日，工银金融正式对外营业，为工商银行开启了欧美证券清算和存管这一全新的业务领域。开业首日运营平稳，当日完成清算交易量达 300 亿美元，PDS 收购宣告成功完成。

"这是中国金融机构崛起于世界经济最有说服力的新迹象之一"

在工银金融正式对外开业之际，全球主流媒体争相报道了这一消息，引起了金融市场的广泛反响。其中，《华尔街日报》报道称，"中国最大银行中国工商银行正在进军美国的经纪—自营业务，这是中国金融机构崛起于世界经济最有说服力的新迹象之一"，并且评价工商银行为"中资银行中最积极从事海外收购的银行"（ICBC has been the most active of China's banks in pursuing overseas acquisitions）。

国内业界也纷纷对工银金融的成立作出积极评价。证券时报网赞誉工商银行加快了拓展全球金融版图的步伐，并称国际化、全球化有助于提升服务质量。东方证券研究所认为：银行拥有自己的经纪公司，可以通过交叉销售，提高银行的服务质量。海外客户的理财要求通常是比较高的，如果银行能够同时为客户提供经纪业务和理财等投融资建议，那么对客户来说等于是有一个交叉销售的效应。很多媒体对于工商银行能以 1 美元收购一条新业务线也表现出极大的兴趣。

中外金融媒体积极关注并正面呼应工商银行此项收购，再次印证了工商银行作为一家崛起的国际大行，已经成为全球金融业关注的焦点和重点，工商银行的国际化和综合化发展得到了广泛的认可和赞誉。

值得一提的是，欧债危机爆发后，部分承载客户证券账户的清算公司出现财务危机，导致客户的资产蒙受损失。因此，证券投资者趋向于分散其后台清算服务的供应商，特别乐于选择拥有商业银行背景的、资本实力雄厚的清算公司，以降低信用风险和操作风险；同时，从事纯后台证券清算，无自营业务的专业证券清算公司也逐渐受到市场的认可和青睐。2011 年 10 月 31 日，有 218 年历史的证券交易商和证券清算公司明富环球控股（MF Global）向美国政府申请破产保护。工银金融在 MF Global 破产后，依靠工商银行的资本实力、品牌优势以及纯后台清算商业模式特点（无自营交易），获得一批原 MF Global 清算客户的信赖，接手了其中一些证券机构客户的证券清算业务。

收购 PDS、成立工银金融对工商银行海外并购和国际化发展来说有着不同寻常的意义和价值。这是工商银行第一次跨业务领域收购，开辟了不同于传统商业银行业务的欧美证券清算这一全新领域；这是工商银行少有的对一个业务线（资产）的收购，不同于以往对金融机构的整体控制权收购；这是工商银行第一次具有相当本地化的收购：保留 PDS 部门商业模式、保留团队人员（工银金融首任总经理由原 PDS 负责人担任）、保留 IT 核心处理系统，当时，工银金融是中国银行业中唯一一家持有美国证券经纪牌照的全资子公司，已成为纽约证券交易所（NYSE）、纳斯达克（NASDAQ）、期权清算公司（OCC）、DTCC、FICC、抵押证券清算公司（MBSCC）和欧洲清算银行（EuroClear）等主要交易和清算所的注册会员；这是工商银行境外并购中最便宜的收购，对价"一美元"。根据 2010 年工银金融外部审计报告，按照美国市场通行惯例和公允会计准则，对 PDS 系统、人员和客户进行估值，认定工银金融 PDS 并购收益超过 1000 万美元。

工银金融的成立是工商银行首次通过资产收购方式拓展境外综合化经营业务线，也是中资银行在美收购资产的首次成功案例。从 1 美元的交易对价来看，工商银行收购 PDS 只是 21 世纪国际金融机构重组大潮中的一朵浪花，但历史地看，这朵浪花却映衬了国际经济金融格局演变的波谲云诡和中国金融机构的成长壮大。

对工商银行来说，此次收购不仅是一次跨国具有相当本地化特色的收购，还是一次跨领域跨行业对一个业务部门和单元的收购，是工商银行并购史上的一次大胆创新，而且工商银行承诺协议期内保留 PDS 部门商业运营模式、团队人员及其薪酬待遇不变，特别是留任原富通证券 CEO 担任工银金融首任总经理，开创了由外籍员工担任工商银行境外机构一把手的先例，因此，这次收购的意义更加不同寻常。

从工银金融的经营管理看并购整合，需要重视工银金融具有不同于中国商业银行的美国投行文化。在人力资源管理、财务绩效管理、信息系统管理等方面，工银金融有着不同于工商银行既有机制文化的特有而相对独立的团队行为模式。如何对工银金融有效实施跨文化管理，创造性地落实母行战略，促进发挥工银集团全球综合金融服务的协同效应，是工商银行收购后一直致力的工作：既不能刻舟求剑地一味采用华尔街以往的行事规则，也不能单向要求当地雇员无条件适应中国文化和工商银行文化。并购之后的一段时期内，在不断寻求中美两种文化、商行投行两种机制的相互兼容、相互协同中，进一步增强当地员工对中国公司、对工商银行的认同感与归属感仍是工银金融融入集团整合发展的一项重点工作。

整合进行时

收购后，工银金融在资本合规、资金运营、交叉销售等方面得到了工银集团的巨大支持。开业仅 6 年多，通过美国区域机构联动和自身不懈努力，年轻的工银金融已逐步勾勒出清晰的证券清算、证券融资、股票交易执行和证券存管业务轮廓，几大业务线相辅相成，互动发展，具备了一家美国证券经纪服务商所必要的业务功能和服务平台，服务能力和客户群已覆盖美欧亚主要金融中心。仅 2015 年，工银金融清算的各类证券业务就达 2.1 亿笔，清算金额累计达 110 万亿美元。截至 2015 年末，工银金融资产总额为 318.2 亿美元，全年实现税前利润 2745.2 万美元，实现净利润 1685.5 万美元，资本回报率为 15.9%；拥有证券清算客户 184 家，证券交易对手 187 家，包括经纪券商、对冲基金、商业银行、地产信托、政府机构和主权基金等。收购以来，工银金融累计实现税前利润 1.47 亿美元，年均复合增长达 123%，净资产从 5000 万美元（交割后注资）增至 2016 年 6 月末的 1.27 亿美元。

工银集团则凭借工银金融贯通了在美国货币市场和资本市场的联动经营，确立了领先可比同业的产品体系。作为在美资本市场的接口，工银金融有力提升了工银集团商行与投行业务串联发展的跨境综合金融服务优势和在美证券市场良好的品牌形象。凭借工银集团在商业银行、证券服务、衍生品交易和现金管理等领域的国际化多平台优势，工商银行成功执行了中国某著名零售企业战略入股某美国上市公司项目。通过量身定制涵盖过桥融资、美股托管、股票期权风险对冲和现金管理等需求的综合金融服务方案，工商银行在与多家国际领先同业的激烈竞争中脱颖而出，成为该项目唯一的综合金融服务银行。其中，工银金融的美股托管和交易执行服务业务无疑是项目营销及服务链条中的重要一环。工商银行通过收购确立的多牌照平台和产品体系优势，正在逐步形成"工银金融超市"的"一站式"服务能力，不仅有力支持了中国客户进军国际资本市场，同时也促进了集团内的多机构共赢，提升了工银品牌的国际影响力。

第十二章

进军寿险
工商银行综合经营版图再添新丁

——收购金盛人寿公司

2012年7月19日，高朋满座、嘉宾云集，欢庆的音乐在上海香格里拉饭店会议厅奏响。经过一年多的筹备，由中国工商银行、法国安盛集团和中国五矿集团合资共同组建的工银安盛人寿保险有限公司在其总部所在地上海隆重举行成立庆典，宣告这家已经在国内保险市场闯荡了10余年的中法合资寿险公司，迎来了中国最大的银行成为其最大的股东。

这标志着在中国寿险行业，银保系的保险合资公司已经登上了保险舞台。在工商银行收购金盛人寿保险公司之前，建设银行、农业银行、交通银行、北京银行等商业银行已经纷纷投资参股保险公司。加之中信集团旗下的信诚人寿、光大集团旗下的光大永明人寿、招商局集团旗下的招商信诺人寿以及邮政集团旗下的中邮人寿也已排兵布阵，因此工银安盛人寿公司的成立，又被视为中国大型银行银保投资试点工作的收官之作。中国寿险市场又迎来了一家具有深厚的股东背景、明确的发展方向、中外特色交融的银行系寿险公司。

银行综合化经营探索和保险前缘

自 1978 年改革开放之后，中国经济走上了加速发展的快车道，国内金融业的改革开始加速。原来"大一统"的金融体制一步步被打破，工商银行、农业银行、中国银行、建设银行相继分设组建，一批新型股份制商业银行相继诞生。从国家专业银行到国有商业银行，企业化经营的目标逐步清晰，银行间的竞争渐次激烈。在 20 世纪 80～90 年代，不仅出现了"工行下乡、农行进城、中行上岸、建行破墙"的打破原有专业分工的局面，而且出现商业银行向信托、证券、投资、保险等非传统业务领域扩张的情况，企图打破原有的信贷规模局限。这是改革开放后，中国银行业出现的第一次"混业经营"。

以工商银行为例，在这一时期，工商银行已经涉及信托、证券、租赁、保险等诸多非银行金融领域。在信托领域，工商银行总行和一些分行投资设立了不少信托投资公司；在证券领域，工商银行总行组建了华夏证券公司，不少省市分行也投资入股了证券公司，如工商银行上海市分行、沈阳市分行和深圳市分行分别投资组建了申银证券公司、北方证券公司和深圳经济特区证券公司等；在租赁领域，工商银行投资了包括中国租赁公司、中国国际有色金属租赁、太平洋租赁和上海东洋租赁等一批租赁公司。

在保险领域，工商银行则投资组建了平安保险公司。这一投资可以回溯至 1988 年 3 月，工商银行深圳分行会同招商局蛇口工业区、深圳市财政局、中国远洋运输集团公司一起，共同组建了一家股份制、地方性的保险公司，公司名称为深圳平安保险公司，其中工商银行持股 49%，招商局持股 51%。1992 年 9 月，深圳平安保险公司更名为中国平安保险公司，股东增加至 5 家，分别是招商局、工商银行、中国远洋公司、深圳市财政局和平安员工合股基金。1997 年，平安保险公司实行股份制改造，工商银行、招商局中远集团、深圳市财政局和新豪时为五大发起人。其中，工商银行与招商局分别持股 15% 左右，深圳市财政局持股 5.2%，美国高盛公司、摩根士丹利公司分别持股 7.63%。

所谓混业经营是指商业银行及其他金融企业以科学的组织方式在货币和资本市场进行多业务、多品种、多方式的交叉经营和服务的总称。客观来讲，上述阶段银行业的混业经营，基本是粗放型模式，金融机构规范守法意识不足，业务组织和管理缺乏科学性，混业经营人才严重短缺、金融监管机构能力不足，缺乏有效监管法律及技术，同时金融市场的发育也不健全，导致当时金融秩序出现紊乱、金融风险积聚，中国经济开始出现泡沫。针对这一情况，1993 年底，国务院及时出台了《关于金融体制改革的决定》，对银行业、证券业、信托业和保险业实行分业经营、分业管理的原则是正确和及时的。随后颁布实施的《中华人民共和国银行法》《中华人民共和国证券法》《中华人民共和国信托法》，进一步以法律形式确立了金融业分业经营、分业监管的格局。银行业加快退出原先混业经营的领域和机构，集中精力于银行本业及清理不良贷款。1998 年，中国保险监督管理委员会成立，银行与保险机构分业管理的监管框架进一步确立。按照国务院指示及监管规定，工商银行按通知要求，将所持有的中国平安保险股份有限公司的全部股份转让给指定企业，从而全部退出了直接持股保险企业的投资。

银行综合化布局再启征程和谋定后动

从 20 世纪 90 年代开始实行分业经营和分业监管的金融体制，确保了我国金融业在发展初期的健康成长。在 21 世纪的头几年，中国银行业抓住资本市场的重要窗口期，进行资产重组、改制上市，甩掉了积压多年的不良资产重负。在国际金融危机后，中国的银行一举成为全球资本实力强大、盈利能力领先的银行。我国资本市场也日臻成熟完善，金融体系丰富健全，金融创新十分活跃。随着金融市场的纵深发展和国民财富的不断增加，社会对金融服务的需求总量持续增加，需求的内涵和外延持续扩大。例如，个人客户对基金、信托、保险等理财、避险的金融产品需求日渐增加；公司客户对筹资、投资、结算、资金保值增值的金融服务要求也日益增多，需要银行从为流动资金服务转向为投资者服务，需要银行能提供一揽子服务。

这不是《三国演义》中所说"天下之事，分久必合，合久必分"，而是市场变化对银行业的综合化发展提出了新的需求。确实之前的分业经营体制已经运行多年，在早期阶段并不十分明显的弊病，如对资本运行效率和监管成本的影响开始逐渐显现。在经济金融全球化背景下，制约了我国金融机构在国际金融市场的竞争。

银行业综合化经营与外部环境的变化及内部准备条件完善、监管体系的健全有密切关系。20 世纪 80 年代，金融脱媒发展迅速，美国商业银行经营遇到巨大困难，相对传统的储贷机构大量破产。因此，美国商业银行开始了混业经营进程，在整合金融资源的基础上，为客户提供更为全面的金融服务，通过中间业务收入的大幅提升，降低利率市场化对银行业盈利能力的影响。1986 年，美国银行业中间业务收入占营业收入的比例为 10% 左右，2004 年增至 35%。

商业银行的传统信贷业务与实体经济运行休戚相关，具有明显的顺周期性。在综合化经营模式下，由于融银行、保险、基金、租赁、投行、证券、信托等诸多金融领域业务于一体，资产负债结构更均衡，各项业务具有不同的周期波动特征，使其在经济下行阶段具有更强的抗周期性，同时也平滑了集团整体盈利的周期性波动。从国际金融市场上的经验来看，在始于 2008 年的国际金融危机中，虽然一些综合化经营的金融机构也出现了不同程度的亏损，但与美国国际集团（AIG）、雷曼等业务相对单一的大型专业金融机构相比，总体抗风险能力相对较强。

在中国金融体系中，商业银行规模大，实力强，在网点渠道、客户基础、人才团队、技术能力上具有相对优势。开展非银行的综合化业务，在网络拓展、客户维护、产品研发、市场营销、品牌建设等方面的资源投入上具有同质性。开拓具有良好市场发展前景、带来协同效应的非银行金融领域，对于中国商业银行而言具有重要的意义，有助于避免重复投资造成资源浪费，提升资源配置效率；有助于形成金融市场子系统之间的功能互补；有助于推动市场有序竞争，提升市场服务水平，从而从整体上提升我国金融竞争实力。

随着有关银行业综合化经营的政策法规不断健全完善，在中国银行业重组改制与上市之后，中国的商业银行加强了业务经营结构转型，积极稳妥推进综合化经营创新，致力于形成多元化的业务发展和盈利增长格局。如2005年6月，工商银行设立了业内第一家由商业银行投资控股的合资基金管理公司——工银瑞信基金管理有限公司，注册资本为2亿元，其中工商银行持股80%，瑞士信贷持股20%。2007年11月，工商银行独资设立了工银金融租赁有限公司。2008年9月，全资在港子机构工银国际控股有限公司退回有限制银行牌照，获得香港证监会颁发的多个证券业务牌照，完成了从商业银行向投资银行的业务转型，成为全牌照投资银行。通过这几家综合化子机构的设立，工商银行涵盖基金、租赁、牌照类投资银行的综合化经营平台初步搭建起来，一些综合化子机构已经成长为行业领先者。工银瑞信保持了在银行系基金公司中的领先地位；工银租赁作为我国首家银行系金融租赁公司，实现了规模与效益的协调发展，已成长为国内租赁资产规模最大、盈利最多、综合实力最强的金融租赁公司；工银国际成功参与了多项全球资本市场知名的IPO项目和债券发行项目，市场影响力显著提高。各家综合化子公司的蓬勃发展，资产管理、贵金属、私人银行业务也快速成长，提升了工商银行全方位提供"一站式"金融服务的能力，也进一步扩大了工商银行的客户基础。

商业银行综合化业务可以细分为几十个业务或产品领域，其存在的风险及与银行本身业务的关系，可以按照从低到高、由近及远进行排列。在深刻总结 20 世纪 90 年代银行业混业经营的经验教训的基础上，工商银行这一时期的综合化布局是一个谋定后动、循序渐进、把握风险、由近及远的过程。在整体规划上，工商银行的综合化并购均是以总行集团为主体，确保了综合化拓展的战略全局性和整体审慎性，避免了 20 世纪 90 年代混业经营时部分商业银行总分机构各自为政、一拥而上的局面。在实施时机上，工商银行一方面严格遵守监管规定，不越红线；另一方面积极根据监管政策导向，加强调研、谋划，提前做好有关综合化拓展的预备工作，力争做到发令枪响后及时起跑。在实施节奏上，工商银行依托自身的优势，采取循序渐进、逐步探索的模式，本着成熟一家、实施一家的原则推进综合化子机构的设立。随着金融体制改革的不断深化、金融机构的创新能力和竞争力日益增强，商业银行、租赁公司、基金公司、保险公司、信托公司等金融机构间的创新与合作越来越紧密。

银保合作从代理到投资，稳步前行

工商银行在早期投资保险的实践中，参与了我国最早保险公司的入股和筹建，帮助保险公司度过了渠道搭建和客户积累的初创时期，领悟到了银行业与保险业合作的巨大的市场潜力，自身也积累了一些保险经营的经验。在严格分业经营的时代，工商银行虽然退出了保险业的投资，但没有放弃与保险业的合作，一直通过银保代理的形式，与保险公司保持着紧密的合作关系，持续拓展保险代理收入，培养银保人才。由于强大的业务交叉营销优势，工商银行在银保市场上一路领先，成为保险公司最为青睐的合作伙伴，因多年开展银保合作的代理业务，工商银行已积累了丰富的银行保险合作经验和一批熟悉银保业务的优秀人才，业已成为银保业务的领军银行。2006 年末，工商银行与 22 家保险公司签署了全面合作协议，与 25 家保险公司签署了托管协议，托管的保险资产规模市场占比第一；2006 年全年累计完成代理保险业务 1000 余亿元，分销渠道广泛覆盖全国各地，分支机构数量达18000 个，电子银行网络发展领先同业，网上银行交易量已占到市场的半壁江山。之后几年，工商银行占全国银保代理业务量的 35%。

2006 年 9 月 21 日，保监会出台了《关于保险机构投资商业银行股权的通知》，允许保险机构投资境内国有商业银行、股份制商业银行和城市商业银行等未上市银行的股权。监管放开后，各家保险机构纷纷提出对银行的股权投资与合作方案。数家保险公司成功对银行进行了股权投资，如中国人寿投资广东发展银行，平安保险通过兼并收购将深圳发展银行改组合并为平安银行，将其纳入平安金融控股公司体系中。银行与保险公司之间的投资应该是双向的。2007 年初，银监会和保监会协同多次开展了银行投资保险公司的政策研究。当时刚成功完成重组上市的中国商业银行，公司治理架构进一步完善，资本金得到充实，具备了对外投资的实力。同时，由于面临国内外竞争环境变化和传统银行业务利差收窄、客户金融服务需求变化的压力，银行业发展综合化的业务、产品、资产和盈利结构的诉求日益增强。当时，中国是国际公认的未来最具增长潜力的经济体之一，中国的保险业无论从深度还是广度上来说都还处于发展初期，未来蕴含着巨大的空间。能够进入保险业经营，对中国商业银行确实是一项利好消息。刚完成了沪港两地同步上市的工商银行，也正在研究未来的发展战略，包括综合化、国际化的潜在拓展领域。保险行业一直是综合化拓展的重点关注领域。

我们对投资保险公司进行了详细的 SWOT 分析。作为面向客户、以零售金融业务为主的金融机构，渠道对保险尤其是寿险业务的发展具有至关重要的作用。理论研究和国际经验表明，在间接金融处于主导地位的国家，商业银行得益于在机构网络上的先天优势，开展保险业务的优势更为明显。工商银行拥有雄厚的客户基础，当时有超过1.7亿个人客户，其中1600万名中高端客户，拥有241万公司客户，覆盖几乎全部中国500强企业和近一多半财富500强企业，这就是开展银保业务的天然优势。商业银行业务与人寿保险业务有高同质性，都是从广大客户中去筹集资金，进行资金运作，都具有人力、网点（渠道）和客户群体密集的特征。银行与保险公司在资本充足率、偿付能力以及自身风险匹配能力方面有类似性，两者都管理自身的资本收益匹配、风险收益匹配和久期匹配。

银保业务在不同国家、在经济发展的不同阶段具有不同的发展态势，不同银行对银保合作会有不同的选择。例如，工行投资的南非标准银行发展银保业务也几经周折。早期投资利保人寿（Liberty Life）时就受到其母公司标准渣打银行的反对，之后的相互持股及交叉销售也不尽如人意。在工商银行投资参股南非标准银行之后，因当时利保人寿的市场价值不错，而那几年人寿保险市场整体经营业绩一般，因此南非标准银行管理层在董事会上提议，希望全部出售利保人寿保险公司的股权。工商银行在南非标准银行的董事经过分析，认为这一股权转让不仅将削弱南非标准银行的零售业务，而且尽管能获得短期内的一次性收入，但对投资者的长期投资价值呈负面效应。经总行同意后，工商银行在南非标准银行的董事在该行的董事会上提出了反对意见。尽管当时董事会暂停了这一议案，但高管层和一些董事明显有不同意见。不久后，我访问南非标准银行时，就这一问题，坦诚地与其董事长及CEO交换了意见。管理层提出美国的一些银行如花旗银行，已经退出了保险，我们为什么不能效仿？对这个问题，我比较分析了美国、欧洲、中国和其他发展中国家的保险业发展的深度。美国保险业十分领先，尤其是养老保险，投资渠道及产品发达。2008年的保险深度为

2058 美元、密度为 8.7%，保费收入占世界份额的 28%。在国际金融危机后，美国一些商业银行退出市场相对饱和的银保业务有其合理性。在经济发达且保险深度和密度相当高的欧洲，银保业务依然存在发展潜力。法国的一些大银行十分重视银保业务，银行保险这一概念就是来自法文"Bancassurance"。英国总保费收入占世界份额的 7.6%。汇丰银行从 20 世纪 70 年代就开始拓展保险业务，发展了 30 多年后，保险业务收入占比达世界份额的 10%，仍提出要提高至 13%。保险业务不仅对银行中间业务收入贡献明显，而且在危机期间对银行收入下降起到缓冲作用。中国保险业 2009 年的总保费收入列全球第 7 位，占世界市场的份额仅为 4%。保险深度仅为 121 美元，大大低于全球 595.1 美元的平均水平，居全球 44 位；保险密度为 3.4%，居全球 64 位，这也是为什么中国银行业热衷于进入保险这一蓝海市场。相比而言，非洲的保险业更处于不发达阶段。南非标准银行要调整提升在零售业务方面的比例，保险公司业务会发挥重要作用。诚恳交换意见后，他们高兴地接受了我的意见，而且之后利保人寿保险公司为南非标准银行的绩效作出了很大的贡献。

对于如何进入保险市场，从一开始我们就考虑"参股现有保险公司"，因为这有利于发挥并购双方的优势，也是国际上大银行快速进入保险领域的惯常做法（汇丰银行在 2002 年之后的 10 年内，涉及保险并购与股权转让就有 30 多次）。确定思路后，我们在银行投资保险公司的相关政策尚未明朗之前，未雨绸缪，提前开始对保险并购进行可行性论证，全面思考合资保险公司的股权结构、公司治理安排、并购的核心条款、保险公司未来发展目标等。磨刀不误砍柴工，2008 年 1 月我们终于迎来了政策开闸。国务院批准了银监会和保监会联合报送的关于商业银行投资保险公司股权问题的请示文件，同意商业银行通过试点投资入股保险公司，而已经进行准备充分的工商银行，与建设银行、交通银行、北京银行一起被批准为首批试点银行。

众里寻他千百度

——投资目标初筛选

工商银行关于保险并购对象的选择及谈判拉开了序幕。没有想到的是，好事多磨，这一过程竟然历时三年多。2008年初取得投资保险公司试点资格后，工商银行最初遴选的投资伙伴是一家合资合作伙伴，并展开了紧锣密鼓的交易谈判。

随着银行投资保险公司的政策进一步明确，监管机构规定，原则上商业银行不仅限于投资现有保险公司且数量仅限一家，而且拥有寿险、财险等多家附属机构的保险集团被认定为多家保险公司而非单一机构，从而不在银行试点投资范围内。工商银行最初的拟投资对象正属于非单一机构的保险集团范畴。我们只能将之前的工作推倒重来，变更交易结构，拟投资原合作对象下属的一家保险机构。然而，双方在后来的谈判中就交易方案始终无法达成一致，最终只能放弃。工商银行关于保险投资项目又重新回到了最初的目标筛选阶段。这也是并购交易中的不确定性风险。从此交易来看，尽管交易谈判付出的成本不高，但时间损失成本较大。不过换个角度来看，国内外其他保险公司听闻了这一"好消息"纷至沓来，不乏一些耳熟能详的国际知名保险机构，它们都期盼与工商银行合作。有机构甚至表示，为了获得工商银行入股，愿意"量体裁衣"，专门成立一家保险机构，颇有些"筑巢引凤"的味道。但这样不仅与监管机构的要求不符，而且无法避免这家外资保险公司未来在独资与合资保险公司之间的竞争。"乱花渐欲迷人眼"，面对"追求者"，我们还是按照战略协同、风险可控、价格合理、整合便利的收购基本原则，重点关注规模适中、经营稳健、股东保险运营经验丰富的潜在合作伙伴，不求快只求好。

有这样的说法，并购成功的底层逻辑是避免在繁荣期并购交易。

我们在寻觅投资对象时，美国次贷危机逐步演变成为国际金融危机。不仅雷曼公司等投资银行沉沙折戟，AIG 等保险巨头也摇摇欲坠被政府救援。在国际金融危机中，经营稳健的中国银行业，逆势崛起，为全球所瞩目。在保险投资项目中，处于有利位置。

有凤来仪，与安盛集团的第一次亲密接触

2009 年中，我接待了来访总行的法国安盛集团（AXA Group）董事长亨利·德·卡斯特（Henri De Castries）先生。双方会谈中，安盛集团向工商银行抛出了橄榄枝。亨利董事长开门见山地向我表示，工商银行能否考虑与安盛集团进行合作，投资在华的中法合作保险公司金盛人寿，共同在中国经营寿险业务。显然会见前，双方都做了功课，对彼此的实力了然于胸。安盛集团方面十分清楚工商银行在国内的强大业务优势和银保业务的骄人业绩，而工商银行也了解安盛所拥有的全球保险业务管理经验和在国际金融危机中的稳定业绩表现。亨利·德·卡斯特最初在法国财政部工作，1989 年加入安盛保险公司。他和我一样，在 2000 年起担任了本公司的"一把手"。虽然我们是首次见面，但对中国市场的发展前景判断不谋而合，明显看得出亨利高度重视亚太业务尤其是在华业务。我们都对合作表现出了浓厚兴趣。当然也有细微的差别，在会谈中，明显感受到亨利对自身公司的能力信心满满，表露出希望取得合资保险公司主导权的意愿，不过这也是工商银行参与投资保险的目标。这为日后双方经营理念的碰撞和磨合埋下了伏笔。

长在深闺人不识

——金盛人寿印象

1999 年 5 月在上海成立的金盛人寿，是中国保监会成立后批准的首家寿险公司，同时也是我国第一家中法合资的寿险公司，金盛人寿

一直是我国唯一一家外资持股超过50%的寿险公司。作为法国安盛集团和中国五矿集团公司两大全球500强集团合资组建的寿险公司，两家股东分别持有51%与49%的股权。

十年间，金盛人寿以华东、华北和南方地区为重心，陆续在广东、北京、江苏、辽宁、天津、浙江、四川、山东和河北等九地设立了省级分支机构，辐射广州、北京、成都、南京、佛山、沈阳、苏州、深圳、天津、无锡、东莞、盘锦、常州、中山、营口、扬州、惠州、济南、杭州、石家庄、南通、鞍山、泰州和绍兴等25个城市。同时，借助安盛在欧美寿险市场的产品研发经验，一些创新产品在国内还受到了媒体和监管的关注和好评。"全方位畅想退休计划"产品先后在2006年、2007年荣获"年度理财产品最具创新奖"、"上海最受欢迎保险产品"和"最受欢迎理财产品奖"；个人理财需求分析模式2009年获得"最佳客户服务创新奖"；360°私人理财需求分析2010年摘得"上海保险行业专业价值服务年度大奖"和"最佳特色服务奖"；全国客户服务热线荣膺"2010年度中国（亚太）最佳呼叫中心"，为寿险业内唯一荣获这一工业和信息化部认定的行业奖项的公司。金盛人寿公司在经营理念、服务模式和产品创新上的亮点获得过市场和业界的好评，2007年获得《华夏理财》"中国保险业最具影响力品牌之最具潜力奖"。

不过金盛人寿有个难言之隐，成立10年来，其业务发展不温不火，市场排名稳居合资寿险公司中游，仅在2007年实现了盈利，其余年份皆出现不同程度的亏损。在工商银行正式入股前，金盛人寿2011年年报显示，其历年累计综合亏损额已经高达8.87亿元。其中，2009—2011年三年就亏掉了3.95亿元，占历年亏损额的44.5%。同时，金盛人寿的业务增长缓慢，而这10年正是中国寿险市场蓬勃发展、高速增长的黄金时期，与金盛人寿同期进场的同业伙伴们大部分位居寿险市场的前列。友邦人寿、信诚人寿、中英人寿、中宏人寿、中意人寿等合资寿险公司已经度过了寿险公司初期的基础建设阶段，均已实现盈利。

普华永道 2009 年发布的《外资保险公司在中国》调查报告显示，外资保险公司在中国发展正面临严峻的挑战。目前，它们的市场份额总和仅为寿险的 5%，产险及意外险的 1%。以寿险为例，自 2008 年出现外资寿险公司保费负增长局面。在国内寿险公司整体增长 48.26%，中资寿险增长 53.22% 的情况下，外资寿险负增长 8.79%。保费规模负增长、市场占有率下降、市场排名下滑，种种不利的数据表明外资保险公司正在经历"七年之痒"的危机。多家外资公司把自身发展缓慢的原因归结为合资双方理念上的差异，过于严格的监管，以及内资保险公司的快速成长等。有多家以合资形式进入中国，已在中国境内经营了 7~10 年的公司，它们已体会到与毫无保险经营背景的国内公司进行合作所带来的挑战，外资保险公司在国内的合资对象很多是非金融企业，对保险业了解不深，双方在沟通上存在困难。普华永道香港保险行业主管合伙人韦艾理表示："对在中国的外资保险公司而言，2008 年是困难的一年。这不仅是因为中国经济增速放缓，更重要的原因是，规模较大的本地竞争者面对经济危机更具有弹性。造成这一现象有很多原因，包括客户需求从投资型转变成为保障型产品，同时调查还显示，外资保险发现它们本地的竞争对手有更多的创新、不断改进它们的营运，并且更注重对本地市场的深入理解。"普华永道亚洲精算业务主管合伙人刘淑艳还提道："横向的挑战也很多。其中最大的一个挑战是很多银行得到了国务院的特批可以投资保险公司。在过去的几年里，这些银行保险公司成了很多保险的主要分销渠道，而这些拥有银行保险公司的银行成为市场变化的驱动力。很多保险机构已经预测到了这一分销渠道的巨变，对于在未来极具挑战性的一年中的变化，我们拭目以待。"虽然外资保险公司正在集体经历一个艰难的蜕变，经历了较为困难的一年，但外资保险公司仍坚信中国市场的发展十分强劲，它们没有改变在中国运作的议程，相反更加确定了中国业务的重要性，对中国保险业的稳健发展充满信心。

面对现实的经营业绩和市场排名，回望雄心勃勃的"重新定义、引领标准"的理想，金盛人寿两家股东——法国安盛与五矿集团陷入了沉思。以客户为中心的服务宗旨是金融市场发展的本源与核心，量身定做的专属私人理财规划服务也是先进的金融服务模式，一直所坚守的保险保障功能也是保险行业有别于其他金融机构、较为长久的市场化运行经验，加之拥有专业化的运营方式、先进的技术应该加以发扬的专有金融职能。可是，是什么绊住了金盛人寿前进的脚步呢？

事实上，自1992年美国友邦"落户"上海以来，尽管进入我国保险市场的外资险企数量不少，但是市场份额却始终处于低位。人身险公司外资持股比例上限50%的限制，以及中外资双方在经营模式、管理理念方面存在矛盾，使管理层对于企业经营战略有着较为严重的冲突，这也是部分合资险企效益不佳的原因。

此外，这也与中外市场环境差异以及外资险企缺乏"本土化战略"有关。一是资源本土化。当前保险中介市场大部分资源都掌握在内资险企手中，外资保险中介的市场空间还有待挖掘。由于我国保险覆盖度不够深入和广阔，外资险企可深耕"长尾市场"，因地制宜，制定符合中国市场的经营战略，利用其管理和市场经验开拓蓝海。二是人才本土化。人才是企业经营成败的关键，外资险企应培养本土化的保险代理人和销售员，加深对中国市场的了解。截至2017年末，共有来自16个国家和地区的境外保险公司在我国设立了57家外资保险公司，下设各级分支机构1800多家，世界500强中的外国保险公司均进入了中国市场。

虽然外资保险机构市场份额逐步扩大，已从我国加入世贸组织之初不足1%增长至2016年末的5.19%，但与国内保险公司市场规模差距仍然不小。就寿险行业来看，2011—2017年，外资保费分别为386

亿元、475 亿元、597 亿元、734 亿元、991 亿元、1388 亿元、1555 亿元，虽然保费规模连年增长，但与整个寿险行业 2.6 万亿元的保费规模相比仍存在很大差距。

好酒也怕巷子深，尤其是在保险意识还处于逐步培育期的国内发展保险业务，必须要能够将公司的营销链条直抵客户端，了解客户、抓住客户。而在当前的金融体系下，银行毫无疑问是最接近客户，也掌握最大规模客户群的金融机构。因此，金盛人寿未来要打破困局、实现突围和发展，就一定要引进一家实力雄厚的大型商业银行做战略合作伙伴，在了解客户、了解市场的基础上，让市场和客户了解自己、选择自己。金盛人寿在等待着，等待一个机遇，等待一个能够创造奇迹的战略伙伴，一个能够充分挖掘金盛人寿潜力、点石成金的魔术师。工商银行与安盛集团的合作历程，就像是一对恋人，通过不断地接触、了解，逐渐相识、相知而走到一起，最终喜结连理。就像所有的恋人一样，工商银行与安盛集团在相识、相知的合作过程中，会有默契，也会有争执。在这一次次的争执、交锋中，双方增进了理解，磨合了经营理念，展现了合作诚意，一步步坚定了信心、握紧了合作之手。

第一次交锋：控股权之争

强强联手汇集了更为雄厚的资源和业务优势，但往往巨人握手的背后也不总是一帆风顺。工商银行和安盛合作之初遇到的首要问题在于双方对合资公司控制权互不相让。工商银行和安盛集团作为全球知名金融企业，在各自业务领域的强大优势使双方在合作的主导权以及合资保险公司股权结构的安排上产生了不同意见。为保证整体经营战略在子公司层面的有效传导，工商银行一直以来的战略并购都是控股收购，不做财务投资。投资保险公司作为工商银行综合化拓展的关键一跃，自然不会例外。我在合作之初就表示："工商银行进入保险领域的目标，不仅要建设一家中国最好、最大、最强的保险公司，而且在全球市场上也要具有较强的影响力。工商银行将尽全力充分支持合资保险公司的发展，一定要控股这家保险公司，而不会选择参股。"

安盛集团在全球保险业的实力也不容小觑，安盛集团是世界著名的保险机构，《财富》全球 500 强企业，曾蝉联《商业周刊》"世界最佳品牌 100 强"，并在 2010 年度高居保险业第一位。安盛集团业务遍及全球 57 个国家和地区，与工商银行的国际化、综合化拓展思路相近，其境外子机构也多采取全资或控股的形式。其中，中国市场一直是安盛集团亚洲地区乃至全球布局的重点，业务范围涵盖人寿保险（控股金盛人寿、参股泰康人寿）、财产保险（丰泰财产保险）、资产管理（浦银安盛基金管理）等。正是由于对中国这一潜在高增长市场的重视，安盛集团在精挑细选后相中了工商银行这一强大合作伙伴，但也恰恰是这份重视，让安盛集团的管理层很难改变一向在合作中占据主导地位的思维，轻易将合资保险公司的控股权拱手相让。

真正的战略家讲究长远的谋篇布局和对关键利益点的精准把握。我对亨利董事长说："我可以预见到，如果安盛集团与工商银行合作，接受降低股权比例的安排，那么几年后，待合资保险公司发展起来，安盛集团按照降低后的股权比例所能够从合资保险公司享有的利益，将几倍于甚至几十倍于金盛人寿维持现状可获得的利益。"对合资保险公司未来发展的坚定信心和利弊分析成功说服了亨利董事长，面对工商银行勾勒出的美丽前景，他终于动了心。

两年之后，在工银安盛人寿的成立仪式上，亨利在谈到此次合作时表示，安盛在很多国家都有业务，但这次和工商银行的合作是"前所未有的结合"。

第二次交锋：发展路径之争

安盛集团的经营理念一直是以公司评估价值的增长为业务发展的核心导向，坚持发展能够体现寿险特点、边际利润率较高的期交保障型产品。依托这一经营理念，安盛集团在全球很多国家的保险业务经营中取得了成功，并经受住了国际金融危机的考验。亨利饶有信心地认为："安盛集团的经营理念及成功经验可以移植于中国，能够给中国市场带来有竞争力的银保产品和优质服务。"

保险保障功能是寿险业的立身之本，与银行等其他金融机构的投资理财功能相比，保险的突出特点和优势是运用大数法则，使客户通过在现期投入少量的资金成本，防范未来较大程度的风险。如果说金融机构的理财投资功能是为客户锦上添花的话，保险保障功能则是为客户雪中送炭，是人们实现经济社会稳定生活不可或缺的保障。因此，这也成为寿险公司在金融服务日益综合化、多元化的形势下培育差异化竞争优势，在金融市场中脱颖而出的关键依托。然而，理论与实际的有机结合才能形成真正的生产力。中国寿险市场仍处于培育期，广大客户的保险意识与发达国家相比仍有一定差距，更多时候视保险为一种投资手段，将保险产品与信托、基金、银行理财产品等量齐观。在这样的市场环境下，不能一味阳春白雪，而应因时度势、因势利导，建立一套理性的发展规划，使理想循序渐进地照进现实，先在市场竞争中站稳脚跟，再逐步使保险保障的理念深入人心。

安盛集团是全球最大的保险公司，有经验也有很好的产品，但在中国的保险子公司很小。中国办保险要依靠中国力量，在中国的外资保险公司，除了某些进入时间较长的外，大部分规模都比较小。确实，外来的和尚即使满腹经纶，有时也免不了水土不服，舶来的真经如果不能接上国内市场的地气，往往会遇到隔靴搔痒的尴尬。

在工银安盛人寿管理人员的第一次见面会上，我提出"盈利能力是衡量一家公司经营绩效的重要标准，不存在长期亏损的一流保险公司。我们很自豪地说，工商银行集团没有一家子公司是亏损的，也不会允许任何一家子公司持续亏损"，要求工银安盛人寿"制定切实可行的措施提升盈利能力"。以后在和安盛集团高层及合资公司管理层接触中，我都强调工银安盛人寿要制定切实可行的措施，提升盈利能力，提出合资保险公司应该走兼顾规模与价值增长的发展道路，正确处理好远期规划与近期目标、盈利与评估价值增长之间的关系，既要关注公司长期评估价值的发展，更要确保持续、稳健的盈利回报。我的这一要求逐渐被安盛集团理解和接受，成为公司管理的经营方针，并最终取得成效。

第三次交锋：经营管理权之争

虽然同意放弃之前在金盛人寿的控股股权，但安盛集团仍希望获得合资保险公司的经营管理权，由它们委派公司的总经理，负责公司经营管理。

亨利坦率地表示，"我在这一行20多年了，看到许多金融机构非常热情地进入保险行业，比如花旗、富通、瑞士信贷等，最终以失败而告终"。对于安盛集团而言，"对合资保险公司的投资不仅仅是财务投资，而是长期合作，旨在打造一家百年老店"。由于对合资保险公司经营的重视，安盛集团坚持选择一位精通保险业务的人才来担任合资保险公司的总经理这一重任。

同样地，工商银行对这家合资保险公司也非常重视，"我们进军保险市场的谋划已久，这次是不可多得的政策机遇，一定要好好把握"。

工商银行也提出了由其委派合资公司的董事长和总经理，并负责公司经营管理的方案，这与安盛集团希望工商银行委派副总经理，主要负责银保渠道发展的想法产生了出入。双方都拥有一系列的经营业绩来佐证自己的经营实力，对于合资保险公司的经营管理权互不相让，谈判一时间陷入了胶着状态。

双方分歧的一个主要原因在于安盛集团对工商银行综合经营实力的不了解、不信任，主观认为工商银行缺乏保险专业人才，只能做好银行保险渠道方面的工作。我直白地捅破了这层纸，强调要拿实际的经营业绩说话，并开创性地提出了由工商银行和安盛集团、五矿集团共同管理的概念。工商银行项目团队设计了"股东会＋董事会＋执行董事长＋管理委员会"的共同管理组织架构，通过管理委员会的机制设计，既体现了民主集中决策的精神，又为发挥各方股东业务所长提供了空间，最终得到了安盛集团的认可与同意。

第四次交锋：网点排他安排之争

保险公司常说一句话，就是"渠道为王"。特别是在保险产品同质化明显的当下，谁占领了渠道，谁就牢牢锁定住了目标客户群，从而能够把握先机、抢占市场。在与商业银行合作时，银保渠道往往是保险公司关注的重中之重。为了更多地从渠道中获益、在竞争中领先同业，保险公司一般希望银行能够提供渠道的排他合作。安盛集团在与工商银行谈判股权合作条件时，也将银保渠道的排他销售安排作为主要合作条件。

对工商银行而言，银行网点排他销售是一项重大决策，会对商业银行的零售金融业务、机构金融合作以及客服质量带来影响。我在与亨利的会谈中，仍旧是采取直指利害核心的策略。首先，展现合作诚意，争取相互理解和共识。我表示，"工行与安盛作为工银安盛的共同股东，双方在合资寿险公司上的利益诉求是相同的、一致的"；接着话锋一转，给亨利在业务发展上吃一颗定心丸，表示"工商银行有信心、也有实力推动合资保险公司实现保费规模的跨越式增长"，并强调，"对合资寿险公司未来发展的信心，来源于工商银行庞大的客户基础、广泛的网络覆盖、雄厚的资金实力、卓著的品牌影响和领先的科技系统。工商银行将充分发挥银保业务的领先实力支持合资寿险公司业务开展，合资公司的跨越式发展并不需要排他网点就可实现"。

安盛方面对此仍然存有疑虑，甚至表示如果不能实现网点排他，将会动摇安盛集团进行合作的信心。双方的谈判再一次陷入了僵持，而此次，安盛集团的态度显得异常坚持。

就在此时，一个极富戏剧性的情节出现了。安盛集团再度来京，表示要与工商银行进行"最后的谈判"。安盛集团来了一大队谈判小组：一群西装革履来自安盛集团法律、战略、业务等不同部门的项目人员和资深律师。

谈判中，我们一方面继续坚持不同意设置排他网点的立场，另一方面与安盛集团的项目组工作人员一起，根据工商银行网点的银保业务实际情况对未来合资保险公司银保渠道保费规模进行模拟测算，打消安盛集团的疑虑、坚定其合作信心。在逻辑测算严密的数字结果面前，安盛的顾虑烟消云散了。最终，工商银行"用事实说话"，成功说服安盛集团不再坚持要求排他。

五矿决定留下来

保险行业的业务特点决定了保险公司需要大量的资本投入和长时间的市场培育才能走出萌芽期，实现盈利。从 1999 年金盛人寿正式成立到2010年底，金盛人寿一直处于初期积累阶段，持续的亏损和注资使五矿集团一度动摇了投资保险行业的信心，萌生过完全退出的想法。当得知工商银行即将控股合资寿险公司后，出于对工商银行银保业务实力的信心，五矿选择了留下来，与工商银行和安盛集团一起，共同在保险市场合作经营，这无疑是对工银安盛未来发展前景看好的最佳证明。五矿集团是全球500强企业、中国最大的矿业集团之一，除矿业外，在金融、房地产、物流等其他行业也均取得了优异的业绩。它的加入势必会为合资保险公司未来的业务发展带来颇多助力。

五矿集团令人鼓舞的选择也给项目工作组直接带来了一个现实问题：如何安排三方股东新的股权结构。工商银行的并购立场非常明确：只做战略控股收购，不做财务投资。而安盛集团则是在经过工商银行反复游说和内部缜密研究后才最终同意放弃控股股权地位，进一步降低股比也很困难。股权结构是一个并购项目的核心和最基本条款，如果不能就此达成一致，整个项目也就无从谈起。

为促成项目，我们在初步估算合资保险公司未来业务规模的基础上，为安盛集团和五矿集团算了一笔经济账：从1999年成立，经过近十年的发展，金盛人寿业务规模逐步提升，达到了十亿元级的规模。而按照保险市场的一般增长速度和工商银行在银保市场的市场份额，新的合资保险公司业务规模将以百亿计，这是金盛人寿之前所难以企及的。仅以业务规模衡量，合资保险公司1%的股权比例对应的市场份额，就已经相当于金盛人寿至少10%的股权比例所能够占有的市场份额，甚至更多。

基于对工商银行和合资保险公司的信心，安盛集团同意了降低在合资保险公司中的股权比例，并展现出了积极的合作诚意，和五矿集团一起接受新的股权结构安排，在收回大部分初始投资的前提下，大幅降低在新公司的股权比例。最终，三方就新公司股权结构安排达成一致意见：工商银行持股60%，安盛集团持股比例由原金盛人寿时期的51%降低至

27.5%，五矿集团持股比例由原金盛人寿时期的 49% 降低至 12.5%。

"Lapin" 不分昼夜的工行执行力

当三方合作伙伴几经辗转就合资保险公司的公司治理框架性安排和股权结构基本达成一致时，时间已经走到了 2010 年中。同业中，一些试点银行的银保合作已取得实质性进展：交通银行于 2009 年 9 月获批收购中保康联人寿成立交银康联人寿，北京银行于 2010 年 4 月获批收购首创安泰人寿成立中荷人寿，市场上关于建设银行与荷兰国际集团（ING）旗下的太平洋安泰人寿达成交易意向的传闻也不绝于耳。对安盛集团和五矿集团而言，此时已经将国内保险业务的成败完全系于工银安盛人寿能否成功设立一线，其急迫与焦虑之情毋庸讳言。根据惯例，出于商业保密的考虑，并购项目都会有一个代号名称，安盛集团为项目起的名是"Lapin"（法语中的"兔子"），希望这个项目能够像兔子奔跑的速度一样迅速推进。

时间紧、任务重，加在工商银行项目组肩上的压力也一天天在增加。作为银行试点投资保险公司的收官之作，对金盛人寿的收购不容有任何差池，这是一场质量与效率兼顾的攻坚战。三方项目代表紧密配合，在敲定最终签约时间后，逐一倒算项目各关键环节时间点，制定了一份缜密、紧凑而又布局合理、事无巨细、一一包罗的时间表。

在时间表的拟定过程中，中西方不同的文化理念还碰撞出了一些有意思的小插曲。譬如，西方人比较注重工作和生活之间的平衡，一般节假日都选择与家人度过。安盛项目组一开始便明确表示希望能够将法国假日空出来，不要影响生活。出于对合作伙伴工作和生活习惯的尊重，工商银行项目团队同意了这一建议，并计划合理高效地安排时间，利用安盛项目组的休假期间开展工商银行内部的汇报审批等工作。

到了最后冲刺阶段，几乎是分秒必争。安盛集团也深感时间不够用，曾满怀歉疚、不乏犹豫地向工商银行项目组试探，希望酌情考虑在中国的十一国庆长假期间，安排部分时间进行协议谈判。他们担心，这样的"不平等"要求会因打扰工行项目组的假期而遭到拒绝。出乎他们意料，我们毫不犹豫地答复："没有问题，我们的团队可以在十一假期期间全天候工作。"

十一长假期间，项目组高效地完成了协议核心条款和交易关键内容的谈判磋商工作，践行了"不分假期、全天候工作"的工商银行精神。事实上，项目团队不仅放弃了假期休息，更是达到了早八点到晚十二点的高强度作息安排，甚至连续几天工作至凌晨一两点。安盛深切体会到了工商银行的高效执行力，不由对这支极具敬业精神和专业素养的并购团队竖起了大拇指，无形之中也对工商银行发展保险业务的勃勃雄心和宏伟规划更为信服。

左边第三位起，分别是时任交通银行行长牛锡明，上海市委常委、浦东新区区委书记徐麟，安盛集团董事长亨利，上海市政协主席冯国勤，我和工商银行行长杨凯生

　　回顾那段紧张的协议谈判时光，工商银行的项目团队始终坚持有理有据有节的谈判原则，一方面，充分阐明工商银行的经营战略思路、坚守工商银行的谈判底线；另一方面，从合作的战略大局出发，求同存异，积极促进各方统一思想、携手合作。能够在这样高强度的压力下做到这一点的，还是一支平均年龄不过 35 岁的年轻团队。

　　说到工商银行项目团队的平均年龄，最初安盛方面的谈判代表还曾半开玩笑地表示，自己在和一群"娃娃兵"打交道。但短时间的谈判交锋，很快便让他改变了看法，意识到这是一群需要他打起十二分精神来对待的合作伙伴。

　　再到后来，双方在长期的磋商谈判中建立起了战友般的情谊，虽然有争论和争执，更多的时候是互信互谅。在沟通中，双方都能感受到彼此对于合资保险公司能否取得经营成功的关切与重视，尤其到协议条款磋商的后期，磋商与争论的焦点，往往不是某一方利益的多寡，而是站在共同利益的基础上，越来越多地关注于怎样安排才能够确保合资保险公司的成功运作。

　　"事后回想，那段时间的谈判，往往都要在凌晨的时候才能够达成一致，并不是由于哪一方在疲劳战术轰炸下的最终妥协，而是因为经过一天的沟通、协商，彼此间的交流理解在这个人最为沉静、清醒的时刻恰到好处地达到了火候。"工行项目组某负责人在回忆最激烈的那段谈判时光时如是说。

　　2010 年 10 月 28 日，经过两个多月紧锣密鼓的协议谈判，各方最终就合作经营寿险业务达成了一致。就在当口，工商银行董事会批准了投资金盛人寿项目，工商银行与安盛集团、五矿集团正式签署了股权交易协议，等待监管批准。从这一天开始，三方从之前既是谈判对手又是合作伙伴的"亦敌亦友"状态，正式成为一个战壕中的战友，为着实现共同目标而精诚合作的团队。当然，大家也都很清楚，一切才刚刚开始，未来的路很长，肩上的担子依然很重。

紧密协作：将合作进行到底

2012 年 7 月初，在工银安盛人寿成立大会召开前夕，亨利专程致电我，表达了对工银安盛人寿成功设立的喜悦与激动之情："一直以来，是您不断坚定我对项目的信心，最终促成了合资寿险公司的正式开业，对此我深表感激。相信我们的合资保险公司将会引领保险行业一个新的时代，希望我们携起手来，朝着共同的目标不断迈进。"

诚如亨利所言，项目一路走来经历了诸多考验，正是通过项目团队全体成员的辛勤努力、项目推进过程中一次次的磋商谈判，彼此互谅互让，逐渐取得互信，成功地实现了银行和保险领域两大金融巨头的握手。

就在三方刚刚正式签订合作协议之后的 2011 年，中国寿险市场经历了"最困难的一年"，受到整体经济转型调整和资本市场不景气的影响，再加上市场利率持续上行对保险产品的替代效应，寿险市场的整体业务规模不断萎缩，从第一季度市场规模同比萎缩 2.5%，发酵至第三季度的规模同比降低 15.1%。随后银监会下发《关于进一步加强商业银行代理保险业务合规销售与风险管理的通知》，叫停了保险公司销售人员之前在银行网点驻点销售的普遍做法。这一对保险公司近年来一直倚重的银保渠道的重磅一击，进一步导致保险公司整体保费收入下滑。

此时的工银安盛人寿尚在襁褓之中，正在等待监管批准后正式挂牌。市场袭来的意外寒流给刚刚开业的工银安盛平添了一抹不确定性。我敏锐地捕捉到外方合作伙伴对于合作前景的疑虑与隐忧，及时地与亨利进行了多次会谈沟通，一次次地传递着工商银行对合资保险公司业务发展不变的承诺和对未来业绩的坚定信心。行动胜过千言万语，在交割尚未完成，还未正式成为工银安盛人寿的股东时，工商银行已经开始动员网点渠道积极协助推动合资保险公司的产品销售，在整体低迷的市场环境下，为合资保险公司的业务发展带来了一股暖流，注入了强劲动力。

2011 年，在工商银行的大力支持下，金盛人寿实现保费收入 16 亿元，较上一年度翻了一番以上，创造了有史以来最快的业务增长纪录。金盛人寿当期令人满意的业绩和工银安盛人寿未来一个个振奋人心的业务计划数字摆在安盛集团等股东的面前，工商银行用事实说话、用实力说话，通过最直接、最有效的方式表现了合作诚意、坚定了合作伙伴的信心。

切磋打磨，乃成良玉，整合过程中的点滴

之前的十一次收购形成了工商银行特有的并购文化，加之全行的协同配合，为工商银行积累了较为丰富的整合经验。当你并购过十次以上，很多事儿就轻车熟路了。尽管如此，此次并购由于其独特性与复杂性，既是商业银行试点投资保险公司的跨行业并购，又面临中西方文化的碰撞与交融，还包括不同行业在经营模式、管理理念上的冲突，这些都为整合工作带来了颇为严峻的新挑战。工商银行对此给予了高度重视，通过预先周密准备、耐心细致沟通、高效实施整合，以理念磨合与文化融汇为基础，充分调动发挥项目筹备组和机构全体员工的积极性，确保并购整合中的业务平稳过渡、管理无缝对接。

2011 年 4 月初，根据商定的筹备安排，工商银行选派得力的管理人员，以项目观察员和筹备组的身份进入金盛人寿，着手与安盛和五

矿派驻的公司管理层一同进行整合筹备工作。在四人组成的筹备组中，组长孙持平曾先后担任过工商银行三个经济大省的省分行行长，另外三位筹备组成员也曾担任省行副行长或总行部门副总经理，有逾十年的金融从业、管理经历。强大的管理层阵容也证明了工商银行对于与安盛集团和五矿集团进行战略合作的高度重视，对合资保险公司未来发展所给予的特别关注。

同时，在工商银行总行将这一时期的项目工作定位于求同存异、精诚合作，工作重心着重放在与安盛集团增强沟通与理解，强化双方的协作配合上，显著增加与安盛集团代表的沟通频率，通过一次次各种形式的友好、坦诚交流，拉近双方的距离、增强彼此的了解。在工商银行、安盛集团和五矿集团的密切配合下，经过近两年的整合，工银安盛人寿以崭新的面貌、令市场惊艳的发展速度踏上了新的征程，一颗寿险市场的新星冉冉升起。

抽丝剥茧，梳理公司治理架构

权责分明、相互协调、有效制衡的公司治理机制，是现代公司高效运作、良性发展的必要前提和根本基础。对于工银安盛人寿筹备工作而言，这正是第一要务。作为一家拥有三方股东的中外合资寿险公司，工银安盛人寿的管理团队来源多样、文化背景各异，客观上在成立初期一定会存在经营理念的碰撞与中西文化的冲突，需要通过建立健全、科学、高效的组织架构和管理机制实现有效的激励约束和制衡。良好的公司治理是公司健康发展的前提，要求工作团队以完善公司治理为突破口和筹备整合工作的重要抓手，做好工银安盛人寿的各项整合工作，实现公司经营与管理的有机融合、高效运作。

工行与安盛公司高管视察工银安盛保险

　　筹备组进驻合资保险公司之后，第一时间与公司原有团队进行了全方位、多维度的接触与沟通，包括公司高级管理层、部门主管、区域中心负责人乃至部门中层管理人员，并积极走访了合资保险公司各省级、市级分支机构，参加产品、投资、销售等业务会议，积极融入公司业务运营和管理体系，介绍工商银行的情况、大股东的经营理念和对保险公司的期望，鼓舞士气、激发干劲，增强向心力和凝聚力。

　　随后，工商银行项目组和派驻工银安盛筹备组一起，对金盛人寿现有的管理规章制度和组织架构进行了系统梳理。在与安盛集团进行了充分的沟通磋商后，股东层面达成一致意见。根据工银安盛人寿正式成立这一新的形势变化，对之前金盛人寿时期的一些管理体系架构和决策流程进行了完善和优化：强化股东会、董事会和监事会的职能发挥，确保公司的独立自主运营；精简总部和分支机构的管理层级，推动扁平化管理；明确公司经营管理层的组成人员，规定公司各层级管理人员的职责权限划分，厘清部门间的管理条线和汇报路线，实现高效决策、杜绝推诿扯皮。

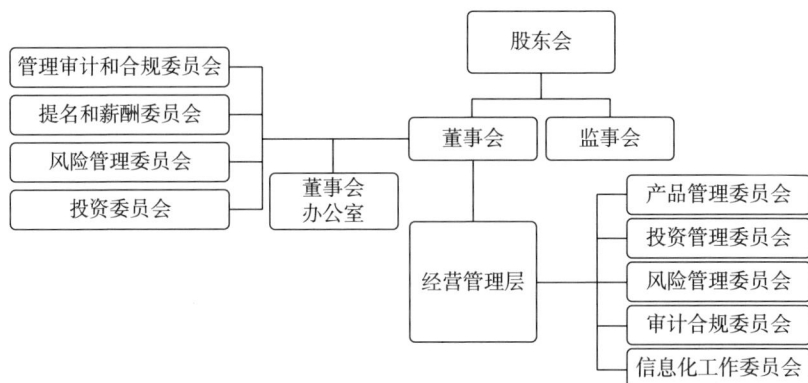

图 12 –1　工银安盛的公司治理架构示意图

标识设计的特例与统一

如今，当你走进工商银行的某一家网点，浏览理财信息的公告板，或站在柜台前签署业务单，或在 ATM 上办理自助业务时，也许不经意间，你就会注意到工银安盛人寿的产品宣传册整齐醒目地摆放在那里。显著的标识先映入你眼帘：同样的 ICBC 和"工"字徽标，提示着你，她来自陪伴多年的老朋友——工商银行，而标识后面 AXA 的特征徽章又告诉你，这家保险公司拥有的法国血统，烘托出这家公司产品的国际范儿。

细节决定成败，合资公司的标识设计也经历了一番周折，背后凝聚了项目工作人员的颇多心血。作为工商银行和安盛集团合资共同设立的寿险公司，新标识既要彰显两家大股东的经营背景和行业地位、突出公司的寿险业务特征，还要满足股东各方对标识的内部管理规范，可谓众口难调。为此，项目工作人员一度犯了难：根据工商银行的标识设计统一规范，子公司不得随意使用工商银行中英文名称和"工"字标识与其他内容进行组合；安盛集团则坚持要求，合资保险公司的

Logo 中应该含有安盛集团的徽标元素。两相僵持之下，安盛集团干脆建议，沿用之前金盛人寿标识模式，即将两方股东 Logo 简单并列组合成合资保险公司 Logo。

　　作为工银安盛人寿的大股东，工商银行并没有忽视合作伙伴的诉求。时任董事会秘书胡浩带领工作团队认真研究后认为，简单组合的方式不可取，一则这与工商银行的 CI 管理规范相悖，而且这种简单的拼凑，完全无法体现合资保险公司博采众长、融合各方股东优势的特点。为此，双方项目团队设计了多款不同样式的标识方案，广泛听取各方的意见，并积极会同工商银行派驻工银安盛项目组，与各方的标识设计管理部门进行多方讨论，最终确定了今天我们见到的工银安盛人寿 Logo：以工商银行集团旗下机构品牌 Logo 为主风格，辅以安盛集团徽标，体现出工银安盛人寿既作为工银集团成员，又拥有外方股东法国安盛集团丰富国际经验和技术支持的独特特点。

图 12 - 2　工银安盛人寿标识

　　在设计标识中公司的中英文名称时，又遇到了新的问题：考虑到标识的大小限制，Logo 中使用的公司名称不适合用全名，需要简洁有力，一目了然，因而选择了"工银安盛人寿"的简称。但在英文名的选择上犯了难：金盛人寿之前的英文全名是：AXA-Minmetals Assurance Co.，Ltd，若沿用这一模式，则工银安盛人寿的英文缩写就是 ICBC - AXA Assurance，而国内保险公司的英文名更多使用单词"Inssurance"，"Assurance"则在欧洲保险公司的名称中更常使用。为了突出合资保险公司人寿保险的功能特点，同时也避免在用词上的歧义或分歧，工商银行派驻工银安盛项目组反复斟酌后选择使用"ICBC - AXA Life"，既简洁明了、又清晰准确。

把脉未来，厘定中长期战略方向

工银安盛人寿 2012 年 7 月正式成立后，工商银行积极践行合作承诺，充分调动全行力量大力支持保险子公司的业务平稳过渡和市场规模快速扩张。短短半年的时间里，在我国寿险业整体发展较为艰难、寿险规模增长缓慢甚至出现下滑的背景下，工银安盛人寿实现了"逆生长"，业务规模接连翻番，从合资寿险公司的中游水平一跃跻身市场前列。优异的业绩不仅受到了市场的瞩目，也获得了监管机构的肯定。在业务调研时，监管机构充分肯定了工银安盛人寿的发展成绩，表示工商银行对银行系保险公司的发展最为重视，向工银安盛委派了资历深、经验丰富的高管层；积极调动全行上下的力量，从客户资源、渠道网点、信息科技和销售队伍等方面给予了工银安盛人寿大力支持。希望工银安盛能够再接再厉，充分发挥各方股东的强大优势，积极探索创新，将保险业务做大做强，为中国保险业的发展贡献力量。

在优异的成绩面前，工商银行并没有沾沾自喜、故步自封，而是及时总结保险子公司在发展过程中的经验教训，百尺竿头，更进一步，向着更长远的目标继续迈进。总结工银安盛的经营成效和发展经验，更重要的是居安思危，深入分析工银安盛经营发展过程中潜在的问题，制定切实可行的改进措施和完善方案。工银安盛人寿成立一周年之际，我们提出要为工银安盛的未来发展找准方向，制定中长期发展战略规划。胡浩召集总行财务会计、人力资源、个人金融、机构业务、信息科技、电子银行、风险管理、资产负债等近十个部门，共同为工银安盛人寿剖析现在、把脉未来。针对当下国内寿险市场同业竞争日趋激烈、产品同质化明显的现状，提出了工银安盛人寿回归寿险保障功能、培育差异化核心竞争力、走规模与价值兼顾道路的整体战略发展思路。

工银安盛人寿高级管理层根据这一发展思路，及时推进战略转型和业务结构优化调整，2013 年全年实现盈利约 0.2 亿元，提前超额完成股东要求的一年打平、两年盈利的目标，更是打破了新设寿险公司 7 年实现盈利的平均纪录。

2013 年 11 月，银监会、保监会发布了《关于进一步规范银行、邮政保险代理渠道销售行为的通知（征求意见稿)》，推动寿险公司的银保渠道产品由之前投资分红型产品向保障型产品发展。这一监管文件的颁布，引起了市场的广泛关注和讨论，业界普遍认为，这一监管新规带来的，将是整个寿险市场的结构重组和格局变迁。其中，几家欢喜几家愁，对于产品结构中保障型产品占比较高的公司而言，这无疑是一次发展机遇，将使其进一步占领银保渠道，获得更高的市场份额；而对于缺乏产品创新意识、以投资分红产品为主的寿险公司而言，这则是一场历练，如果能够及时转型，则会脱胎换骨，否则，则会伤筋动骨。在工银安盛中长期发展战略中，已经明确提出、提前部署了优化产品结构、加强产品创新、提高保障型产品占比的有关方案措施，工银安盛又一次取得了先机。

不谋而合的绩效管理理念

优化了公司治理架构，解决了公司发展中的制度问题；找准了未来发展的战略方向，解决了公司发展中的目标问题；有了好的机制、清晰的目标，轻装上阵的工银安盛人寿要实现引领寿险市场发展的宏伟抱负，需要一支经营得力的经营团队，需要公司全体员工的同心协力。人员队伍是所有目标、方针、政策的最终执行者，是决定经营绩效优劣的最直接、最关键因素。有效的激励约束机制、科学的薪酬分配管理体系，是充分调动工银安盛人寿员工主观能动性和工作积极性，有效提升团队执行效率的法宝。我们特别强调了建立与业绩紧密挂钩的绩效管理体系调动员工积极性的重要性。随即，两方的工作团队又一次投入紧锣密鼓的薪酬考核机制磋商工作中。

在与安盛集团亚太总部薪酬管理方面负责人员的沟通过程中，工商银行惊讶地发现，虽然工商银行与安盛集团在具体绩效考核计算公式中存在一些差异，但在绩效考评原则、薪酬分配规则、福利制度方面的主旨思想基本一致，体现了两家机构在人力资源管理方面具有的严谨、审慎的精神。由于双方在薪酬激励基本理念和原则上的默契，合资寿险公司新的薪酬绩效考核体系水到渠成地达成了一致。

雏鹰展翅，工银安盛今日风采

金盛人寿踏上了加速发展的快车道，向世人充分展现了"工行速度"的魅力。一位接近市场人士这样描述对金盛人寿重组转型为工银安盛人寿后的印象：作为中国工商银行投资的寿险公司，毫无疑问工银安盛人寿的业务规模将会出现快速扩张。但是超出市场预期的是，没想到工银安盛人寿的增长会来得这么迅猛。

数字胜于雄辩。2011 年全年，金盛人寿实现保费收入 16 亿元，较上年增长 110%。2012 年 7 月，工商银行完成了对金盛人寿的控股并购并正式挂牌后，保费收入的增势迅猛，仅 2012 年下半年工银安盛实现保费收入近 41 亿元，较 2012 年上半年约 6 亿元的保费收入增加了 35 亿元；2013 年，工银安盛全年实现保费收入近 103 亿元，同比增长 116%。伴随着业务规模的快速增长，工银安盛的市场地位也迅速提升。被收购前，金盛人寿在合资寿险公司排名第 16 位左右，截至 2015 年末，工银安盛实现保费收入约 235 亿元，总资产规模突破 660 亿元，在国内合资和银行系寿险公司中稳居第一位，让市场充分领略到了"工行速度"的神奇魅力。

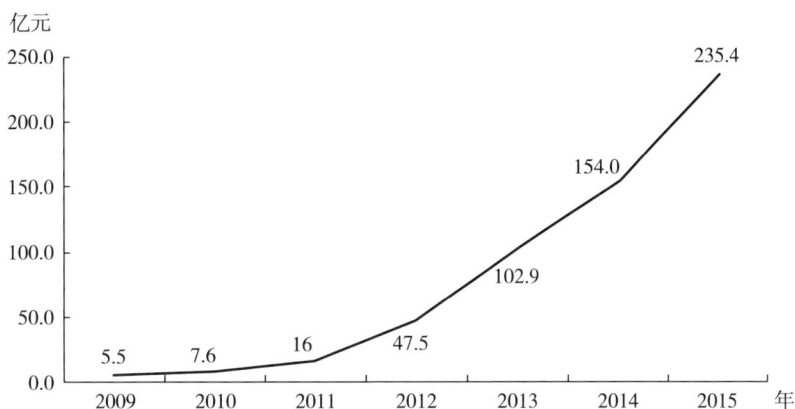

图 12 - 3 工银安盛收购前后业务规模扩张情况

并购改变的，不仅仅是业务规模和市场地位。开业短短一年的时间内，工银安盛人寿迅速实现了盈利能力的提升，2012 年下半年即实现了同比大幅减亏，2013 年则更进一步，实现了扭亏为盈，提前超额完成了盈利提升计划。2014 年再接再厉，盈利能力快速提升。2015 年，工银安盛实现净利润 4.5 亿元，同比增长超过 5 倍。从国内寿险公司的经营经验来看，平均实现盈利的周期是 7～8 年。合资寿险公司中，友邦人寿开业 7 年左右实现盈利，信诚人寿开业 9 年实现盈利；中资寿险公司中，太平人寿、生命人寿开业第 5 年左右实现盈利。被收购后的工银安盛人寿仅用一年时间便度过了一般新设寿险公司需要 6～7 年才能度过的亏损期，这就是兼并重组的魅力。

第十三章

破冰之举
中资银行在美国首次控股收购

——收购美国东亚银行

    2012 年 5 月 10 日凌晨（美国东部时间 5 月 9 日），工商银行收购美国东亚银行 80% 的股权终于获得了美联储的批准。这是一个期盼已久的好消息，从 2011 年 1 月宣布该项目收购起，工商银行已经历了近一年半的艰苦漫长的申请过程。美联储在长达 31 页的批准书里对中国银行业、中国银行业监管机构、工商银行作出了积极正面的评价和认可。收购美国东亚银行 80% 的股权是工商银行自 2010 年和 2011 年分别收购加拿大东亚银行和富通银行在美国的机构交易服务部门后，在北美市场的再次发力。此次收购是中国境内银行首次获批在美收购银行控股权，意味着美国从此放开对中资银行在美控股权收购的限制，为中资银行打通了进入美国市场的通道，是中美两国金融对等开放层次、广度和深度进一步提高的重要标志。同时，这次交易也为工商银行填补了在美零售银行牌照的空白，提升了在美机构的全面服务能力和业务网络。2012 年 11 月 29 日，美国东亚银行正式更名为中国工商银行（美国）（以下简称工银美国）。工商银行通过纽约分行、工银金融、工银美国的优势互补和协同运作，在美国本土形成了完善的批发银行、证券清算、零售银行服务平台。

美国市场是工商银行一定要进入的市场

伴随中国经济发展和改革开放，中资银行在美国也经历了颠簸起伏的发展道路。美国是全球最大的经济体，中美经贸关系密切，双边往来增长迅速，银行业务潜力庞大，是全球主要银行的重要目标市场。美国监管机构长期以来对中资银行进入美国市场持限制态度，2008年国际金融危机后，美联储对工商银行收购态度趋于开放，时机难得。并购目标美国东亚银行规模较小，网点布局和业务发展情况与工商银行在美机构契合度较高。收购美国东亚银行可以使工商银行进一步完善在美国的经营牌照，快速提升在美机构经营实力，推动工商银行国际化水平的进一步提升。

为与中国经济全球化和中国企业"走出去"步伐匹配，工商银行在2001年提出了"壮大亚洲，巩固欧洲，突破美洲"的跨国经营战略，国际化发展提速，积极推进在北美地区的机构网络布局是其中的重要内容。2008年，工商银行纽约分行完成申设，工商银行布下了进军北美的第一颗棋子。2009年和2010年，工商银行分别收购了加拿大东亚银行和富通银行在美国的机构主经纪交易服务部门（Prime Dealer Services，PDS），先后成立了工银加拿大和工银金融服务有限责任公司。这两项交易为工商银行收购美国东亚银行，进一步拓展在北美地区的机构网络和业务布局奠定了良好的基础。

2009年，工商银行收购加拿大东亚银行。这是中资银行在北美地区完成的首次银行控股权收购，也是工商银行在欧美发达国家收购的第一家海外机构。这项交易使工商银行获得了加拿大银行业牌照和客户资源，完成了加拿大市场的突破。加拿大金融体制监管严格，金融机构也以保守、稳健著称，国际金融危机期间，全球对加拿大银行业的表现和稳定性评价较高。本次交易的获批充分说明了加拿大监管部门对工商银行经营能力和风险管控能力的认可，为工商银行在其他发达国家，包括在美国的潜在收购兼并活动提供了背书。

2010 年，工商银行收购富通银行 PDS 部门。这是工商银行通过并购资产实现境外业务线拓展和综合化经营的第一次成功尝试，也是中资银行在美收购资产的首次成功案例。收购 PDS 使工商银行迅速进入风险较低、收益稳定的机构经纪业务领域，实现了商业银行清算业务的自然延伸，进一步完善了工商银行在北美地区的业务布局，有利于工商银行加快融入当地主流市场。同样重要的是，收购 PDS 使工商银行积累了与美国监管机构的沟通经验，明确了美国监管对中资银行进入美国的态度，为后续工商银行在美国成功控股收购商业银行奠定了良好基础。

2012 年，工商银行成功收购美国东亚银行，这是工商银行北美发展战略的自然延伸和水到渠成之作。

寻找在美国的机会

此次并购之前，工商银行在美国已拥有纽约分行和工银金融两家机构。纽约分行持批发银行牌照，主要致力于公司金融、美元清算、资金交易三条业务主线。工银金融持券商牌照，主营证券清算、证券融资和证券存款，具备了一家典型美国证券清算服务供应商所必需的业务功能，为集团内相关的业务整合提供了较好平台。尽管工商银行在美机构经营状况良好，但总体来看，进一步发展空间受到业务牌照和营业网点等因素的制约。因此，收购一家具备零售银行牌照、在美拥有多个网点的美国当地银行将成为工商银行突破业务发展限制的重要途径。其实，早在建立纽约分行，收购富通证券清算业务时，工商银行就一直在跟踪研究美国的准入政策动向，寻找与银行发展契合潜在的收购目标。

外资银行进入美国有两种组织形式，一种是分行（Branch），另一种是子行（Subsidiary），两者在法律权责、业务经营范畴、资信负债上都有一定区别。分行不是独立法人，实际上是母行在当地的一个业务窗口，享有母行的资信和母行的资产负债表，因此有能力做大额的批发业务。但是分行往往不能够从事零售业务，不能吸收零售存款，而且一行一址，没有网点覆盖能力。另一个不足之处是分行的责任，无论是债务责任，还是法律责任均归属于母行，无法隔离风险。子行既是一个独立法人，也是一个有限责任公司，因此能够隔离对母行的风险。子行有自己的董事会和完整的自我管控体系。"拿到美国法人银行牌照，相当于拿到美国银行的本地户口，从而建立工商银行在美的零售平台"。实际上，子行就是一个美国当地的银行，可以开展监管机构允许的各项业务，包括批发、零售，而在美国国内设立网点没有太多限制。子行靠自己的资信和资产负债表开展业务，因此很多规模小的子行无力开展大额的批发业务。对工商银行而言，可以通过纽约分行从事批发业务，如果进一步拥有零售业务牌照，则可以吸收零售客户存款，从事如个人贷款、汇款、信用卡、理财等零售银行业务，并且可以通过子行的网络在地域上覆盖多个美国境内目标市场，增强在美的综合服务能力。

此外，中资银行在美国控股收购一家美国银行没有先例，其开创意义将大于一般市场收购行为。中美金融行业之间，中方的开放程度明显更高，2012 年，已有 14 家美资银行在华设立了 3 家独资银行、11家分行和 11 家代表处，美资还参股了中国国内 4 家证券公司、8 家基金管理公司和 1 家期货公司，美资背景的 QFII 已达 40 家。反观中资银行在美国的经营则仅限于寥寥几家分行，双方的开放程度明显不对等。在没有先例的情况下，收购美国主流银行困难会比较大。20 世纪 80 年代日本曾高调进入美国大举收购，一系列收购案的顶点是 1985 年日本松下收购美国哥伦比亚广播公司和 1988 年三菱买下曼哈顿的洛克菲勒中心。这同时也成为美国对日本大举收购态度的转折点，美国认为日本投资者买走了美国皇冠上的明珠，开始对日本投资有所关注。

在标的银行的筛选原则上，首先工商银行定位于拥有零售银行牌照，位于纽约州或加州，并拥有华资背景。这也符合工商银行当时的国际化基本策略，即做好对华人客户的服务。虽然美国华人比例不高，约 1000 万人，占美国人口的 3%（2010 年数据），但是在纽约州和加州，华人聚集，而且来自中国的新移民还在持续涌入。在这些地区，除了中国的公司客户，还有东南亚的公司客户。在纽约州和加州，中资银行有先天的个人客户和公司客户基础。

其次，目标银行要比较干净，规模适中，风险在可承受的范围内。工商银行正式决定启动收购项目时，也就是 2010 年末，美国经济度过了最危险的时期，房地产价格大幅下滑的情况有所放慢，有毒资产也有相当暴露了。美国的银行在 2008 年和 2009 年遭受重创以后，大多数银行 2010 年的经营状况也有所缓和，通过资本补充，银行的资本充足率达到了安全的水平。虽然银行良莠不齐，但是通过公开的监管报告研究和投行的分析，以及对目标银行市场区域的了解，能够较为充分地判断出潜在收购对象的风险程度。

最后，对方必须是可以信任的交易对手，愿意承受交易失败带来的不良后果。在没有把握的情况下，很少有银行愿意卖掉自己。因为一旦向外界公布出售意图，也就是向客户还有员工表明自己准备退出这个市场，已经心猿意马了。当时在市场上，几乎没有人看好美联储会让中资银行进入。2010 年一位美国律师拜访工商银行时，特意提到了某银行投资美国联合银行的事，"它们在 2007 年购入了美国联合银行 9.9% 的股份。2009 年，美国联合银行受国际金融危机的影响濒临破产，当时该银行提出愿意注资挽救这家银行，当然以控股该银行为条件。但最终美联储宁愿选择眼睁睁地静观这家银行破产清算，由投资人、纳税人来承担存款账户的损失，也没有给某银行这个'跨国救美'的机会"。具体真相是否如这位律师所说无法查证，但当时华尔街普遍的观点是美联储对银行业的准入控制非常严格，中资银行也好，甚至美国本土的私募基金也好，想进入银行领域极其困难。

有了上述考虑，工商银行为何决定和东亚银行联手，答案就一目了然。第一，美国东亚银行是一个全牌照的商业银行，是美国联邦银行，也就是法律意义上的全国性银行，可以在全美开设网点。在美国华资背景的银行当中，只有美国东亚银行和台湾永丰银行旗下的远东国民银行是美国联邦银行。第二，美国东亚银行规模不大，总资产为 7 亿美元，在美国排 350 位，且资产负债结构较为简单，主要是贷款和存款，没有在国际金融危机期间受影响最大的次级抵押债券、担保债务凭证（CDO）等资产。第三，美国东亚银行定位于服务华人，整体客户中约 90% 为亚裔人士。其共有 13 家网点，在纽约、旧金山、洛杉矶地区分别有 3 家、5 家和 5 家，全部网点均设于所在城市较为繁华的地区，且周边华人聚居比例较高，网点分布和客户基础都和工商银行的战略规划非常契合。第四，该行虽然在 2008 年和 2009 年连续大幅亏损，但随着美国经济的逐步回暖和东亚银行总行的注资，业务逐渐回稳，开始实现微利。该行从 2007—2009 年国际金融危机期间的持续大幅亏损转为 2010 年前三季度实现净利润 192 万美元，资本充足率也从 2007 年末的 9.88% 上升至 2010 年 9 月末的为 17.09%。第五，工商银行与东亚银行已经有了广泛的合作，双方早在 1987 年就建立了代理行关系，1998 年双方合作收购在亚太区拥有数十载投资银行经验的西敏证券亚洲业务，合资在香港成立工商东亚有限公司，2010 年初工商银行又完成了对加拿大东亚银行的收购。双方有互信，有实实在在的股权合作经历，在美国的一进一退也符合各自的发展战略。另外，这个交易是中国人卖给中国人，可以说是一个简单朴实的交易，能最大限度地避开不必要的关注。

追根溯源美国东亚银行

东亚银行在美国经营时间不长，要追根溯源得从它的国际业务拓展谈起。东亚银行成立伊始，就注重服务国际贸易，建立国际网络。东亚银行进入美国的想法在 1982 年开始酝酿，当时 8 家在香港注册的银行都已在加州或纽约设立办事处，由于香港和美国之间的贸易规模不断增长，香港在美国的投资逐步增加，很多香港人也开始移民美国，东亚银行出于服务客户的需要，着手进入美国市场。

1984 年，东亚银行获得了美国的银行牌照，纽约分行开业。起初，东亚银行在美国的业务以向客户提供房产贷款为主，兼做贸易融资业务。1988 年，东亚银行纽约分行拿到美国零售银行牌照，开始经营零售业务，包括吸收零售客户存款。之后，东亚银行在曼哈顿中国城坚尼路（Cannel Street）33 号拿到了现今工银美国大楼所在的地块，修建了一座七层高的办公楼，把纽约分行从曼哈顿中城搬至此处。1991 年，东亚银行又开设了洛杉矶分行，这个分行没有零售牌照，业务也以房地产贷款为主，兼营贸易融资。1994 年以后，美国不再给外资银行在美分行发放零售牌照。为了开展洛杉矶地区的零售业务，2001 年东亚银行收购了美国加州的 Grand National Bank，这是一家位于洛杉矶本土的小型华资银行，有两家网点。收购后，东亚银行把该行更名为美国东亚银行。不同于东亚银行纽约分行和洛杉矶分行，美国东亚银行作为东亚银行的子行，是一个独立的法人机构，虽然规模很小，但持有美国国民银行牌照，可以经营零售业务，因此成为东亚银行在美国的零售业务平台。2003 年，美国东亚银行总部迁至纽约。2006 年，美国东亚银行又收购了另一家位于旧金山的拥有 3 家网点的华资银行 National American Bank。截至出售时，美国东亚银行在美国有 13 家网点，其中 3 家在纽约，5 家在洛杉矶，5 家在旧金山。

当全球最大的银行面临全球最严的监管

任何外资银行进入美国，都必须获得美联储的批准。而收购美国银行比在美国设立分行门槛更高。简单来说，在美国设立分行只是总行在境外的延伸，不是当地独立法人，因此要承担无限责任，同时也只能做批发业务，不能做零售业务。在美国的子银行则与美国其他银行一样享受国民待遇，通常是全牌照的银行，批发、零售业务都可以做，同时作为独立的法人实体在法律上承担有限责任，最重要的是，被纳入美国存款保险制度的保护伞下。

2010 年 4 月，工商银行与美联储的高级官员探讨美联储对工商银行在美国控股收购一家小型美国银行的态度，当时得到的非正式回复是美联储不建议工商银行提交申请，但愿意为工商银行收购富通证券清算业务开绿灯。此后不久，纽约联储果然批准了工行清算业务的收购。2010 年 10 月 20 日，美联储一位高级官员访问工商银行，在会面中探讨了在美收购一家小型银行的可能性。他表示如工商银行提交申请，美联储会对申请进行审核，工商银行的请求得到了回应。工商银行在前期已经做了大量的研究和筛选，决定和东亚银行进行非正式的接触。双方同意就交易的主要条款开始非正式协商并启动尽职调查。

11 月 22 日，美国感恩节前一天。工商银行和东亚银行项目负责人在华尔街 10 号向纽约联储官员汇报了此项潜在并购交易。纽约联储约十个官员到会，是一场不简单的会议。会议很顺利，对方态度开明。2010 年 12 月 6 日，工商银行团队尽职调查结束，没有发现重大的影响交易的风险，协议谈判基本结束。随即向中国银监会等主要监管机构，以及向工商银行的主要股东财政部、中国投资公司和汇金公司做了汇报，并得到支持。

2011 年 1 月 19 日，在时任国家主席胡锦涛访美期间，中美两国发表联合声明，其中第三十二条写道："双方承诺深化在金融部门投资和监管领域的双边和多边合作，在符合审慎监管并与国家安全要求一致的情况下，支持为金融服务和跨境证券投资领域营造开放的投资环境。"这为中资银行对美国银行控股性的股权投资奠定了政策基础。2011 年 1 月 21 日，在胡锦涛主席访问芝加哥当天，工商银行和东亚银行在芝加哥签署了收购美国东亚银行 80% 的股权协议，工商银行以约 1.4 亿美元收购美国东亚银行 80% 的股权，东亚银行将继续持有剩余 20% 的股份，并拥有卖出期权，可按合同约定将其剩余股份转让给工商银行。一石激起千层浪，消息公布后，顷刻间传遍美国市场。签约半小时后，美国消费者新闻与商业频道（CNBC）、彭博（Bloomberg）等财经节目开始头条报道并评论这起收购，包括《华尔街日报》在内的全球权威财经网站纷纷将该条消息置于网站头条。英国《金融时报》（*Financial Times*）专栏文章指出，本次交易意味着一家中资银行被纳入美国存款保险制度的保护伞下，更意味着以监管严格著称的美联储对工商银行和中国银行业监管水平的认可。

2011 年 3 月 28 日，美联储负责外资银行准入审批的官员访问中国银监会，随后到工商银行总部进行实地考察。在与我和杨凯生行长短暂会面后，工商银行举办了一场沟通会，就工商银行的经营和风险管理情况向美联储官员做了详细说明。2011 年 4 月 21 日，经过长达 3 个月的精心准备，工商银行向美联储正式提交收购申请。每一个观点都反复考虑，每一段话都字斟句酌，每一个数据都反复核对，层层把关，确保申请书完美、准确。按照美联储的规则，其需要在 6 个月内完成审批。当然，美联储也留有余地，如有必要，可以展期 30 天，然后二次展期，三次展期直到批准或者否决。预计审批时间在 9～12 个月。

按照美国的法律要求，银行并购项目在提交申请时需要在报纸上公布，给当地民众30天时间让他们向监管部门提出意见。2011年4月22日，工商银行在《华尔街日报》和《纽约时报》公布了信息，同时美联储的网站也公布了信息。当时有人建议尽可能在当地的小报纸及长假日发布信息，以避免引起当地排华、反商业组织的注意。我们没有采纳，工商银行的想法是既要低调，更要正大光明。

申请提交后就开始了漫长的答疑过程。美国监管机构不断要求补充各种资料，提出各种问题。这是激动和艰苦交织的过程，激动的是新的、更深入的问题提出说明审批在往前走，艰苦的是每次要求回复的时间很短，有的是3个工作日，有的是7个工作日，要在很短的时间内收集数据，写出答复，完成行内部门和主要行领导的审查程序。

举个例子吧，周六，我们收到美国方面的新一轮问题，按照要求，3个工作日后必须回复。问题涉及按美联储要求提供过去5年工商银行海外业务的某些具体数据。收到要求后，所有工行海外机构在周一上班前给项目团队提供了相关数据。工商银行的数据中心立即加班加点地进行编程和运行，从而在系统里查找、提取需要的相关数据。周二晚，在各方努力下，工商银行并购团队取得了全部基础数据，开始紧锣密鼓地和律师们一起起草提供给监管机构的答复和解释，周三傍晚8时许，"新鲜出炉"的答复稿送到总行领导手里，最后再根据行领导的反馈进行调整补充，工商银行并购团队回忆，"直至周四凌晨3点最终定稿。好在美国华盛顿特区比北京晚12个小时，终于赶在截止日期之前提交了答复"。

周而复始，无数个不眠之夜

2011年11月24日感恩节，监管报批技术层面的问题已经基本解决，但对中美两国而言，金融业是高度监管，属于国家命脉性的行业，因此美联储迟迟按兵不动，似乎在等待一个合适的批准时机。

2012 年 2 月 14 日，时任国家副主席习近平访美，与美国总统奥巴马会面，中美双方发布了中美战略与经济对话框架下议定的《关于加强中美经济关系的联合情况说明》。其中第十七条："美国欢迎外国投资于包括银行业的各部门，欢迎经批准在美国开设分行的中资银行在美开展业务。美方继续承诺，对于中资银行开设分行、子行或收购美国银行机构股权的申请，提供在类似情况下与其他外国银行同样的审慎监管标准待遇。"截至公报发布时，已经有 5 家中资银行在美国开设分行（工商银行、中国银行、建设银行、交通银行和招商银行），因此该公告真正有突破性的表态是，对于中资银行收购美国银行机构股权的申请，提供在类似情况下与其他外国银行同样的审慎监管标准待遇。工商银行似乎有理由期待批准结果很快就要来了。

2012 年 5 月 5 日，中美第四次战略对话会议在北京举行。中方由时任国务院副总理王岐山主持，人民银行、财政部、商务部、外交部等主要领导参加对话。美方由时任国务卿希拉里主持，财政部部长格特纳、美联储主席伯南克等参加对话。我也参加了有关议题的对话。工商银行收购美国东亚银行控股权的主要决策人都在了，批准已经箭在弦上。美国当地时间 2012 年 5 月 9 日，距中美战略对话结束仅剩 3 天，美联储正式批准工商银行收购美国东亚银行 80% 的股权。美联储批准工商银行这一交易的批准书长达 31 页，足以显示美联储对该交易的重视，因为这是历史上第一次一家中国境内的银行获批在美收购银行控股权。美联储批准此次交易的理由包括：此次交易不会对美国银行业竞争造成负面影响，工商银行有足够的经济实力，工商银行在美分支机构年检成绩令人满意，工商银行有足够的国际银行业管理人才，工商银行的管理（包括内控和风险管理）自设立纽约分行以来又取得了显著进步，中国银监会对工行的监管已达到综合并表监管标准，工商银行在反洗钱方面作出了努力且成果令人满意，工商银行收购东亚

后排右边第四位起依次是东亚银行李国宝董事长、我、杨凯生行长、
王丽丽副行长。前排签字的是张红力副行长和东亚银行副总裁李民斌

银行（美国）有利于被收购行所在的社区等。同一天，美联储批准了
中国银行芝加哥分行、农业银行纽约分行的申请。2012 年 6 月 30 日，
美国货币监理署（OCC）批准了工商银行提出的未来美国子行的董事
会人选。此前中国银监会、香港金融管理局分别于 2011 年 3 月和 2012
年 6 月批准了本次交易。至此，项目交割的全部前提条件满足。

2012 年 7 月 6 日上午 9 点，工商银行和东亚银行的交易团队聚集
在工商银行总行会议室进行收购的最后交割。大家脸上洋溢着幸福的
笑容，发出支付命令，收到支付确认，交换各项交割法律文件，然后
捧着股东变更后的股票凭证一起合影。当日上午 10 点，一场始于 2010
年 10 月的历史性交易在 20 个月后完成了资金和股份交割。上午 11 点，
在工商银行总行的十层会议厅，两行举行了高规格却又十分简朴的交
割仪式，工商银行与东亚银行的十几位高管参加了仪式。这是一次具

有重要历史意义的交易，我在交割仪式上表示，"美国东亚银行的顺利交割，实现了两行的第三次战略握手，又是一次双赢之举。即使工商银行成功填补了在美零售银行牌照空白，进一步拓展了美国机构和业务网络，也使东亚银行实现了战略资源的优化配置，为今后两行继续携手同行，实现更大发展奠定了坚实基础。至此，工商银行在美国将拥有纽约分行、工银金融服务有限责任公司和美国子行三家机构，通过优势互补、战略协同，打造完善的美国金融服务平台，为广大美国企业和零售客户及中美经贸活动提供更加全面、优质、专业的金融服务，给当地经济发展注入新的活力"。

东亚银行主席兼行政总裁李国宝也对双方未来的合作充满期待，他表示："我们非常高兴能与工商银行携手营运，进一步巩固我们稳健的伙伴关系。我们首要的工作是为客户提供最优质的银行服务。得到工商银行的带领，我们将拥有一个可靠而深可信赖的合作伙伴，让我们维持一贯甚至提升更佳的服务水平。"

2012 年 11 月 29 日，美国东亚银行正式更名为中国工商银行（美国）。至此，工商银行在美国"三驾马车"经营格局基本形成。通过纽约分行、工银金融、工银美国的优势互补和协同运作，在美国本土形成了比较完善的批发银行、证券清算、零售银行服务平台。

海外收购兼并没有神话

在许多小说家和电影导演的描绘中，海外收购兼并是一个紧张浪漫，充满故事性的过程。有尔虞我诈，勾心斗角；有一掷千金，一泻千里；有蛇吞象，螳螂捕蝉黄雀在后。总之，海外并购充满奇迹和神话。而在操作者的眼中，海外并购是一个艰苦、漫长，甚至枯燥的过程，要审查每一个数字，要谈判每一个细节，要克服无数的困难，要承担巨大的压力，海外并购没有奇迹和神话。

2012 年 2 月，国内媒体报道有温州商人以 6000 万美元收购了美国太平洋银行，文中引述该商人的话："这是一家老银行，有开展各种信贷业务的权限。虽然在金融危机中资不抵债破产了，但资质好。"在美国，"银行牌照没有任何成本，这跟国内不同。投资主体必须是美国本土公司，这样美国政府才不会插手阻拦，我们必须向对方证明，这是纯粹的个人行为。我们是以自由资金纯市场运作。"文中描述了该商人如何在维尔京群岛注册控股公司，然后以该控股公司在美国成立财团，又以该财团作为正宗美国本土公司的身份收购大西洋银行的迂回过程，接着又表述了该银行准备在美国为华人提供转存业务，2012 年实现 500 万美元盈利，在全球雇用员工的美好前景，同时又说美国风险投资者闻讯后向该商人表示，愿意一次性出资 1.2 亿美元以换取他收购银行 30% 的股权。这个消息轰动一时，引来一片叫好之声，毕竟私有资本在中国很难开办银行，结果中国商人却能把美国的银行拿下，财技高超，前景光明，而且瞬息之间实现了增值，仿佛创造了一个海外并购的神话。可惜这个神话在一个月后就破灭了，新华社记者发现这是情节离奇的虚构故事，中国商人大西洋银行的收购像空中爆炸的焰火，一刻的耀眼后变成了灰烬。从美国货币监理署（OCC）、联邦存款保险公司（FDIC）和美联储的记录中均未查到中文官方译名为"美国大西洋银行"的银行机构，或任何具有相似英文名称的机构。报道中的图片不足以证明该商人和大西洋银行（Greater Atlantic Bank）的任何关系。大西洋银行由于经营失败被 FDIC 接管。FDIC 于 2009 年通过协议将大西洋银行的存款账户和其他资产售予 Sonabank。Sonabank 成立于 2005 年，是 Southern National Bancorp 的全资子公司。Southern National Bancorp 的 2011 年股东大会说明书第 32 页列出了 Southern National Bancorp 最大股东，而当中并不包括该商人或相关报道提到的维尔京群岛公司。Southern National Bancorp 是一家上市公司，任何个人或公司收购其 5% 或以上的股份均必须报告美国证监会并包括在公司的股东大会说明书中。而股东大会说明书之后，没有任何关于该商人个人或其公司的报告。结论是：该商人和 Southern National Bancorp, Sonabank 或大西洋银行均没有关系。

"作为海外银行收购的亲历者，我们深知海外并购充满风险，尤其在高度监管和国家命脉类的行业，政治、法律、监管风险与商业风险交织，有时的确是步步惊心，如履薄冰，需要踏踏实实，认认真真，一丝不苟，日复一日地做好每一个细节，要有顶尖的团队，智慧和苦干并重，战略和战术并重，才有可能成功完成一笔并购。并购的世界有机会，有风险，但是没有奇迹和神话。"工商银行战投部并购负责人如是说。

对待政治压力的平常心

2012 年 5 月 9 日，美联储批准了工商银行收购美国东亚银行，以及中国银行开设芝加哥分行、农业银行开设纽约分行的申请。5 月 10 日，美国一位重量级参议员发表公开信，公开质疑美联储主席伯南克的决定，信中提道："我担心与很多在美国经营的外资银行不同，这些机构（指工商银行、中国银行、农业银行）基本上是中国政府国有，这几家大行的控股母公司中国投资公司也是国有投资基金。这种国有股权使我们对这些机构在美国的运营感到担心。特别是我担心这些银行和它们的美国机构会利用它们的国家支持来与没有主权支持、守法的美国银行进行低价竞争。你考虑到了这些国有银行对我们自己银行的影响了吗？"

在工商银行申请过程中，多多少少一直能听到美国方面传来的杂音，有合理的担心，也有政治上的偏见，当然也有很多的正面声音。工商银行以平常心，以专业的方式和心态，而不是以对抗和不满的心态，来处理遇到的阻力。通过适当的途径，让事实来化解对方合理的担心：首先，当时美国最大的银行美洲银行、花旗银行，最大的保险公司 AIG 就得到了美国政府的巨额救助，政府成为它们的大股东，在美外资银行如法国的法国巴黎银行、英国的苏格兰皇家银行等最大的股东就是其母国政府，因此国有股权是站不住脚的反对理由。其次，美国的花旗银行、摩根士丹利、美洲银行等银行在中国均设有法人银行，可从事包括零售和人民币业务在内的全部商业银行业务，美国银行、花旗银行、高盛作为战略投资者一度持有主要中资银行 10% ~ 20% 的股份。反观中国境内的银行当时在美国还没有独立法人银行，只有分行，不是独立法人，业务受到限制，而中资银行参股美国的银行只有一例，参股比例被限制在 9.9%。最后，中资银行在美国的业务活动事实上让美国的公司受益，提供了就业机会，而工商银行选择的并购对象很小，对美国当地银行不会构成竞争。对不合理的带有偏激色彩的观点，工商银行理解这不是美国政治的主流，见怪不怪，在陈述事实的同时，仍然正常低调地推进交易，不给双方添麻烦。

还原抗议工商银行收购美国东亚银行的真相

2012 年 8 月，工商银行收购美国东亚银行完成交割刚一个月，国内媒体报道，"全美亚裔联合会将于 8 月 21 日在旧金山举行示威游行，抗议工商银行刚刚收购的美国东亚银行对少数族裔社区的'歧视'。一旦美联储介入调查并查实，东亚银行在美发展分支机构和投资收购金融资产可能受到限制"。

文中报道，全美亚裔联合会认为，"工商银行控股下的美国东亚银行，在雇用、发放个人贷款和中小额商业贷款等问题上存在对少数族裔的歧视，而这不符合美联储相关法规和《多德—弗兰克法案》（Dodd – Frank Act）。文章讲到，21 日的游行，除了全美亚裔联合会以外，还有其他拉丁裔和非洲裔等少数族裔团体，游行得到了当地警方的安保支持。文中介绍，全美亚裔联合会（NAAC）是美国规模最大的亚裔美国人非营利组织之一。文章分析，美联储或有可能在未来应游行组织方的要求，对此问题进行调查，调查一旦触发，工商银行面临的潜在损失不可小觑。同时还引用国内某专家所言："在中国当惯了'老板'的企业，到美国来之后要学会如何做一个'公民'。投资不是提供大笔资金就了事的。中国企业到美国来投资，必须要有成为当地社区一员的意识，这是大多数来这里的中国企业所缺乏的。"

上述报道被大量转载，吸引了国人的眼球。看着这个充斥着与客观事实不符甚至背道而驰的报道，工商银行并购项目团队感到既可笑又可气。美国所谓的各种协会多如牛毛，文中提到的全美亚裔联合会根本就是一个边缘化、菲律宾裔的组织；8月21日是菲律宾全球抗议中国南海主权的日子；所谓的各种歧视在美联储公开的批准书里有正面回应，美国东亚银行不是做得不好，而是模范，拿到的是最高评级；所谓的专家给中国企业居高临下的建议显示了其对中资企业"走出去"的不了解。真相如何，一篇人民网的文章把事情说得清清楚楚：

近年来，中国企业"走出去"在全球范围内方兴未艾，逐渐成为促进全球经济平衡健康发展的一支重要力量。中国企业良好的发展态势也引起了海外某些利益集团的注意和嫉恨，甚至企图通过抹黑海外的中国企业来达到其政治目的，对此应当引起警惕。

8月10日，一家在美国注册的社会组织"全美亚裔联合会"在菲裔美国人的社区网站亚洲人日报上发布了一篇新闻稿，声称将在美国西海岸的几个城市组织示威行动，抗议中国在南海维护主权的行动。新闻稿中引用一位菲裔美国人的话称："我们有能力阻止工商银行，我们将坚持这样做，除非工商银行和中国政府明确表明和平解决南海问题。"同时，新闻稿还声称工商银行所控股的美国东亚银行在经营中存在歧视行为，包括对亚裔美国人等少数族群的不雇用、不放贷以及不投资行为。

据了解，全美亚裔联合会实际上是由在菲律宾出生的菲裔美籍女商人费斯·包蒂斯塔（Faith Bautista）创立和控制的一个组织，浏览一下这个组织的互联网主页就不难发现，这个实体的董事会成员和工作人员绝大多数都是菲律宾裔，全美亚裔联合会能代表的只是在美的部分菲律宾人，他们对中国为维护南海主权采取的措施不满，企图通过打压海外的中国企业来施加影响。

另外一个方面的重要原因就是经济利益。"全美亚裔联合会"的主要经费来源之一是银行的"赞助"。对此费斯·包蒂斯塔并不讳言，她曾向记者表示，该组织此前因为类似的问题和欧美地区最主要的几家大银行都交涉过。再看看"全美亚裔联合会"网页上的赞助公司名单就不难发现，与这家社会组织交涉过的不少企业最后为了"保安宁"都成了主要的赞助商。因此，对于"全美亚裔联合会"来说，组织发起类似的抗议活动在很大程度上更像是一门生意。也正因如此，这家组织在选择抗议目标时也是"看人下菜碟"，喜欢针对影响力大的企业进行。美国东亚银行早在 2002 年就开始在当地经营零售业务，该组织十年来也没有发起所谓的歧视抗议。可工商银行完成收购项目才刚刚一个月的时间，"全美亚裔联合会"便迫不及待地向工商银行发难，个中原因不言自明。

"全美亚裔联合会"要声讨的所谓歧视根本站不住脚。在美国东亚银行收购交易的审批中，美联储先后两次要求工商银行和美国东亚银行提供美国东亚银行贷款申请审批的详细数据和资料，以便美联储独立客观地判断是否存在对少数族裔社区歧视的做法和现象。美联储还专门就这个问题向美国东亚银行的主要监管机构美国货币监理署求证情况，货币监理署的反馈是正面的，工商银行给美联储的补充材料中也明确承诺，交易完成后将一如既往地执行好《社区再投资法案》（CRA）。综合有关情况，美联储得出的结论是美国东亚银行在遵守《社区再投资法案》方面符合批准工商银行此次收购的标准。

如果说"走出去"的中资企业能从上述事件中学到一些东西的话，大概有以下几个方面：第一还是要倾听客户、各类社会组织的要求和意见。第二，对于游行抗议不要过分解读和过分反应，各国政治制度和公民传统不一样。第三，认真合规合法是硬道理，美国东亚银行在《社区再投资法案》下的评分最高，别人无话可说。第四，要认真主动做好和媒体的沟通工作，海外并购本身就非常复杂，经济、政治因素掺杂，尤其是一些海外媒体可能还有历史偏见，因此根据工作需要，要制订公关计划。

如何和美国监管者打交道？

美国的监管机构监管严格。对于外资金融机构而言，美国的监管逻辑是：只要使用美国的金融系统，那么就受到美国政府的管辖。这是什么概念？如果一家外资银行使用美元，贷款也好，汇款也好，国际结算也好，投资也好，都必须通过环球银行金融电信协会支付系统（SWIFT 系统）进行划款，都必须通过 Fedwire 系统和其他银行进行美元清算，而 SWIFT 系统和 Fedwire 系统都是美国金融系统的一部分，除非一家外国银行不做美元业务，否则它就逃脱不了美国财政部或美联储的监管。如有违规，美国政府经常开出天价罚单。做一个简单的罗列：

2012 年 11 月，汇丰银行因防范洗钱不力而向美国政府支付 19.2 亿美元的天价罚款。罪状是为墨西哥毒枭洗钱。

2012 年 12 月 19 日，瑞银宣布同意为操纵伦敦同业拆借利率（Libor）案件而向美国、英国及瑞士金融监管机构支付共 15 亿美元的罚款。

2013 年 1 月 3 日，瑞士最古老的私营银行韦格林银行承认帮助一些美国富人逃避税收，同意缴纳罚金 5780 万美元，同时宣布将永久歇业。

2013 年 1 月 19 日，包括美国银行、富国银行、摩根大通和花旗在内的美国十大银行，当地时间周一宣布同意支付 85 亿美元，了结因次贷危机引发的监管机构对银行止赎操作的调查。在另一笔单独和解协议中，美国银行将向房利美支付 116 亿美元，以和解不良住房抵押贷款案指控。

面对美国监管的强势作风，不一定要畏之如虎，避之不及，重要前提是要学会如何和美国监管机构打交道。第一门功课就是学会和美国人打交道。美国人的思维、习惯、作风，说到底，和中国人没有本质的区别，大家有一样的追求、同样的顾虑，不外乎是好工作、好收入、家庭幸福、小孩教育、健康长寿等，"因此和美国人打交道，一方面发挥我们的优点，另一方面向他们展示我们巨大的实力和潜力，展示我们不逊于他们的专业精神和素质，展示我们的自信和乐观"，工商银行并购团队如是说。

2010 年 11 月，工商银行团队到纽约联邦储备银行拜会官员，对方问到工商银行在美国的规划是什么，团队没有谈什么战略意义或者是作为中美经贸桥梁之类的，回答大意是"工行对美国的零售银行如何运作还在了解学习的过程，短期内没有计划改变东亚银行的运营方式，未来怎么做以后汇报，但是保证会一如既往地支持当地社区和经济"。银行的监管人员不是政治家或外交家，他们关心的是银行的稳定和对当地经济的贡献，他们问得实际具体，工商银行答得实事求是。

又如，2011 年 3 月，美联储官员访问工商银行，在短短的几句礼节性寒暄后，双方便开始了 4 个小时的专业讨论。工商银行各相关部门合力精心准备了近 100 页的演示材料，有事实、有数据，英文翻译力求专业准确，这期间的问答涉及很多演讲稿没有的内容。工商银行对新巴塞尔协议实施的准备情况、IT 系统的能力、海外管理人才的知识广度和深度等都给对方留下深刻印象。工商银行项目主办律师之一，当天也在场，他是纽约联储前总律师，对外资银行的审批要求和流程非常熟悉。会后，他兴高采烈地表示他感觉工商银行在这个会议中体现的专业素质、知识深度和已经取得的成就远远超出任何美国监管官员的想象。

再如，2012年2月美国货币监理署官员来访，遇到一个小插曲。工商银行结束精彩的专业介绍后提出要送一个小礼物，对方一听马上脸色一变，说他们有严格规定，不能接受任何礼物。对此，已经积累了丰富国际监管沟通经验的工商银行自然不会让"美国朋友"犯难。打开一看，礼物原来是一本工商银行内部制作的纪念画册，里面收集了工商银行员工书画大赛中的优秀获奖作品。工商银行方面解释说："这是无价的礼物，书画可以增进贵方对中国文化的了解。中国银行家关心的不只是钱，也有文化修养和业余爱好。"对方欣然"破例"接受了这份礼物。

工商银行能够和监管部门自信地往来，综合起来有三方面因素：一是工商银行自身的实力和所依托的中国经济崛起的大背景，工商银行在世界上受到越来越多的尊重。二是工商银行在美国的实际经营能力。工商银行纽约分行和工银金融两家机构的经营业绩非常优秀。三是工商银行收购团队的专业能力。工商银行的收购团队与中介机构一起，对美国的相关法律法规、银行业的状况和趋势、监管机构的行事方法做了全面和深入的研究，得到了美国监管机构的尊重。

最后的意外

银行是一个高科技行业，从客户能看到的网银、手机银行、ATM、POS机，到背后的清算系统、风险控制系统、灾备系统，到处是高科技的应用。工商银行的 IT 系统在高峰期要处理日均数亿笔交易，对 IT 系统的依赖可想而知。在对美国东亚银行尽职调查的过程中，对其 IT 系统的评估和未来整合的规划是重要的一环，包括灾备系统，即如果出现万一，银行主机不能运转，备份的系统能否替换上来？比如，工商银行在做泰国 ACL 银行收购尽职调查的时候注意到当地很多银行网点被洪水淹过，因此非常注意目标银行在洪水情况下的灾备情况。出乎项目组意料的是，同样的情况竟然在美国也发生了。

2012 年 10 月 28 日至 31 日，"桑迪"飓风以空前的规模登陆美国，对美国 1/3 地区，近 6000 万人口构成威胁。飓风与来自西部的冬季风暴，来自北部的冷空气在美国东北部上空交汇，再加上满月引发的海潮，曼哈顿成为重灾区，10 米高的海浪越过海堤，淹没了城市街道和地铁，变电站起火爆炸，城市断电陷入一片黑暗，电视里播放了鲨鱼在城市里游泳的场景。纽约证券交易所 27 年来首次关闭交易大厅，不过其电子交易平台未停，仍然为全球投资者提供交易服务。

单从业务角度看，工商银行在美国的三家机构均在曼哈顿，灾备能力受到巨大考验。纽约分行主要是批发业务，暂停主要业务对客户影响不大，也比较容易沟通。工银金融直接连接美国的证券市场，每天要清算上百亿美元的债券交易，美国的证券电子交易不停，工银金融就必须坚持营业。工银美国作为刚刚收购的机构，在加州有网点，那里没有受灾，所以加州必须保持开业。提前两天，各机构就制定了应急预案，并启动灾备中心。

工商银行在收购工银金融的时候，就制定了非常详细的灾备方案，在曼哈顿的主办公室有自己独立的发电机和电信专线，一旦断电，可以坚持至少 48 小时。同时在哈德逊河对岸的泽西城建立了一个灾备中心，所有交易数据实时备份，里面储存了柴油、水、方便食品、药品、各种生活用具。理论上，灾备中心可以作为主办公室无限期使用。曼哈顿断电后，工银金融主要工作人员两两结对，分批前往灾备中心，全部业务照常进行。飓风中受影响最大的是美国子行。2012年10月29日晚，美国子行总部所在的曼哈顿下城区电力供应商的变电站发生爆炸，从而导致整个下城区出现大面积停电、断网，子行大楼也在停电范围内。祸不单行，子行的灾备服务商 JH 公司也发生问题，灾备服务器无法正常工作。面对空前的困难，子行全体员工在总行的大力支持下沉着应对，动员一切力量。一方面，同其他很多银行一样，临时关闭了位于纽约市的三家网点，以确保财产安全；另一方面，通过手工处理的方式，始终保持加州地区的 10 家网点正常营业，避免了可能的声誉风险。与此同时，管理层和关键岗位员工一起，马不停蹄地进行灾难恢复工作，许多员工彻夜奋战在岗位上。终于在 11 月 5 日，在灾后不到一周的时间里，子行全面恢复营业。

上面这个插曲，说明银行收购不单单事关监管，贷款、存款、利润、合规、员工、客户、系统，事无巨细，都需要严格关注，没有哪一项可以忽视。收购往往关注的不是最可能的情况，而是最不可能的情况，对风险的控制是重中之重。收购海外金融机构，需要深入理解对方的 IT 系统，尽早实现 IT 系统的整合以实现对目标银行的硬控制。灾备系统时常得不到足够的重视，只有经历过印尼的海啸，曼哈顿的"末日"，阿根廷的游行罢工，才会明白那万一的情况其实并不特别，未雨绸缪才是上策。

转型与发展之路

创业不易，持业更难。在监管要求异常严格、合规成本不断增高的市场环境下，如何经营好这样一家刚刚收购的美国本土银行，能否获得美国监管部门的持续认可，能否充分利用全牌照优势在工商银行国际化发展布局中发挥应有的作用，成为收购以来摆在工商银行面前的一个重要课题，也是社会各界持续关注的焦点。

　　为此，工商银行从熟悉美国本地市场的管理人员中精选出了最强的管理团队，在本地管理层的支持下，顺利完成了对美国子行业务的全面接管。接管后，面对原美国东亚银行与东亚银行纽约分行之间网络共享、办公场所共用等情况，子行管理层面临的首要任务是完成美国子行与东亚银行纽约分行之间的全面分割，这是确保美国子行独立、稳定运行的重要前提。为此，子行按照稳妥推进的原则，迅速完成了子行人员范围的清晰界定，保证了员工队伍的稳定和日常经营的有序开展。经过精心准备，东亚银行纽约分行于 2013 年 5 月搬离子行办公地点，子行同步完成了与东亚银行在网络和系统上的全面隔离。在业务方面，为弥补东亚银行不再为工银美国提供内审服务的空白，子行通过招标方式聘请了新的外部审计公司，顺利完成年度内审工作的交接。同年 11 月，子行还将一直沿用的原东亚银行 Swift BIC 号码成功修改为独立号码。此外，由于东亚银行出售了位于曼哈顿下城的子行办公大楼，子行经过多方努力，与大楼新业主重新签订了租赁合约，避免了由总部搬家带来的额外成本和经营风险。经过一年多的艰苦努力，美国子行在波澜不惊中顺利完成了收购交接与过渡，工银美国作为中资机构中唯一一家具有独立法人资格的美国国民银行，整装待发、扬帆启程，拉开了下一步转型与发展的序幕。

　　收购之前的美国东亚银行，虽然是具有全牌照的美国联邦银行，拥有未来发展的潜能，但在实际经营中还定位于一家社区银行，主要服务其所在社区的个人和中小企业客户，业务种类主要为存贷款服务，很少涉及跨境国际业务。收购前，美国东亚银行正处于国际金融危机后的恢复期，这虽为工商银行以较合适的价格入股提供了契机，但客观上也存在面临一定财务压力，子行盈利能力较弱的情况。面对子行的经营现状，子行管理层深刻认识到，只有依托工商银行集团优势深入推动经营转型和结构调整，才能充分发挥子行的全牌照资质和网点布局优势，抓住中美经贸往来快速发展的机遇，成为工商银行国际化经营与发展中的重要一环。

收购后，工银美国以建设和打造"华人首选中资银行"为发展目标，不断调整目标客户和经营定位，依托工商银行集团内外联动优势大力拓展跨境业务市场，不断丰富产品和业务线范围，扩大中间业务收入。同时，严控合规风险和经营成本，节约资本占用，成功投产总行核心银行系统（FOVA），使子行全面融入集团统一的系统平台，构筑科技领先优势，经营转型取得初步成效，业绩得到稳步提升。截至2015年末，工银美国资产和负债规模分别达到17.13亿美元和13.99亿美元，分别为2012年末资产和负债规模的2.45倍和2.36倍，贷款余额为13.89亿美元，为2012年末的2.43倍，实现拨备后利润411万美元，为2012年的4.84倍，单从业务规模和盈利能力上看，可以说3年内至少再造了一个工银美国。同时，子行业务结构稳步调整，商业房地产贷款占比降为47.4%，中间业务收入成倍增长，占营业总收入的比重达23.8%，信贷资产质量有效提升，不良贷款率降至0.17%。

对于工银美国来讲，三年多的转型发展之路不乏艰辛，但同样充满着一个又一个的喜悦。

2013年7月，工银美国在母行的支持下成功推出个人客户"见证开户"业务，符合条件的客户可以在中国境内的工商银行网点提交开户材料，并由境内网点员工进行见证，从而完成工银美国账户的开立。工银美国以此为出发点，逐步突破以社区为主要服务对象的客户结构，积极拓展中美跨境目标客户市场，赴美中资企业、留学生和移民客户数量明显增加，拉开了子行产品持续创新的序幕。

2014年10月，经过前期的广泛筛选、验证和功能分析，工银美国成功投产了本地第三方反洗钱监控系统。系统的投产，使子行可以更有效地监控各产品线的可疑洗钱和恐怖融资活动，弥补旧有系统不够智能化等缺陷，优化反洗钱工作流程，在满足子行未来产品创新和系统投产需求的同时，确保依法合规、稳健运营。

2014 年 11 月 22 日，工银美国与洛杉矶市政府在北京签署了《人民币合作备忘录》，明确了双方共同致力于建立加州地区人民币中心的排他性合作模式，成为人民币业务在美国市场发展的重要突破口。

2015 年 4 月，工银美国审批通过了《社区再投资法案执行计划》，对子行未来三年的社区信贷、捐赠等活动作出指导、规划和管理。《社区再投资法案》（CRA）要求银行通过向中低收入者和小企业客户提供信贷服务、捐赠等方式支持社区发展，是美国货币监理署、FDIC 联合实施并监管的重要法规，监管部门最近一次对子行 CRA 合规情况的审查为截至 2013 年末的情况，充分肯定了子行对本地社区发展的贡献。

2015 年 5 月 26 日，工银美国经过两年半的长期艰苦努力，成功投产自主研发的核心银行系统（FOVA），实现从原有本地外包银行系统向 FOVA 系统的全面切换，成为工商银行集团内首家同步投产 FOVA 核心系统、借记卡、网上银行、支付清算平台、全球信贷管理系统、新一代单证等多系统、多平台的境外机构，并实现与本地反洗钱及其他合规系统的无缝接入，满足监管合规的各项要求，开展了多项业务功能创新。这一重大工程的投产，开创了中资银行在美国本地投产母行系统的先河，极大地促进美国子行融入工商银行集团的统一管理，依托母行系统平台加速产品创新步伐，并利用系统内部联网和资金清算优势，打造跨境业务的核心竞争优势。

2015 年 6 月，工银美国获纽约州金融服务部批准颁发的保险代理经营执照，创新推出保险代理业务的筹备工作在经过长期不懈的努力后取得实质性进展。代理保险业务的推出，打开了子行为中高端客户提供跨境资产配置和保险服务的突破口，有效拓展了子行服务的广度和深度。

2015 年 9 月 21 日，由工银美国和洛杉矶经济发展局主办、洛杉矶世界贸易中心和洛杉矶地区出口委员会协办的"人民币国际化暨中美经济合作论坛"在美国洛杉矶成功举行。来自工商银行、富国银行、洛杉矶经济发展局以及中美商界的代表在论坛上就人民币国际化和中美双边经贸发展等议题进行了讨论。我在论坛发言中表示，中国和美国是世界上最大的两个经济体，是彼此第二大贸易伙伴和最重要的投资伙伴，使用人民币进行贸易和投资，将进一步降低两国企业的交易门槛，激发投资需求，促进经贸合作，实现双方共赢。论坛的成功举行将进一步推动中美共同打造加州离岸人民币中心的进程。

2015 年 9 月 21 日晚，工银美国在西雅图隆重举办西雅图营业机构开业庆典。我在开业庆典上表示，作为工商银行在美国新的业务平台，西雅图机构将依托工商银行的资金、网络和技术优势，为西雅图本地客户以及参与中美两国经贸往来的跨国企业和金融机构提供优质的金融服务。西雅图营业机构的设立，既是充分利用工银美国全国性银行牌照的重要成果，也是工商银行在美国进行机构布局优化和延伸的重要一步，工商银行也因此成为第一个在美国西北地区设立机构的中资银行。

2016 年 4 月 26 日，"中国工商银行信用卡美国首发仪式"在纽约隆重举行。工商银行通过工银美国在美国市场首发的银联信用卡和 VISA 信用卡正式亮相，这不仅是中资商业银行首次在美国自主发行信用卡，也是美国市场上首次发行银联品牌信用卡。工行将借此为经常往来中国的美国游客和商务人士、留学生以及美国本土客户提供优质、全面的信用卡服务。

……

一个个里程碑式的创新和突破，使工银美国这颗珍珠绽放出越来越璀璨的光芒。

2014 年，为更好地提升在美机构的综合服务能力，工商银行成立了美国区域机构管理委员会。工行纽约分行、工银美国、工银金融在委员会的指引下，逐步推进各项业务整合，通过前台业务外包、中台信贷审批统一管理、后台运营集中处理等方式，充分利用纽约分行的资金实力、工银美国的机构布局和人员优势，以及工银金融的专业能力，深入打造面向目标客户的综合化金融服务能力，扩大在美国市场的辐射范围，降低营业成本，不断取得新的突破。

转型和发展之路没有终点。工商银行在美机构在转型和发展中的不断探索，为中资机构在美国本地发展商业银行业务积累了宝贵经验，也更加坚定了工商银行国际化发展战略的深入实施。

第十四章

布宜诺斯艾利斯　好空气

——收购阿根廷标准银行

风起 2009

2009 年 1 月 20 日，美国迎来了历史上第 44 任总统，一名祖籍肯尼亚的美国公民。大众媒体对此津津乐道，认为他将引领美国进入一个全新的时代，他的竞争对手则不无戏谑地调侃：巴拉克·奥巴马之所以能够当选，首先应该感谢好莱坞——20 世纪 30 年代至今，数不清的黑人总统出现在好莱坞的科幻片，于末日来临之际力挽狂澜，带领美国走出困境。于是 2009 年，饱受次贷危机困扰的美国选出了一名颇具象征意义的总统，期待他在任期内荡除时弊、破旧立新。

奥巴马确实提出了一条有别于数届前任的新路线，这条路线方向明确地指到了东方。从 20 世纪 90 年代冷战终结，到反恐战争告一段落，美国"忽略"环太平洋东亚地区已近二十年时间，此时再提"重返亚洲"，显然矛头针对中国。而就在此前不久，国际货币基金组织（IMF）发布了当年的《世界经济展望》，大篇幅强调了新兴经济体对拉动全球经济复苏起到的决定性作用：金砖五国、新兴市场、全球经济再平衡成为各大国际论坛主旨发言和媒体头条的焦点热词，中国作为新兴经济体的领军者，继亚洲金融危机之后，再一次受到了前所未有的瞩目。

对于中国来说，2009 年 11 月是高朋满座的一个月。15 日，美国总统奥巴马乘专机抵达上海，开始对中国进行为期 3 天的国事访问。30 日，第五届中欧工商峰会在江苏南京举行，国务院总理温家宝与来华出席第十二次中欧领导人会晤的欧盟轮值主席国瑞典首相赖因费尔特、欧盟委员会主席巴罗佐共同出席并讲话。随着政府代表团一同到来的还有欧美工商业代表，那一个月，中国各大金融机构高层的日程表均被排满，北京金融街和上海陆家嘴的会议室每天接待大量来访的商务团组，热切探讨合作共赢的机会。和往年一样，这些业务合作大多集中于贸易领域，波音和微软带走了数以亿计的订单，陷入破产危机的通用汽车获得了起死回生的契机；和往年又不太一样，这一次欧美企业还带来了大量的投资机会，希望世界第二大经济体可以通过投资向深陷衰退危机的市场注入资金，以及最重要的——信心。

长久以来，人们在探讨如何解决中国的贸易顺差问题时，都似有或无地忽略了投资逆差这一现实：2009 年，中国实际利用外资 900 亿美元，对外直接投资 433 亿美元，逆差近 500 亿美元，本质上扩大中国国际收支的不平衡。在经济全球化和国际分工体系固化的背景下，解决贸易顺差并非朝夕之事，但通过增加对外投资来整体调整国际收支，却是符合中国产业转型升级要求的理性选择。与此同时，次贷危机给欧美国家各行各业带来的大洗牌，也在客观上提供了中资企业走出国门，寻觅契合自身发展路径的优良资产的绝佳机会。

作为中国最大的商业银行，中国工商银行也迎来了前所未有的发展机遇期。彼时彼刻，"中国最大"这一限定词已经不足以形容这家上市刚满3年的国有大型银行。2009年世界多国经济深陷衰退泥淖，中国经济率先复苏，稳健经营多年的工商银行一跃成为全球市值最大、客户存款第一、盈利最多的上市银行，同年知名市场调研公司"明略行"（Millward Brown）将工商银行评为全球品牌100强金融业榜首。如果说，2006年那场开创了全球最大IPO的香港、上海两地上市是一次闪亮登场，使全球资本市场投资者第一次全面认识了中国工商银行，那么2009年这几项"全球第一"则是又一次的华丽转身，使更多外国同业、媒体和普通大众认识到改制之后的工商银行已非昔日吴下阿蒙。越来越多人开始熟悉"Industrial and Commercial Bank of China"这个名字，或是它更容易记忆的缩写"ICBC"，还有一些人将它和有着百年基业的汇丰银行（HSBC）相联系，不仅因为名称相似，更因为中国与其母国在当时世界经济格局中地位相仿——正如日不落帝国的母舰将英资企业的足迹带往全球各地，蓬勃发展的中国经济使包括中资银行在内的中资企业走出去成为必然。

2009年11月，在历史的偶然与必然的推动下，坐落在长安街畔的工商银行总行同样也是宾客盈门。次贷危机让"现金为王"这一行业黄金法则再次浮出水面，徘徊于破产保护边缘的欧美金融机构纷纷将目光对准资金充裕的中资银行，希望能够在掉落悬崖之前找到一个坚如磐石的盟友。那个月里，我会见了大量访客，很多是欧美金融同业的高管，更多的则是投行人士，后者的开场白千篇一律："据我们所知，某银行有意向出售其在某国的资产，不知工商银行是否感兴趣？这个机会千载难逢，您也知道，在现在的市场环境下，价格将会非常合适。"

价格确实非常合适，选择也琳琅满目，其中不乏一些耳熟能详的银行，看起来仿佛圣诞购物季的商品名录，很容易刺激冲动消费。不过业内有这样一个说法，投资银行家是"猎人"，讲究伺机而动、一击毙命；商业银行家则是"农夫"，讲究天时地利、春耕秋收。尽管周围猎枪声响得热闹，农夫仍然根据既定的农时和节令来开拓和播种——虽然这是工商银行一以贯之的审慎作风，但也跟不久之前发生的一个小插曲有关。在 2008 年早些时候，次贷危机爆发之前，美国著名投行贝尔斯登曾委托某投行到访工商银行，表达了想要出售部分资产的愿望。当时没有任何人能够预见，这家华尔街著名投行会在一夜之间宣布破产，这家名声显赫的老牌投行，后来会成为金融海啸中倒下的第一张多米诺骨牌。不过在当时，经过短暂的权衡，我还是果断放弃了这个看似诱人的机会，主要原因有二：一是战略上的不匹配，在工商银行当时的规划蓝图上，没有任何抢滩华尔街投行的计划；二是风险的不明朗，作为一家的商业银行，工商银行管理层和执行团队对华尔街投行的运作规则和潜规则均不甚了解。最大的风险来自不知风险何在，与其贸然转变公司战略，趟一池看不清的浑水，不如按部就班，遵循既定的战略。当然，按部就班绝不等于故步自封，如果仔细追溯工商银行在次贷危机后的数次并购动作，人们也许会发现，工商银行的并购历程有一种贯彻始终的内在逻辑，如同环太平洋的洋流，稳定地去往既定目的地，再带回丰收季节的渔汛。

而这一次，洋流的目的地距离中国十分遥远，几乎跨越了整个地球。

2009 年 11 月，当总行高层会议室被欧美来访者踏破门槛之际，工商银行国际业务部的外事处正因为几份赴拉丁美洲的商务签证而倍感头痛。阿根廷使馆出了名的难打交道，签证材料之繁复，审批环节之长，拒签率之高，令众多申请者望而却步。工商银行的外事部门很多年没有办理过赴阿根廷签证，此次的商务团组尽管规格不算高，人员不算多，却由国际业务部的总经理直接负责，面对来自直接主管的压力，外事处竭尽全力，终于赶在团组出发之前将所有手续办妥，长长地松了一口气。

他们并没有预料到，一切才刚刚开始。在往后的数年中，高管层和数十人的工作团队将频繁往来于两个相距遥远的大陆。为了搞定长期工作签证，他们甚至需要一路叨扰到时任阿根廷外交部部长齐默尔曼——据说他十分热心地推动简化中国赴阿根廷商务签证手续，就是因为希望见到工商银行对阿根廷金融业的投资能够成为现实，这反过来又促进了两国的经贸往来，倒是与工商银行赴拉美修建"金融桥头堡"的初衷十分吻合。

不过在 2009 年，一切才刚刚开始。

当很多人都被欧美市场吸引了目光，关注危机旋涡中那些知名或不知名的金融企业的一举一动时，工商银行的一个团队正悄然飞往布宜诺斯艾利斯。正如这座城市的西班牙名字所代表的含义"好空气"一样，相较于尘嚣之中的欧美市场，11 月的潘帕斯高原此时正春风盈面，等待客人远道而来，吸一口世界上最清新的好空气。

初涉拉美

2009 年 12 月，时任工商银行国际业务部总经理的胡浩率团到拉美考察机构申设，美丽的阿根廷给他留下了深刻的印象。这是一个地域辽阔，自然资源丰富的国家，经济在过去数年一直保持高速的增长，不少中国的大型企业尤其是资源类企业已开始陆续关注这个国家，中阿两国间的贸易投资不断增加。考察期间，除了拜会阿根廷监管机构，胡浩还与阿根廷标准银行 CEO 亚历杭德罗·莱德斯马（Alejandro Ledesma）先生进行了会谈。阿根廷标准银行是南非标准银行在阿根廷的控股子银行，南非标准银行持有 75% 的股份，当时是通过南非标准银行在伦敦的机构南非标准银行伦敦控股有限公司持股，另外，当地的两个犹太家族持有 25% 的股份。该行的前身是美国波士顿银行在阿根廷的分部，在阿根廷已经有近百年的历史，在阿根廷 17 个省份拥有约 100 家分支机构和 3000 名员工，管理层经验丰富，经营良好，南非标准银行在 2007 年完成对该行的收购。

历史就是这么的巧合。2010 年末战投部并购团队接到时任标准银行中国区 CEO 克雷格·邦德（Craig Bond）的电话，说南非标准银行准备出售其阿根廷子行，作为南非标准银行的大股东，工商银行一直关注南非标准银行的发展战略，考虑到南非标准银行本身拥有的地域资源客观上难以支持其当时在全球的广泛布局，为推动其集中资源提高回报水平，工商银行通过高层沟通、董事履职等不同渠道，建议南非标准银行集中资源发展在非洲业务。南非标准银行高度重视工商银行提出的建议，结合自身实际，开始着手调整其海外市场发展战略，决定把未来业务发展重点集中于非洲地区，逐步从其他非重点区域退出或收缩业务，位处南美的阿根廷正是南非标准银行拟退出的非核心区域之一。而阿根廷标准银行是南非标准银行集团在非洲以外经营比较好的机构，按照资产排名是当地第十二大银行，市场地位和赢利能力都很出色。工商银行当机立断，就阿根廷标准银行出售事宜与南非标准银行集团保持密切沟通，并着手研究阿根廷的宏观经济环境和目标银行的基本情况。

2011 年 2 月 25 日，和 Craig Bond 保持密切沟通的工商银行团队得知，南非标准银行集团董事会审议通过了出售阿根廷子行的决议。约有 10 家大型国际和当地银行对阿根廷标准银行表达了积极兴趣并与南非标准银行接触，其中包括西班牙桑坦德银行、汇丰银行、花旗银行、巴西银行、巴西伊塔乌银行等并购经验丰富的全球大型跨国银行，西班牙桑坦德银行和汇丰银行还提出了具有竞争力的具体报价。

鉴于工商银行和南非标准银行有长期的友好合作关系，经过工商银行的积极争取，南非标准银行支持与工商银行进行排他性接触，但因阿根廷标准银行还有持股 25% 的小股东，如何让小股东同意进行排他性谈判是当时面临的最主要问题。南非标准银行称桑坦德银行已与阿根廷标准银行小股东进行了直接接触，并口头报价6亿美元收购该行的零售网络（约100家分支机构）。南非标准银行的建议是让桑坦德银行对子行进行整体报价，从而建立一个市场价格标尺，南非标准银行认为桑坦德银行只对零售网络感兴趣，如果对全行报价，估计价格应该不会太高，而工商银行可随后提出一个更优的综合报价，更容易引导小股东加入排他性谈判。同时考虑到工商银行在监管支持、保持员工稳定性、整体收购上都比其他有意向的银行有优势，小股东应会同意进行排他性谈判。

另一个关键问题是报价时间，南非标准银行原本希望工商银行在3月14日提出初始报价，经协商后，同意向后推迟报价时间。时任标银集团CEO雅科·马瑞表示其内部的压力很大，由于小股东及潜在竞争者的存在，南非标准银行要考虑交易的公平和透明性，市场上已有不少关于并购的传言，工商银行考虑的时间不能拖得太久，南非标准银行也不想把问题复杂化，但由于牵涉小股东问题，南非标准银行需要十分小心。根据南非的法律，南非标准银行在交易结束后需要聘请独立的第三方对本次交易进行评估，以确定交易的公允性。雅科·马瑞表示，由于各方压力，希望工商银行在3月末前结束研究工作并提出报价区间。如果工商银行的报价符合南非标准银行及小股东的价格预期，将与工商银行进入排他性谈判阶段，工商银行进而可以开展尽职调查等后续工作。

留给工商银行进行内部决策的时间非常有限，为把握此次并购机会，并购团队立即着手阿根廷标准银行的初步估值工作。3月19日，阿根廷《民族报》报道了工商银行欲收购南非标准银行阿根廷子行的传闻，潜在竞争对手开始表达出更加强烈的兴趣。并购团队在工银国际的协助下，根据南非标准银行提供的有关经营数据及与目标银行多次电话会议了解到的情况，初步制定了购买目标银行80%的股权（其中55%来自南非标准银行，另外小股东持有的25%买断）的交易结构，同时经过连续多天奋战，得出了针对100%股权6.5亿~8.5亿美元的初步报价区间。3月24日和30日，工商银行董事会战略委员审议了本次交易的有关事项，同意向南非标准银行集团提交6.5亿~8.5亿美元的初始无约束力建议性报价区间，并承诺不进行大规模裁员。3月30日我就报价区间及有关承诺事项致函标银集团CEO雅科·马瑞。4月5日，雅科·马瑞作出回复，希望工商银行对子行的最终估值能位于报价区间的高端部分，并表示将尽快向董事会提议给予工商银行一定的排他性谈判期间来完成所需的尽职调查程序。

交易推进

为深入了解阿根廷标准银行的有关情况，进一步取得南非标准银行高层和少数股东对于本次交易的支持，锁定交易对手，4月初，胡浩再次带队出访南非和阿根廷，与南非标准银行集团高层、南非标准银行并购团队、阿根廷子行高级管理层、子行少数股东分别进行了会谈。在南非标准银行集团总部，工作团队与南非标准银行集团副CEO本·克鲁格（Ben Kruger）、南非标准银行集团董事兼阿根廷标准银行董事长迈尔斯·拉克（Myles Ruck），南非标准银行集团财务董事西蒙·里德利（Simon Ridley）就并购交易进行了深入、坦诚地交流，基本确定了交易流程安排、推进时间表和交易协议的基本框架，双方签署了保密协议。Myles Ruck私下跟胡浩说，作为阿根廷标准银行的董事长，他并不理解集团董事会为什么要卖这个银行，他喜欢和看好阿根廷。

在南非的几天正好下雨，天气阴冷，连续的会谈也使整个团队有些疲惫。两天的会谈结束后，工作团队启程前往阿根廷，一下飞机，布宜诺斯艾利斯明媚的阳光、温暖的空气，让工作团队似乎一下就忘掉了连续会谈与长途旅行带来的疲惫。在阿根廷胡浩再次见到了阿根廷标准银行的 CEO 亚历杭德罗·莱德斯马先生，他清楚工商银行的来意，在介绍子行情况时还略微有些紧张。胡浩询问他对工商银行收购的态度，他表示，工商银行作为全球市值第一的上市银行，实力强大，并且工商银行收购不会大规模裁员，只要工商银行拥有长远的发展计划，并不断提升子行服务水平，随着中国投资的增加、中阿贸易的发展，以及中国巨大市场对阿根廷本地客户的吸引力，有理由让阿根廷标准银行管理层、员工、客户相信子行未来的发展将更好，也将使管理层、员工、客户保持稳定。

此次阿根廷之行的一个重要的目的是会见阿根廷标准银行的少数股东。阿根廷当地的韦尔特因（Werthein）和谢莱茨基（Sielecki）家族持有阿根廷标准银行 25% 的股权，这两大家族均是阿根廷重要的犹太家族，Werthein 家族经营的公司是阿根廷规模最大的经济集团之一，主要从事保险、电信、农业等行业，当时的家族代表人杰拉尔多·韦尔特因（Gerardo Werthin）先生是阿根廷奥委会主席。Sielecki 家族主要经营医药和公用事业，时任阿根廷外交部部长是这个家族的女婿。由于两大家族在阿根廷的巨大影响力并控制众多大型公司，加强与两大家族的联系，不仅有利于推进项目进程，也有利于工商银行未来的客户拓展。尽管少数股东是纯粹的财务投资者，始终强调交易价格，但工商银行极富诚意的商谈态度还是在会谈中顺利取得了他们的信任，两个家族的代表人均表示支持此次收购，同时表示出对中国巨大市场的浓厚兴趣，期待未来与中国最大商业银行合作。

回国后，工商银行并购团队迅速组建了包括行内十几个部门及专业中介机构在内的项目尽职调查团队，对阿根廷标准银行进行了详尽的尽职调查。尽职调查时间紧任务重，团队成员在签订保密协议后立刻紧锣密鼓地开始了网络资料库尽职调查，对目标银行根据工商银行提出的问题清单上传的材料进行了翔实的查证和阅览，经过几轮的反复讨论及后续提问后整理出了管理层访谈问题清单，为实地尽职调查做好了准备。

2012 年 5 月末工作团队赴阿根廷展开了实地尽职调查。经过 30 个小时的长途飞行，一抵达阿根廷，工作团队就全身心投入工作当中，没顾上调整昼夜完全颠倒的时差。为最高效地利用宝贵的现场办公室时间，尽职调查团队一般是白天与管理层访谈、查阅现场资料、走访实地网点，晚上则进行内部讨论、总结当天的主要发现、撰写尽职调查报告，如此高强度的工作持续了整整 11 天。在即将离开阿根廷的前一天晚上，尽职调查团队终于忙里偷闲，一起去看了一场探戈表演，在热情洋溢的舞蹈和震耳欲聋的音乐声中，好几名团队成员在看表演的过程中睡着了。

从尽职调查整体情况来看，目标银行作为阿根廷一家颇具规模的主流银行，拥有较高的市场认可度和可观的市场份额，较为完善的零售网络、客户基础和 IT 系统，以及专业化的管理团队，历史盈利能力和财务表现稳健，资产负债表相对比较干净，没有风险过大的投资敞口，未涉及重大法律违规。

跌宕起伏，谈判过程中的进与退

在尽职调查的同时，与南非标准银行和少股股东关于交易结构和交易协议的谈判也同步展开。工商银行希望购买南非标准银行、小股东控股公司分别持有的阿根廷标准银行 55%、25% 的股份，南非标准银行保留 20% 股份，并按此交易结构与南非标准银行和小股东进行磋商，但谈判过程并不是一帆风顺。5 月底，随着交易细节谈判的深入，小股东提出希望工商银行购买小股东控股公司的全部股权，而不是直接购买其在阿根廷标准银行的股份。小股东提出这一要求主要是出于避税考虑，根据阿根廷的税收规定，小股东要出售其控股公司持有的阿根廷标准银行股份需要缴纳一定的资本利得税，若出售其在控股公司的股份，则可以免缴这部分资本利得税。但如果采用该交易结构，这部分税款的缴纳责任相当于转移到工商银行，若工商银行未来出售控股公司持有的阿根廷标准银行股份，则需要按阿根廷税法要求缴纳税款。因小股东对本次交易有一定的决定权，工商银行要认真对待小股东的诉求。经过仔细权衡，工商银行的决策层认为，小股东改变交易结构的提议将对工商银行未来的税收负担造成不利影响，也使交易结构更加复杂，带有明显避税用意的交易结构可能不利于监管审批。因此，工商银行婉拒了小股东的要求，与南非标准银行一起同小股东展开建设性讨论，各种沟通、说服，你来我往，一个个替代方案提出随后被否决。因涉及切身利益，小股东表现出较为强硬的姿态。在这种局面下，一旦在原则问题上表现出灵活性，则解决问题的压力就会瞬间移至工商银行。因此，工商银行也表现出绝不妥协的态度，宁可不做此次交易，也不接受这样的要求。曾经有两周的时间，工商银行停止了与小股东的一切联系，以表明坚定的立场，小股东则承受了巨大的压力。

工商银行并购团队后来回忆，这是极为关键的两周，不仅最后的结果维护了工商银行利益，贯彻了谈判之初设立的立场，同时也向南非标准银行和小股东表明了工商银行的谈判作风，在后续的一系列类似问题上树立了标尺。但是，毕竟阿根廷标准银行也是工商银行心之所属，无论高层还是并购团队对于交易顺利完成也有很大期许，因此那僵持的两周无论在战略战术上还是心理上，对工作团队也都是一个考验，博弈的心态、矛盾的取舍日日夜夜折磨着团队成员的心。事实证明这是一个正确的策略，南非标准银行高层亲自出面与小股东连续谈判，小股东也意识到如果这个交易只因为避税的问题无法做成，小股东自身将承受更大的经济损失，最终同意了原定的交易结构，交易得以继续推进。

天下熙熙皆为利来，天下攘攘皆为利往。不同利益方为了自身利益，希望交易结构有利于己方，让本来千头万绪的并购博弈变得更加难以掌控。并购就是相关利益方在追求各自利益最大化的前提下所进行的博弈过程，并购成功与否的关键因素是相关方的利益关系能否实现有效均衡。

交易达成

在解决完小股东更改交易结构的要求后，其他交易条款的谈判都很顺利，剩下的关键问题就是交易价格的确定了。2010年5月末，我在赴南非参加工商银行非洲代表处开业仪式期间与雅科·马瑞进行了会谈，双方交换了对交易价格的想法，认为阿根廷标准银行100%股权的估值在7.5亿美元左右。这一价格处在工商银行财务顾问对阿根廷标准银行估值区间的中部，也基本能满足南非标准银行及小股东的价格预期。

2011年7月12日，工商银行工作团队就本次交易的交易结构、交易价格、主要协议条款等向决策层进行了汇报，决策层讨论确定了7.5亿美元的交易对价。7月13日一早，我向来北京参加工商银行与南非标准银行战略合作论坛的雅科·马瑞口头提出了7.5亿美元的最终报价，他随即将报价告诉了小股东代表热拉尔多·沃辛（GerardoWerthin）先生，热拉尔多同意了这个报价。至此，交易全部条款取得了一致，双方下一步的主要任务就是获得各自董事会的同意。

工商银行向监管部门、董事和股东单位进行了汇报，过程非常顺利，从银监会到汇金公司、财政部，均对本次交易表示大力支持。7月28日，本次交易获得工商银行董事会全票赞成审议通过。

在交易协议签订前，我率团赴阿根廷会见了阿根廷总统克里斯蒂娜及阿根廷央行行长等政府官员，就本次交易的有关情况进行沟通与说明。克里斯蒂娜总统对工商银行进入阿根廷表示欢迎，并希望工商银行未来能在促进当地经济发展方面发挥重要作用。阿根廷当地时间8月4日，工商银行与南非标准银行及小股东三方签署了交易协议并对外公告，交易正式达成。

召开新闻发布会。左起分别是时任董事会秘书胡浩、我和工行副行长王丽丽

监管审批

交易协议签署并不等于万事大吉，监管报批同样漫长而艰苦。由于工商银行在协议签署前就与监管机构进行了多次汇报沟通，中国的审批十分顺利，监管机构表示支持，在高效回答了几轮监管问题后，2011 年 9 月 27 日，交易获得了中国银监会的批准。

境外监管审批则长路漫漫。本次交易需要向阿根廷央行、阿根廷司法监察总局（负责工商注册事宜）、阿根廷国家反垄断委员会报批，其中最重要的是阿根廷央行的审批。工商银行在 2011 年 8 月 4 日签署协议后，分别于 8 月 11 日和 8 月 26 日向阿根廷央行提交了申请材料，内容涉及交易情况介绍、交易协议、工商银行的公司章程和财务报告、中国监管机构对工商银行情况的说明、第三方会计师对工商银行支付交易对价能力的说明、未来银行的商业计划等。

由于此次交易是中资银行首次进入阿根廷市场，而且收购的是阿根廷当地一家比较有市场地位的主流银行，阿根廷央行对此次交易的审批非常重视和谨慎。10 月中旬，阿根廷央行向工商银行、南非标准银行、小股东提出了共计 18 项反馈问题，范围更加广泛，内容更加细节。这段时间，工商银行工作团队全天候工作，白天与行内部门研究答复内容，晚上则与南非标准银行、阿根廷标准银行共同讨论答复问题的时间安排和内容。由于北京与伦敦、阿根廷的时差分别是 7 个小时和 11 个小时，工商银行、南非标准银行、阿根廷标准银行三方参加的电话会议只能安排在北京时间晚上 8 点以后，北京时间的后半夜则是南非标准银行和阿根廷标准银行团队的工作时间。阿根廷央行提出的问题都有严格的答复时间要求，工商银行及其他交易方的工作团队全球联动工作，在三个不同时区，24 小时不间断地都有人在工作，最终在阿根廷央行规定的时间提交了三方协商一致的答复。由于阿根廷的官方语言是西班牙语，向阿根廷央行正式提交的材料需要是西班牙语，因此每次数百页的申请材料都要有中文、英文、西班牙文三种版本，以供工商银行、南非标准银行、小股东及阿根廷标准银行各方审阅。

向阿根廷央行提交申请材料和这一次的问题与答复只是整个审批过程的开端，随后阿根廷央行又提出了七轮后续问题，直到 2012 年 9 月 14 日，第八轮问题要求交易各方一一作答。整个报批过程也是工商银行与阿根廷监管机构加深了解、寻求共识的过程。

例如，在阿根廷标准银行总经理人选的问题上，工商银行与阿根廷央行就一度存在分歧。工商银行在以往境外并购或申设机构时，一般会选择集团内经验丰富的高层管理人员担任境外机构的总经理。这种做法有利于加强全球化的管理，便于推行工商银行的制度与文化，也便于与集团总部进行交流，实践效果得到了验证。工商银行在向阿根廷央行的申请材料中表示了这种想法和理由。但是，阿根廷央行在外国银行并购本国银行时，一般会要求由熟悉当地监管政策和银行业情况的专业人士担任本国银行最高管理层，这样有助于保证被并购银行的稳定，也有助于银行与监管机构之间的沟通。阿根廷央行和工商银行的习惯做法都是为了维持当地金融市场体系和被收购金融机构的稳定、健康发展，只是在以往实践中形成了不同的惯例，也很难评判哪种方式更加有利。工商银行曾就此问题与阿根廷央行多次沟通，在充分了解阿根廷央行的想法和考虑之后，同意按照阿根廷央行的要求聘用当地的 CEO，同时为了加强被收购机构与工商银行集团的战略协同，工商银行也派出了经验丰富的管理人员，包括董事长、副董事长以及各部门管理层，与原管理层共同管理银行。在深入了解了阿根廷标准银行现任 CEO 亚历杭德罗·莱德斯马（Alejandro Ledesma）先生后，工商银行决定留任他，希望他能够领导阿根廷标准银行在工商银行集团中取得更大的成功。亚历杭德罗·莱德斯马是一名经验丰富的银行家，曾在波士顿银行、美国银行等金融机构担任高层管理职务，2007 年标准银行收购美国银行的阿根廷机构（阿根廷标准银行的前身）时，他就是该行的 CEO 并获得留任，在阿根廷金融领域有较高的声望。

为获取阿根廷政府对本次交易的支持，我和杨凯生行长在监管审批期间相继出访阿根廷，拜会政府高级官员，就审批工作沟通。其他副行长及董事会秘书分别带队走访阿根廷央行，对阿根廷央行在工商银行收购阿根廷标准银行项目中给予的支持表示感谢，希望工商银行能早日进入阿根廷支持当地经济社会发展和中阿贸易投资往来。

在 14 个月的审批过程中，工商银行和南非标准银行及小股东回答了阿根廷央行关于交易方方面面的数十个问题，交易终于在 2012 年 11 月 8 日获得阿根廷央行批准，交易交割的条件得到满足。

正式交割

在完成了交易所需的各项监管审批之后，工商银行与交易卖方于 2012 年 11 月 30 日履行了股权与资金交割。我与王丽丽、胡浩赴阿根廷参加了交割庆祝仪式。仪式邀请了阿根廷政要、重要企业领导人、阿根廷标准银行原股东、主要客户和我国驻阿政府官员等出席，简单而庄重。

我向出席的嘉宾表示感谢，讲到阿根廷标准银行构建了科学而严谨的公司治理机构，具备较为完善的银行服务网络，并且拥有一支优秀的员工队伍和管理团队，是一家在阿根廷具有一定影响力的主流银行。工商银行在入主阿根廷标准银行以后，将会同南非标准银行共同为子行带来一亿美元的注资，进一步增强子行在当地市场的经营能力，同时将依托工商银行强大的业务平台和全球化网络，充分发挥工商银行的强大实力，服务于日益扩大的中阿经贸合作往来，为当地企业、在阿中资企业和个人客户提供全面、优质、高效的现代金融服务。

我在阿根廷标准银行中层以上干部大会上向员工介绍了工商银行的情况，以及工商银行为什么选择收购阿根廷标准银行，并对子行未来发展提出了殷切希望，希望阿根廷标准银行在 ICBC 建设最盈利、最优秀和最受尊敬的国际一流现代金融企业的总目标下，既成为阿根廷最优秀的外资银行之一，也成为中阿经贸往来的必选银行和中高端客户的首选银行。工商银行集团将在资本、业务资源、管理人才等方面提供强有力的支持。

并购整合

这一次交易是工商银行第一次收购一家有如此规模、具有美资背景的主流银行，要真正管理好这家拥有 3000 名员工的阿根廷主流银行对工商银行来说是一个巨大的考验，为此我提出了"保稳定、促发展、做加法"的工作要求，这九字方针为日后的整合工作顺利开展奠定了

会见阿根廷标准银行管理层

坚实的基础。为应对挑战，工商银行人力资源部迅速在全行范围内精心遴选出了一支高素质的整合团队，团队的各位成员均是总、分行各业务条线的骨干精英。

在派驻团队的同时，工商银行也希望保持现有管理团队的稳定，这是确保阿根廷标准银行平稳过渡的重要一环。2011年10月初，工商银行邀请阿根廷标准银行管理层来华访问。我们亲切地称呼远道而来的阿根廷客人是"一家人"，举办了行内各部门与阿根廷标准银行的沟通会，加深了双方彼此之间的了解。此外，工商银行还安排该行管理层访问了数据中心、私人银行总部、上海分行、广东分行、私人银行部广州分部以及境外机构工银亚洲、工银国际。访问中，工商银行先进的IT系统、广泛的网点布局、优质的客户基础、多元的业务结构、强劲的创新能力和市场竞争力给阿根廷标准银行管理层留下了深刻的印象。通过这次访问，阿根廷标准银行管理层进一步加深了对中国和工商银行的认识，充分感受到了改革开放后的中国已屹立在世界大国之列，而借力中国经济发展，工商银行也逐步成为全球最大的金融机构。当时，阿根廷标准银行个人与商业银行业务负责人约翰内斯·鲁茨（Johannes Roets）用博客记录了整个中国之行，并和远在地球另一端的阿根廷员工分享他的所见所闻，他在博客中写道："在参观完上海和广州之后，我受到了强烈的震撼。这两座繁华的城市，让人清楚地了解到中国真正的经济实力。ICBC 的北京数据中心也给我留下了深刻的印象。"这使中国和工商银行在阿根廷标准银行本地员工中的印象逐步清晰，多日的接触也使阿根廷标准银行团队感受到了工商银行大家庭的良好氛围，坚定了对并购后银行发展的信心。

为实现顺利接管与全面整合，工商银行与阿根廷标准银行共同成立了过渡期执行委员会，建立了全面工作对接机制。双方按业务板块梳理对交割后经营发展有实质性影响的关键整合环节，提出 300 余个重点事项，抓紧制定全面并购整合方案，并稳步推进品牌转换、域名和商标注册等工作。

关于在一个新的国家使用域名的问题，工商银行也在阿根廷有了新的体验。工商银行在全球各个国家和地区设立机构时，一般都使用比较统一的域名"icbc.com 加国家代码"，如果在阿根廷，就应是"www.icbc.com.ar"。但当工商银行的工作人员到阿根廷当地域名管理机构申请注册此域名时，却发现此域名多年前就已被人注册。经过了解，发现注册域名的人并非公司名称中存在 icbc 等字母，而是主要为了抢注以后倒卖给真正需要的人。工商银行一方面通过律师采取维权措施，于 2012 年 2 月初向阿根廷域名管理机构提交了维权律师函，希望通过法律途径取回该域名；另一方面对 www.icbcbank.com 等候选域名做了保护性注册，作为备选。经与阿根廷域名管理机构多次协商和积极争取，也与最初注册该域名的人协商沟通，终于在 2012 年 3 月 7 日维权成功，"www.icbc.com.ar"域名最终属于工商银行所有。

在多方共同努力下，阿根廷标准银行项目工作组在中国业务拓展上取得明显成效。工作组在北京成立不久后，就启动了对中国业务的提前布局。通过对接阿根廷驻华使馆，对中阿经贸合作情况进行摸底，并前往对阿根廷投资贸易活跃地区的分行了解客户情况，建立了在阿中资客户信息台账，锁定数十个客户作为今后营销重点，基本涵盖了在阿投资的重点中资企业。工作组与阿根廷标准银行组成联合营销团队拓展中资客户，采用"充分发挥各自优势，共同营销目标客户"的工作思路，经过短期磨合已探索出一些被中资客户认可的有效工作方式。比如，探索了对不同类型中资企业的金融服务模式，把在阿中资企业根据业务类型划分为资产收购、工程承包、双边贸易、企业并购等四种类型，筛选出一些代表性强、影响力大、时效要求高的客户作为率先突破的对象，通过尽快做成一批典型案例，树立在驻阿中资企业中的口碑。阿根廷子行的中资企业覆盖了中资企业在阿根廷开展业务的各个主要行业，华为、中石化、中冶、中远、中兴、中检、亚太石油、运城制版、清华同方、中国驻阿大使馆等都成为子行的客户。

在全面推进并购整合准备的过程中，困难并不少，品牌转化和离岸业务承接是其中两个比较突出的问题。

从国际化战略实施以来，工商银行一直实行统一的全球品牌战略，全球分支机构均使用统一的名称和标识。在工商银行以往的跨境并购中，由于并购对象规模较小，网点和客户数量不多，在品牌转换环节一直较为顺利。工商银行工作组进驻阿根廷标准银行后与管理层进行了多次会谈，根据管理层介绍的情况，工作组和项目执行团队敏锐地意识到品牌转换问题对于阿根廷标准银行项目来说是一个非常重要的问题。工作组随即与阿根廷标准银行管理层就品牌转换问题制订了工作计划，以保持客户和市场稳定为出发点，在借鉴阿根廷标准银行和当地同业过往收购案例经验教训的基础上，进行了广泛的市场调研，

更换招牌

经过多次的磋商和讨论，改变了从联合品牌到单一品牌的两步走思路，拟定了"一步到位"方案，即在过渡期结束后直接把子行对外商标名称由目前的"Standard Bank"转换成"ICBC"。这一方案利用工商银行雄厚品牌实力形成外溢效应，降低了二次转换造成的不必要成本，避免了联合品牌歧义。

在随后设计品牌 Logo 和制订品牌宣传方案时又遇到了很多问题，一个典型的例子是如何与汇丰的"HSBC"品牌进行区分。汇丰在阿根廷是主流外资银行，市场定位和目标客户与阿根廷标准银行很相似，"HSBC"有两个字母与"ICBC"相同，整体发音相似，标识在颜色、图形等方面与"ICBC"标识相似。市场调研中工作组发现，当向客户出示 ICBC 时，绝大多数客户首先会联想到 HSBC，误认为工商银行是 HSBC 或是 HSBC 的附属公司。面对这一问题，工作组和阿根廷标准银行除在品牌转化时扩大宣传效果之外，还在网点门楣标识等方面下功夫、花心思，在"ICBC"标识基础上，辅以英文全称，以和汇丰银行进行区分。诚然，工商银行在中国是一个广为人知的品牌，但是在阿根廷，工商银行还是一个新的品牌，当地影响还需要继续提高，一个新的品牌在阿根廷要扎根、发展、壮大，有很长的路要走。

经过周密的筹划，阿根廷标准银行于 2013 年 4 月 8 正式更名为 "Industrial and Commercial Bank of China（Argentina）S. A."（以下简称工银阿根廷），并以 ICBC 品牌对外服务。在更名过程中，工银阿根廷向近 90 万个人客户寄送了专门的更名通知，介绍了更名事宜，并表示将一如既往地为客户提供优质的金融服务。更名后的社会反响比较积极，中国驻阿根廷大使馆官员给予了高度肯定。后期又通过继续赞助阿根廷国家足球队、橄榄球队以及国际贸易学校，强化了品牌影响。

新的征程

并购后的工银阿根廷以一种新的面貌立于阿根廷金融业中，并成为工商银行网点、员工数量最多的境外机构，也是拉美规模最大、业务最全面的中资银行。良好的整合过程使银行各项业务在稳定发展的基础上迸发了新的活力。子行以产品和服务创新为驱动，不断巩固本土经营优势，强化对优质目标市场的拓展力度，始终坚守合规风险底线，优势业务地位进一步巩固，跨境人民币等关键业务实现零突破，资产质量有所改善，品牌影响力、市场美誉度和客户满意度进一步提升，经营效益接连迈上新台阶，资产负债规模、净利润等主要业务指标排名从交割前的第十一名、第十二名成功跻身阿根廷十大商业银行之列。原阿根廷标准银行拨备后利润稳定在 0.5 亿美元左右的水平，交割后，工银阿根廷拨备后利润于 2013 年一举突破 1 亿美元，2014 年突破 2 亿美元，2015 年更是在阿根廷比索全年大幅贬值 53% 的情况下，逆势上扬，实现了拨备后利润 2.59 亿美元，税后净利润达 1.69 亿美元，利润增幅在当地主要同业中名列第一。

在阿根廷标准银行收购项目交割后，工商银行和标银集团很快就向工银阿根廷注资 1 亿美元。这一注资执行如此迅速，主要得益于在收购时就进行了筹划，并且写入了工商银行收购阿根廷标准银行的协议。工商银行在进行尽职调查时，就对阿根廷标准银行的资本水平进行了重点关注。阿根廷标准银行 2009 年和 2010 年末的资本充足率都是8.7%，符合阿根廷当地的监管要求。但是，阿根廷央行当时的资本充足率要求是基于《巴塞尔协议Ⅰ》的，如果根据基于《巴塞尔协议Ⅱ》的英国金融监管局和中国银监会要求进行测算，预计的资本缺口分别约为 1.02 亿美元（25% 的缺口）和 1.14 亿美元（27% 的缺口）。当时阿根廷央行已经宣布未来将依据《巴塞尔协议Ⅱ》对银行资本要求进行监管，但生效日期尚未确定。此外，如果工商银行收购阿根廷标准银行，势必会把自身雄厚的中资企业客户资源对接到收购标的，为其打开中资企业的大门。可以预见，阿根廷标准银行的业务在交割后也将得到快速发展，资本的消耗可能会加快。基于这些考虑，工商银行与南非标准银行集团在协议中就规定，双方在交易完成并履行相应监管审批程序后，向收购标的注资 1 亿美元，其中工商银行注资 8000 万美元，标银集团注资 2000 万美元。2012 年 11 月 30 日，阿根廷标准银行收购项目交割，2013 年 2 月，工商银行与标银集团就完成了向工银阿根廷的注资。

坚持立足本地，着力发展中高收入个人客户及优质中小企业客户，一直是工银阿根廷实施大零售战略的重要指引。并购以来，子行始终坚持拓展客户基础、强化产品和渠道创新，大零售板块盈利能力逐年提升。例如，个人业务条线积极实施个人优质客户倍增计划，通过与大型商场、超市、购物中心等合作开展消费促销、现场办卡等活动，针对高端客户举办艺术欣赏、展览参观、餐厅优惠等多种高附加值活动，积极挖转优质客户，壮大客户基础；开展优质中型企业客户拓展计划，充分发挥子行作为中阿贸易桥梁的地位，通过各种附加服务、参加行业展会等提升产品市场竞争力与影响力；为提升精准营销水平，高效开展存量客户维护和潜在客户拓展工作，成立了数据分析与客户行为分析团队；启动并全面实施 e-ICBC 战略，投产西语版手机银行，不断完善网上银行的产品与服务，提升线上渠道的竞争力。截至 2016 年上半年末，子行个人客户数达 104.3 万；中小企业客户达 3.86 万。信用卡总量达 105.41 万张，借记卡 60.57 万张，成为工商银行首个拥有百万信用卡的境外机构；2014 年个人业务条线首次实现整体盈利，取得了历史性突破；2015 年全年实现税后利润 7.32 亿阿根廷比索，实现了"三年翻两番"的跨越式发展；机动车贷款以及基金销售等优势业务市场地位得到进一步巩固。

工银阿根廷依托"跨境贷款""探戈通"等优质创新产品与全领域金融服务，实现了离岸资源对在岸业务的重要补充与促进，推动大型公司和机构客户增至千余家，当地大型客户市场渗透率接近 70%，阿根廷本土和外资在阿主要大型企业基本已是银行客户，例如，2013 年工银阿根廷取代花旗成为 VISA 组织在阿根廷的现金管理银行，重新成为雪佛龙、嘉吉等跨国公司的主办银行；利用工商银行的全球现金管理优势吸引了雷诺汽车、宝马汽车等客户在阿根廷子行重开账户；成功中标 IBM 阿根廷代发工资业务，在其他拉美国家 IBM 均选择花旗银行提供该服务。自交割以来，子行创造了多项精品业务的领先。其中，资产托管业务持续排名第一，市场份额逐年上升，已占据当地市场"半壁江山"；跨境贷款、信贷集中业务全线贯通，有力维护了子行一流国际银行地位；"探戈通"特色业务余额峰值突破 4 亿美元，贸易金融市场竞争力持续提高，工银阿根廷成为本地市场上贸易融资业务第一大行；结现业务量从交割前约月均 1000 亿阿根廷比索，增加至 1700 亿阿根廷比索，在当地可比同业中，子行现金管理付款业务服务质量排名市场第一、收款业务服务质量排名第二，市场份额逐年上升；"投商联动"推进债券发行业务，当地市场排名从 2012 年交割前的第十五名迅速提升至 2015 年的第三名，排名超越花旗、汇丰等多家国际大型银行。

并购后工银阿根廷成功应对金融市场数次大幅震荡，确保了零风险事件，对实现盈利能力的稳步提升起到了关键性的作用。在总行的指导下，子行准确把握市场走势、及时调整市场风险限额、灵活调整交易策略，成功应对了2014年第一季度阿根廷比索的大幅贬值和其利率的大幅飙升、2014年7月部分阿根廷政府债券出现技术性违约、2015年新政府上台阿根廷比索的再一次大幅贬值，以及2016年6月英国脱欧"黑天鹅"事件，化"危"为"机"，赚取了超额收益，取得良好成效。除了充分发挥做市商的交易优势外，工银阿根廷将跨境人民币业务的发展作为实现金融市场业务新发展的突破口。在总行的大力支持以及子行的积极配合下，中国人民银行于2015年9月授权子行担任阿根廷人民币业务清算行。子行积极在阿根廷存在严格外汇管制、本币为弱势货币、汇率形成机制和汇率管理能力尚未成熟、人民币业务几乎为空白的环境下开展人民币业务路径和策略的探索，抓住客户经常项目项下与资本项目项下的人民币业务需求，推进清算行建设。

为发展与在阿中资企业的业务关系，服务中阿之间的金融贸易活动，工银阿根廷专门成立了中国业务部，形成了既区别于集团其他境外机构市场部门，又相对独立于子行原有市场部门的特有架构，发挥中资企业和子行、子行和母行之间内外联动的桥梁作用，目前子行已成为阿根廷中资企业主办银行，并朝着打造中阿项目专营银行的目标不断努力。2013年6月，在中国驻阿根廷大使馆的推动下，工银阿根廷联合在阿中资企业发起设立了阿根廷中资企业协会，连续出任首届和第二届会长单位，在扩大中阿经贸合作层面发挥着积极作用。经过长期的铺点营销和借助中资企业协会平台，子行与所有在阿中资机构均建立起良好的联系和沟通管道，2016年6月末，在阿中资企业覆盖率超过90%，活跃账户覆盖率达到100%，远远高于任何一家当地可比银行同业。中资客户在子行的数量由交割前的2户增加至60户。华为、中兴、中烟、中冶、中远等公司将业务转移至子行；中石化、中海油、中粮等大型央企明确表示银行业务优先选择与工银阿根廷合作，子行已成为名副其实的阿根廷中资企业主办银行。2014 年中国国家主席访问阿根廷，在两国元首见证下，工商银行签署了 55 亿美元葛洲坝集团基塞水电站、25 亿美元中国机械工程公司贝尔格拉诺（Belgrano）铁路贷款合同和 59 亿美元中核集团重水堆核电站三方协议。中阿之间的第一个重大合作项目 Belgrano 铁路改造、中阿实施中最大合作项目基塞水电站项目（KCHP）以及中阿当前正在推进的最大合作项目重水堆核电站都落户子行，中阿之间总计 15 个重点项目的中方牵头企业，只要注册了阿根廷机构的，都在子行开立了账户。这些成果和新的业务天地，让子行本地同事切实感受到了来自母行股东的加法效应。

充分利用"One Bank"集团优势推动对跨国集团客户的营销，积极实施外外联动，一直是工银阿根廷的工作重点之一。交割以来，子行已与集团境外十余家机构开展了实质性联动：2013 年 11 月，工银阿根廷联动标银伦敦并携手南非标准银行集团，成功为全球最大的手机和无线设备供应链服务商布莱斯达集团筹组 1 亿美元结构化贸易融资，其中 3000 万美元贸融票据由工银阿根廷保兑、工银伦敦以风险参贷方式进行贴现，其余 7000 万美元由标银伦敦联合工银阿根廷向中美洲银行和机构投资者分销。项目过程中，总行多个部门大力支持，工银阿根廷牵头推进、工银伦敦直接参贷、纽约分行配合营销、标银伦敦单证处理并贴现、中美洲部分机构融资参贷，实现了多个市场的成功联动运作，成为集团联动的典范。

2014 年，工银阿根廷向阿根廷第二大油气生产商 PAE 泛美能源提供总额达 2.375 亿美元的 A/B 贷款①，这既是首次突破在阿最大中资企业，为下一步撬动该企业相关业务以及其他相关企业创造了有利条件，也是首次搭建工商银行集团与在拉美拥有较大影响力、在阿根廷严格

---

① 由国际多边金融机构与商业银行共同参与的银团贷款。

外汇管制政策中可以获得外汇债务本息优先偿还的区域性银行之一的 CAF 银行之间的合作管道，特别是 A/B 结构为子行抓取更多更好的业务机会提供了又一个有力的平台。2015 年以来，在总行境外资产业务中心及平台行大力支持下，子行为阿根廷本地油气、能源、农业、水泥等行业大型优质客户成功筹组 18.7 亿美元离岸融资，其中我方直接参贷 4.5 亿美元。根据世界银行集团国际金融公司（IFC）统计，2015 年子行与德商银行并列成为其拉美地区第二大合作伙伴。截至 2016 年 5 月末，工银阿根廷与工银亚洲、纽约分行、多哈分行、迪拜分行等集团境外机构先后联手叙做探戈通业务 230 笔共计 13.69 亿美元，不仅对阿根廷油气能源、矿产资源、汽车制造、食品加工和现代农业等关键战略性产业形成有效支持与开拓，还推动子行贸易融资服务跃居当地市场前列，实现了业务竞争力的不断提升。2016 年，子行与迪拜分行完成了 4 笔合计金额 1 亿美元的资金拆借业务，实现了跨境融资交易的突破，填补了子行与集团内交易对手在金融市场业务领域合作的空白。

在拓展业务的同时，子行也不忘品牌建设与文化传承。子行总部办公楼已成为首都地标性建筑，遍布阿根廷主要城市的 100 余家网点提升了品牌影响力。各大商场可见 ICBC 银行卡的促销信息，电视、电台里不时播放 ICBC 宣传广告。为进一步树立和提升 ICBC 品牌影响力，子行在获得第 87 届奥斯卡金像奖最佳外语片提名，以及 2014 年戛纳电影节金棕榈奖提名的阿根廷影片《蛮荒故事》中进行了广告植入，产生了良好的市场反响。子行还通过积极履行社会责任，参加公益活动关注阿根廷民生发展，品牌地位和市场影响力得到进一步巩固。2013 年 11 月，阿根廷主要商业刊物《市场》杂志公布了当地最新的市场杰出品牌排名，工银阿根廷的公司投行业务品牌排名第 2，超越花旗、汇丰、桑坦德等在阿外资银行和阿根廷国民银行等本地主要银行。2015 年在阿根廷最具影响力的财经杂志 APERTURA 的 "阿根廷企业品牌形象 100 强" 评选中，工银阿根廷首次进入前 50 强。同年，在该杂志开展的 "最佳雇主" 评选中，子行获评银行业第 3 名，总排名第 24。

2015 年，子行还被阿根廷银行与保险行业权威杂志《银行与保险》授予"年度公益服务特殊贡献奖"，以表彰子行在当地积极开展公益活动、履行社会责任等方面作出的突出贡献。工银阿根廷逐步消化吸收原有先进管理方法，中阿双方人员不断融合，文化整合初见成效：工银阿根廷在总部办公楼中开辟专区建立子行的行史陈列室，已收到募捐展品逾百件，其中包括 20 世纪 20~50 年代的储蓄存折、60 年代支票打印机、60~90 年代流通的阿根廷比索纸币、波士顿银行组织构架图及高管层照片、波士顿银行成立五十周年纪念铜币、波士顿银行成立八十周年行史纪念册、波士顿银行行旗、1941 年版银行信托条款、1982 年版客户服务手册、波士顿银行信息安全操作手册、波士顿银行业务竞赛奖杯等珍贵史料。工银阿根廷借助行史陈列室这一有效而独特的企业文化载体，不断积累子行的物质财富和精神财富，不仅使子行近百年变迁的历史保持了连续性和完整性，延续了子行在阿根廷的发展历史，更为 ICBC 品牌在阿根廷的持续发展奠定了文化基础。子行通过内部刊物《桥》，向员工宣传集团战略和发展规划，介绍集团的产品和业务优势，分享子行员工到境内机构学习交流、业务合作的心得体会，不断提升员工对企业文化的认同感。2014 年南京青奥会，子行选拔五名优秀青年员工前往江苏与江苏分行员工一起加入青奥金融服务团队，出色完成青奥会涉外金融服务任务，并向全世界的宾客展示了工商银行国际化水准。

第十五章

落子成棋
打造全球市场交易平台

—— 收购标准银行公众有限公司

2014年1月15日上午10时许，中国工商银行股份有限公司董事会在工商银行总部大楼A座十层第四会议室热烈地进行着。关于收购标准银行公众有限公司（以下简称标银公众）多数股权的议案是本次董事会讨论的重要议程之一。

战略管理与投资关系部汇报完此次并购方案后，出席董事会的十余位董事及列席的来自工商银行十五个部门的负责人开始就所关注的问题发言提问。"这是一项复杂的交易，几本尽职调查报告像书一样厚，项目持续研究论证的时间已经是工商银行并购史上最长了。"尽管这次交易金额与之前的几次并购差不多，都是5亿~7亿美元的规模，但我们之前从来没有花费过这么大的精力，非常小心翼翼，反复下功夫要把目标公司的业务、机构的特点搞清楚、弄明白。这次收购很特殊，与过去的十多次收购不同，是工商银行第一次针对境外业务条线的收购，并购对象不同于传统商业银行的性质，整个过程我们始终很慎重。

　　"这个项目难点重重，但战略意义凸显"，时任董事会秘书胡浩说，"中国是全球第一大宗商品消费国，多种大宗商品的对外依存度较高，但中资银行的商品业务较为传统单一，不能满足中资企业避险保值的商品金融交易需求，中国对大宗商品的活跃需求要求中资金融机构相应提高商品交易能力。此外，从中国商品交易市场增长潜力和国际大银行经验看，我行发展商品业务面临战略机遇，有利于工行的综合化发展，也是对新利润增长点的有益探索。"

　　他进一步表示，"随着中国经济结构调整和金融改革深化，企业的资金需求越来越多地依靠资本市场满足，也更加关注利率、汇率市场化后的汇率波动引起的资产价值变化和利率波动引起的资金成本变化。从国际大型银行情况来看，花旗、摩根大通、汇丰等十家跨国银行2012年FICE（外汇、利率、信用、股权）业务收入合计约1200亿美元，占总体营业收入的25%。而五家大型中资银行的债券、外汇、股权等交易收入（不包括债券利息收入）占总收入的比重平均为1%～2%。如果能较好利用标银公众的产品体系、交易能力、运营平台、人才和经验，有可能使交易业务逐步发展成为我行除信贷业务外的又一重要增长点，既有利于支持实体经济的金融需求升级，又有利于推动我行经营转型"。

　　有的董事表示："2012年，该并购项目向董事会（战略委员会）汇报过一次，今天再一次提交董事会讨论，工行对这个议案的谨慎重视可见一斑。从迈进全球市场业务这个领域的意义来说，大到国家利益、填补空白，小到工行寻找新的利润增长点、尝试新的经营范围等，我赞成这个收购项目的战略性意义，值得一试。大宗商品和FICE交易业务与商业银行的传统业务之间有一定的差异，对工行是一种挑战，希望管理层能充分估计可能发生的困难和遇到的挑战。"

　　此次收购的对象标银公众是南非标准银行集团（以下简称标银集团）通过子公司标准银行伦敦控股有限公司（以下简称标银伦敦控股）

全资持有的英国银行机构，经营全球市场业务，是标银集团境外全球市场业务的平台，在全球市场业务特别是商品业务上形成了较为成熟的商业模式和一定的市场地位，可以说是一家具有国际水准的全球市场业务专业机构。经过 20 多个月的反复研究、讨论、调查、访谈，战投部会同金融市场部、贵金属部、风险管理部等近十个部门及投资银行、会计师事务所、律师事务所等中介机构，对标银公众的业务、财务、风险管理、人力资源、IT 运营、法律合规等情况进行了全方位的详细尽职调查，与卖方标银集团磋商了股份买卖协议，终于在这一天提交董事会审议。一年多的辛苦工作，600 多天的期盼，终于要在这一天开花结果。但真正迎来瓜熟蒂落，又是等到了一年后的 2015 年 2 月 1 日。

项目缘起

——工商银行发展商品业务的渴望

说起这个项目的起源，要追溯到 2011 年。工商银行是国内最早开展贵金属业务、最早设立贵金属专营机构的银行，由于培育早，发展迅速，在国内建立起较强的竞争优势。2011 年，工商银行的贵金属业务交易额为 1.78 万亿元，代理上海黄金交易所清算量达 1846 亿元。虽然在国内处于绝对领先地位，但如何在全球范围内发展贵金属业务，乃至商品业务仍是工商银行需要考虑的问题。中国在全球大宗商品市场上是最大的消费国，但非常可惜的是，我们在世界商品市场上基本没有影响力，工商银行作为国内最大的商业银行，有责任改变这种状况。

选择标银集团作为商品业务的合作伙伴，是因为商品业务是标银集团的核心业务之一。依托立足非洲的地缘优势和长期专业经营经验，标银集团在商品业务上形成了成熟商业模式和独特竞争优势，成为全球商品市场的重要参与者，在贵金属和基本金属领域拥有可观市场份额，并在一些地区和产品线上占据领先地位。工商银行要完全靠自己发展商品业务，肯定是一个漫长的过程。如果要找一个老师，那工商银行的战略合作伙伴、持股20%的标银集团无疑是一个很好的选择。

不断完善的合作思路

工商银行战投部和贵金属业务部的工作团队研究了标银集团的商品业务模式，也比较了工商银行所拥有的资源和优势。很明显，标银集团具有开展商品业务的经验、产品、平台和人才，工商银行则占据中国的广大潜在市场，拥有广泛的客户基础。双方的合作具有较强的优势互补基础。工作团队最初提出了两个方案，第一个方案是由标银集团和工商银行共同出资新设一家主要从事代客商品交易的公司，主要服务对象是工商银行在外外的对公客户、工商银行不能提供服务的境内机构客户和工商银行自身（标银集团是工商银行的主要实物黄金提供商和重要贵金属平盘交易对手），为前两类客户提供代客交易、套保等服务，同时为工商银行自营及个人投资业务提供平盘服务，以及全球商品市场信息。这种模式操作较为便捷，但对工商银行快速提高商品业务能力，成为全球商品交易领域的重要玩家助力不大。工商银行和标银集团要把这家合资公司发展壮大，也需要很长的时间。第二个方案是标银集团以现有商品业务（包括团队、系统、客户、物流网络）和资产出资，工商银行以现金及现有对公商品业务出资，在国际商品交易中心成立商品业务合资公司。合资公司以贵金属和基本金属交易业务为核心，面向机构和企业客户，覆盖全产业链。这种方案的优势在于，它有助于工商银行跨越式地获得在商品交易领域的发展平台，获得全球各主要商品交易市场的会员资格，以及一套完整的全球物流网和成熟的风险管理体系，但也面临操作难度大、初期投入大、与工商银行及标银集团现有业务的关系处理比较困难等难题。两种方式各有利弊。发展商品业务是一个复杂的工程，国际大型金融机构很多都是用了几十年时间才逐步建立起了商品业务，工商银行要发展国际化的商品业务，既要站得高、看得远，也要走得实、走得稳，把风险降到最低。

2011 年 11 月末，我赴南非参加工商银行非洲代表处开业庆典时，与时任标银集团 CEO 雅科·马瑞、公司与投行业务负责人大卫·门罗（David Munro）的会谈中提出了上述设立商品业务合资公司的设想。工商银行本想建设一个自己的商品交易团队，但考虑到标准银行在伦敦、新加坡、纽约等地已建立起成熟的商品业务平台，具备为客户提供服务的能力，也符合工商银行商品业务发展的需要，合作可能是一个很好的途径。我们双方可以探讨一下，在商品领域，有没有可能把标准银行现有的商品交易团队与工商银行的一部分团队组合起来，共同将中国以及世界其他国家和地区的需求作为一个市场来开展业务。雅科·马瑞和大卫·门罗对这个提议非常赞成，他们表示成立一个从事商品交易的合资机构，将有利于发挥工商银行联系更多中国大宗商品消费群体、标准银行联系更多上游供应商的优势。他们将积极筹组团队，与工商银行就商品业务合作进行探讨。随后，工商银行和标银集团的工作团队开展了细致深入的沟通交流，分析标银集团和工商银行的商品业务发展情况、双方各自的优势和不足，探讨双方最佳的合作方式和路径。随着对彼此了解的不断加深，双方也逐渐明晰了合作方式，更倾向于由工商银行入股标银集团位于伦敦的全球市场业务平台——标银公众，来实现合资。标银公众是一家受英国监管的银行金融机构，经营全球市场业务、公司及投资银行业务，下设全球市场部和投资银行部。全球市场部分为商品交易部、外汇交易部、固定收益部、股权交易部、衍生产品部 5 个二级部，商品交易部是其中规模最大、盈利能力最强的部门。这一新合作方式也符合标银集团自身的发展逻辑：2011 年起，在单一最大股东工商银行的建议下，标银集团决定将集团发展战略重点重新移回非洲，逐渐从非核心海外市场收缩以解放资本，稳步实现把海外投资从 30 亿美元降至 15 亿美元的目标，因此陆续出售了阿根廷、俄罗斯、土耳其等地的机构，标银公众也在业务精简的范围内。

随着双方沟通的深入，思路越来越清晰了。标银公众经营的业务包括全球市场业务、投资银行业务，可否将其中的商品业务单独拿出来与工商银行合作，总部还是放在伦敦，其他业务剥离。标准银行反映，这个合作结构会比较复杂，目前其人员、系统都在英国注册的银行之内，剥离起来有一定难度。2012 年 6 月 25 日，标银集团 CEO 雅科·马瑞致函工商银行，提出了工商银行通过直接入股标银公众 50% 股权成立合资公司的新方案。同时，该方案中有一项重要的新提议，即合资公司的业务范围除商品业务外还包括 FICE 业务。标准银行表示这主要是出于监管审批难度和时效性考虑，标银公众的商品业务与 FICE 业务条线关联密切，把商品业务一次性从中全部拿出成立合资公司，在监管审批、业务切割、系统分割、资产负债切割等方面复杂程度较高，大约需要 3 年，时间成本过高，且监管审批也面临较大的难度。

对标银集团提出的这项新提议，工商银行收购团队做了详尽的研究，包括目标银行的 FICE 业务能力、产品类型、重要客户、盈利模式，还比较了其他跨国银行该类业务的发展情况、业务规模，在收入来源中的贡献比例，特别是结合目前中国的市场发展阶段、政策导向以及客户实际需求等因素做了分析。

在利率市场化、汇率市场化、资本市场逐步双向开放、金融改革全面深化的背景下，中国企业面临的利率风险将相应加大，对资金的成本和收益将更为敏感，对汇率、利率产品的需求也将更加多样化、复杂化和国际化，这对中资银行的汇率、利率交易能力，以及提供更全面的符合国际交易规则和市场需求的汇率、利率避险保值产品提出了更高要求。当时中资银行的 FICE 能力普遍不强，业务规模、收入贡献和客户服务能力尚无法与大型跨国银行比肩。而放眼海外，FICE 业务是大型跨国银行的最重要业务线和收入来源之一。从收入占比来看，摩根大通、高盛、美国银行、花旗、汇丰、法国巴黎银行、德意志银行、瑞信、法国兴业等十家跨国银行 2013 年整体营业收入约为 5300 亿美元，FICE 业务收入约为 1300 亿美元，比重约为 25%。其中，德意志银行、高盛、瑞信的比重分别为 52%、47%、39%；美国银行、法国巴黎银行分别为 15%、19%。反观国内，工商银行、建设银行、中国银行、农业银行、交通银行五家大型中资银行的债券、外汇、股权等交易收入（不包括债券利息收入）在集团总收入的占比平均为 1%～2%。中资银行的综合经营化能力弱，不能简单归咎于监管，实际上除证券业务外，中国银行业务已全面开放，但我们自身的能力还有欠缺，如现阶段全球金融市场交易领域被欧美银行把控，中资银行在为客户提供高资本占用的融资服务时，部分盈利能力更强、资本占用更低的交易业务往往被外资银行拿走，中资银行迫切需要提高交易业务，特别是全球范围内交易业务的能力。可以判断的是，发展 FICE 业务是大型中资银行继续深化全球化、综合化发展的必然选择，也是中资商业银行进一步多元化业务和收入结构，实现经营转型的可行路径。但要进入这一领域的全球前列，即便是即刻行动起来，可能还需要几十年的努力，更严峻的现实是我们尚缺乏相关人才。

标银公众的 FICE 业务主要是代客业务，通过销售源自非洲和其他新兴市场的产品，以及利用回购融资和其他抵押类型融资产品为客户提供融资解决方案而获利。标银公众拥有较为完备的电子交易平台、运营管理制度和风险管理体系等可以支持更大业务量的业务平台及基础设施。标银集团在英国组建标银公众并以其作为连接非洲当地 FICE 产品和国际买方投资者群体的国际业务窗口，其所拥有的一定国际买方投资者客户群体是目标银行短期内不可复制的资源。同时，工商银行以新兴市场为重点的境外机构布局与标银公众 FICE 业务的目标客户也有较高的重合度。如果能较好利用标银公众的 FICE 产品能力、业务平台、运营经验和专业人才，工商银行将有可能抓住汇率、利率市场化和资本市场改革带来的现实与长远机遇，使 FICE 业务逐步发展成为除信贷业务外的又一重要增长点，推动全行经营转型。

工商银行战投部、金融市场部、贵金属业务部分别于 2012 年 9 月 10 日、9 月 27 日与标银集团公司与投行业务负责人大卫·门罗（David Munro）、时任全球金融市场业务负责人马克·范德斯普伊（Marc van der Spuy）、时任中国区负责人克雷格·邦德（Craig Bond）就标银集团全球市场业务具体情况、合资公司总体方案、合资的关键条款、合资公司对工商银行的协同效应等事项做了探讨和磋商，双方的合作思路进一步统一，方案不断完善。

经过长时间的沟通、磋商、谈判，工商银行工作团队就通过参股标银公众与标银集团合作发展全球市场业务的方案向管理层做了汇报，得到了管理层的支持。2012 年 10 月，标银集团 CEO 雅科·马瑞到访北京。我向他进一步说明了工商银行的投资思路，"我们希望标银公众在现有业务基础上把投资银行业务剥离出去，形成一个干净的全球市场业务公司，由工商银行投资 60%，南非标准银行持有剩余的 40%。希望能够给工商银行一个为期 5 年的买入期权，可以收购额外 20% 股权，至 80% 持股比例"。雅科·马瑞当即表示，"按照回归非洲的总体战略，对于标银公众的未来，摆在标银集团面前的只有两个选择，一个就是与工商银行合作，另一个就是缩减业务。如果工商银行愿意收购控股权，我们也乐见其成，所以您提出的工商银行持股 60% 完全没有问题，因为这意味着工商银行作为控股股东将对合资公司投入更多的资源，对公司的长远发展是有好处的"。

在战投部后续与南非标准银行方面的沟通过程中，南非标准银行态度较为积极，双方就交易结构及交易对价初步达成了一致。工商银行可先收购标银公众 60% 股权，并享有为期 5 年的买入期权，可在交易完成后第 2 年根据自身意愿选择行使期权，将持股比例增至 80%。交易对价为标银公众净资产的 60% 减去 0.8 亿美元的折扣。2012 年 12 月，工商银行并购团队携投行、会计师、律师与标银公众管理层首次见面，拉开了尽职调查的序幕。随后的几个月里，团队展开了慎重而又高效的非现场尽职调查和投资条款清单（Term sheet）的谈判。六个月里，尽职调查团队审阅了南非标准银行在网上数据库中上传的 3000 余份材料，并通过视频和电话对标银公众各部门负责人做了多轮访谈，形成了对标银公众发展战略、业务概况、商业模式、风险控制、信息系统、人力资源、法律合规等的初步结论。

深思熟虑的收购方案

工商银行的非现场尽职调查是全面慎重的，而标银集团同时也充满急切。当时，市场上对两家银行的接触出现了一些报道和传言，随着大宗商品市场的动荡和监管的趋严，标银公众发展的不确定性增加了，是保留全部股权，通过削减成本、关闭部分业务维持自身发展还是将控股权卖给工商银行，引入大型战略合作伙伴，从而注入新的资本、客户资源，带动盈利新增长？

踌躇了很久，标银集团新任联合首席执行官本·克鲁格决定带领标银的团队赴工商银行拜访我和时任行长易会满，通过面对面的对话再次确认工商银行的投资想法，寻求清晰的答案。2013 年 7 月，双方在工商银行总部大楼 9 层进行了会谈，本·克鲁格开门见山地提起了标银公众项目，再次把未来如何发展标银公众的几个想法与工商银行坦诚又不乏技巧地全盘托出："关于标银公众，目前标银集团有三种可行的选择。第一种选择是我们 100% 保留伦敦业务，通过整合后台部门（这将减少成本），在 FICE 业务保持现状的基础上，把大宗商品业务重心集中到基础金属和贵金属上，逐步减少能源、钢铁、煤炭方面的业务，以及通过将业务专注于非洲和亚洲等新兴市场等措施进行成本削减和改革。我们认为这样的安排既有利于标银公众得到更高的信用评级，占用资本不会太高，也不会引起利润表的太大波动。不瞒您说，两周前，我们在伦敦举办了一个非洲投资者会议，富达（Fidelity）、黑岩（Blackrock）等逾140家全球知名机构投资者都积极参会，两天内逾60家非洲公司和投资者举行了上千场会议。这样的吸引力也印证了您一贯的观点，我们作为一家非洲本土银行，在非洲市场与巴克莱、渣打比起来是非常有竞争力的。第二种选择是在工商银行的国际化过程中，与工商银行开展更为紧密的合作。例如，将一些海外资产出售给工商银行，当然要谨慎地确保资产是优质的，在这方面，我们仍然很愿意考虑将标银公众60%~80%的股权出售给工商银行。第三种选择是先出售40%的股权给工商银行，然后随着合作的深入再出售更多的股权，这样工商银行有更多的时间来了解收购标银公众的后续效果。我之所以再次跟您提起这三种选择方案，是因为我们坚信能把伦敦这块交易业务发展成带来许多价值的优质资产，而且这块业务能在集团内产生更大的协同效应。过去两年，我个人一直都高度关注并参与这个交易，跟进监管层的沟通，确保机构调整有序进行。我和主管投行和公司业务的负责人David Munro认为，哪怕工商银行决定不收购了，也不是完全不可接受的事。看到工商银行过去十年取得的成绩，我们相信这些资产在你们手里会比在我们手里产生大得多的价值，我们对今后十年的发展也充满期待，只是以工商银行的规模和发展水平，我觉得你们也可能更倾向于按照自己的规划新设机构。所以我今天来就是想跟您确认，如果真是那样的话，我们完全理解并接受。"

我非常感谢这样直接、坦诚的交流，回复说："一直以来，工商银行与标准银行集团是非常好的合作伙伴。如果南非标准银行认为自己持有标银公众是一个最好的选择，通过成本控制，可以使这个公司很好地盈利，并与标银集团原有的FICE业务较好地结合，我们是支持的，将不再对其进行收购。作为最大单一股东，标准银行集团利益最大化也是我们的一个目标。

第二个方案是继续我们原来的合作，工商银行先收购标银公众60%股权，并享有为期5年的买入期权，可以把持股比例增至80%，两家银行共同把这家公司经营好。目前，我们的工作团队正在进行尽职调查和管理层访谈，这个月大概会结束，下个月会开始具体条款及协议的协商。这个方案也存在一些需要关注的地方，一是合资公司将来应如何与南非标准银行现有的业务有机结合，其很大一部分业务跟标准银行非洲、亚洲地区的业务密切关联，将来协同效应的发挥需要仔细思考和安排。二是如果我们参与投资，将会努力给标银公众带来更多的业务，将它发展做大，增加它的盈利。但目前标银公众的成本较高，削减成本将面临较大压力。第三个方案我觉得不用考虑了。你们可以慎重地讨论一下，你们的任何决策，我们都尊重、支持。"

本·克鲁格回应道："非常感谢您的理解和支持。刚才跟您提及的内容我们已经在董事会仔细讨论过。目前董事会和我们认可的是，如果第二种方案更切实可行，那我们更倾向于第二种方案。我们对与工商银行在全球市场业务方面进行合作的前景非常乐观且抱有激情。我今天跟您提起这些想法的原因是我们认为工商银行和标准银行集团双方之间的长远合作关系远远比这笔交易重要，我想让您了解如果工商银行认为第二种方案并不是优选的话，那么我们也是能接受第一种方案的。最后我表示就按第二种方案继续往前推进，我们很高兴。如果以后工商银行方面有其他顾虑和问题，我们可以随时像今天这样与工商银行坦诚沟通。"

如琢如磨的尽职调查

收购方案确定后，2013年7月，在前期非现场调查的基础上，项目进入现场调查阶段。工商银行尽职调查团队赴目标银行最主要的两个交易中心伦敦、新加坡进行了现场尽职调查和管理层访谈，按业务，风险管理，财务、资本和流动性管理，信息技术（IT）和运营，法律合规，人力资源等6个专业分头与目标银行对口部门负责人做了十几场深入讨论，基本摸清了非现场调查阶段发现的潜在风险和问题，向管理层做了专题汇报。尽职调查团队系统性地归纳了标银公众的业务特点，勾勒了其业务全貌：标银公众的全球市场业务主要分为商品业务和FICE业务两大板块。商品业务方面，标银公众从1994年开始涉足商品业务，在此领域积累了丰富的经验，与产业链各环节的客户，尤其是生产商和贸易商建立了深厚的业务联系，通过为客户提供实物交易、金融交易、长期供货协议（off - take）、回购等较为全面的产品服务，来满足客户的实物、融资及风险对冲需求。依托实物运作能力提供相关金融服务是目标银行区别于其他涉足商品业务金融同业的特点。FICE业务方面，标银公众的FICE业务拥有较完整的业务能力，侧重于销售源自非洲和其他新兴市场（中东欧、中东地区）的金融产品，通过代客交易和做市交易获利。与其他投行相比，标银公众销售和交易新兴市场相关金融产品，尤其是非洲产品的能力是其FICE业务最突出的特点。

尽职调查过程中，工商银行团队的敬业精神和专业素养得到了标银公众员工的交口称赞。"一切以便于工作为原则，越方便越好"，在征求工商银行尽调团队关于午餐的意向时，标银公众得到是这样的回复。后来，尽调期间工商银行团队每天的午餐都是在标银公众会议室通过外卖解决的。由于尽调团队不少成员都是第一次来伦敦，标银公众方面在安排日程的时候特意在最后一天上午留了半天空，以便大家能有时间休息调整。可最后一天上午他们来到办公室，发现尽调团队已早早等在那里，惊讶得嘴都合不拢了。"这个地方我昨天回去又思考了一下，还有几个相关的问题需要和你们讨论"，一位工商银行风险管理部的女处长指着一份尽调材料说道。就这样，尽调团队又利用最后半天的时间抓紧和标银公众开了几场分组讨论会。由于早晨收拾行李没吃早餐，在紧张的讨论中这位女处长还出现了低血糖的症状险些晕倒。感慨之余，标银公众也感受到了工商银行的诚意和热情，对未来合资公司的前景坚定了信心。

在 7 月的尽职调查中，团队还注意到标银公众的全球市场业务中有一部分工商银行尚未涉及，收购后这些业务的风险管理及系统整合需要认真研究。根据管理层指示，为深入分析标银公众在风险、运行管理和 IT 领域与工商银行的流程、系统差异，研究形成交割后过渡期安排及未来商业计划的思路，工商银行战投部会同内控合规部、风险管理部、信息科技部、运行管理部于 11 月中旬再赴伦敦，对标银公众做了中后台专项尽职调查。调查小组分成风险管理、合规与反洗钱管理、信息技术（IT），以及运营管理四个方向，与标银公众对口部门负责人进行了问答式讨论，就相关领域细节问题做了详实研究，并以交易大厅现场演示为重点，选取标银公众重点业务线的典型交易品种，由交易员及业务线负责人具体演示每一交易发起、询价、交易、估值和风险管理的实际操作过程，基本摸清了各自专业领域情况，就相关专业领域交割后安排形成了初步思路。赴现场二次开展尽职调查在工商银行并购史上是不多见的，这也从侧面体现了工商银行对本次收购的重视和审慎。

热闹的董事会会议

董事会审议继续进行……另一名董事翻开了折在尽职调查人力资源章节的页脚，提问道："从报告来看，人员成本是目标银行最主要的成本项目，在总成本中的占比逾 50%。2012 年，前台、后台人员人均成本分别达 48 万美元和 20 万美元。他们的薪酬水平和薪酬文化与我们显然是有一定区别的。我想听听，收购完成后，你们如何能在保证核心业务人员稳定的前提下，控制人员成本？"

这名曾在海外知名大型金融机构有多年管理经验的董事一针见血地指出了工商银行与标银公众的重要差异以及在今后整合过程中面临的一个挑战。并购团队对此问题已经做过深入思考。时任董事会秘书胡浩回答道："首先，全球市场业务是以人力资源为核心的业务，关键人员的业务能力很大程度决定了公司业绩，我们认为保持市场化薪酬以稳定核心业务人员对标银公众非常重要。目前，目标银行各类员工薪酬与伦敦同业一致，如果收购后大幅减薪，较有可能出现重要人员向同业流失的情况，这将会影响合资公司业务的正常发展，这是我们不希望看到的。与此同时，我们与标银公众银行管理层讨论了其正在实施的重组裁员计划，工商银行希望通过该计划减少非业务核心人员数量，并加速重组进程，在收购交割前完成全部计划。当然，重组计划要在符合英国监管机构对银行的监管要求，保证独立运营、业务正常开展的前提下进行。为了避免核心业务人员的流失，我们与标银公众讨论确定了关键人员名单，并在协议中约定标准银行应确保在交割前将这些关键人员的流失率控制在一个很低的比例之下。综合考虑，我们认为短期内大幅压降标银公众的薪酬支出可行性不高，我行需更多地从提高业务量和收入入手改善目标银行盈利，从提高单位薪酬的收入创造能力入手控制薪酬费用。"

在做最后决策的时候，说工商银行的高管层没有任何犹豫和顾虑是不真实的，历史性的拍板需要智慧，更需要勇气和担当，尤其对担负着重大责任的大型国有银行的境外投资更是如此。事实上，当时我与易会满行长、钱文挥监事长及其他行领导与工商银行全球市场业务相关负责人及业界专家做过深入交流，领导们一致认为，此次收购对工商银行有重要战略意义。国际主流全球市场业务是工商银行尚未完全具备但迟早应该具备的功能，这个坎是绕不过去的。如果工商银行单靠自身，要建设一个符合国际标准的全球市场业务平台、基础设施及专业团队，至少需要二十年。标银集团花了二十余年打造标银公众，使其在全球市场业务上建立了比较成熟的业务平台和业务模式，拥有较高素质的专业人才队伍、多个重要国际商品交易所会员资格、全球24小时交易能力、贵金属领域国际市场做市能力、商品（尤其是金属）领域全产业链实物和金融交易服务能力、能够满足业务需要的IT运营系统，以及基本符合英国严格监管要求的银行治理架构。当然，尽管标银公众各方面较符合工商银行的收购标准，但不得不承认，全球市场业务与市场环境、核心团队能力及稳定性密切相关，波动性较大，收购的风险是肯定有的，然而又有什么商业决策是零风险？相较之下，市场上又哪里找得到像标银集团这样具备一切匹配条件的合作伙伴？更重要的是，双方有股权纽带关系、有合作的信任基础、有诚挚的合作意愿、高管间有充分的了解及互动。总体上看，这是个不可多得的收购机会。一锤定音，工商银行董事会批准了收购标银公众多数股权，这一具有历史意义的交易议案。

谈判是门科学，更是门艺术

每个并购项目都有各自的难点，标银公众项目的挑战尤其巨大。一是全球市场业务是工商银行作为传统商业银行并不特别熟悉的业务领域；二是并购标的交割前需要完成投行业务剥离；三是伦敦作为老牌全球金融中心，市场高度成熟发达自成体系；四是标银公众业务特点决定其资产受市场波动影响较大。区域性、机构性、行业性和市场性四重风险叠加，摆在工商银行并购团队面前的这道难题让人不禁怀疑：协议谈判能交出满意的答卷，建立一个妥善维护工商银行利益的机制吗？

标银公众收购项目再次体现了工商银行并购业务推进中稳准结合的特点。项目前期的内部论证周密慎重，而一旦作出了收购决定，协议谈判和尽职调查的推进就变得又快速又专业。

在工商银行高级管理层的指导和支持下，工商银行并购团队以极强的执行力将现场尽职调查和交易结构设计、协议谈判三项内容并头推进。一方面，在尽职调查中摸清并购标的情况，根据并购对象特点设计交易结构，针对尽职调查中发现的风险点起草协议条款；另一方面，按照协议谈判、起草的进程同步夯实尽职调查基础，确保"家底"清楚扎实。对交易的难点各个击破，在协议谈判中通过与对方多轮磋商，一次次守住了风险底线。

针对业务剥离具有不确定性的问题，工商银行并购团队创造性地在协议谈判中制定了"开放性"的条款，将业务剥离完成作为交割前提条件，并可以根据剥离过程中实际出现的问题随时签订补充协议明确买卖双方权利义务。通过这一条款，工商银行并购团队后来陆续签署了两份补充协议，分别对某项后来发生的与剥离业务有关的潜在法律诉讼和某项或有客户欺诈的业务进行了全额保护，为工商银行规避了数亿美元的损失。

针对金融市场业务市场波动性大的问题，工商银行并购团队体现了高超的谈判技巧，罕见地在"重大不利变化条款"中加入了量化标准，明确了市场波动一旦到达某个数额，即可触发工商银行终止交易的权利。"重大不利变化条款"本来已经是跨境并购协议中对买方的重大保护，一般来讲只有一些极端的不可抗力情况才可以作为触发事件，而此次工商银行成功将日常业务经营指标纳入条款，在国际商事谈判中不说独一无二，也实属特例。对方律师多次的反对被工商银行团队有理有节有据地驳回之后，也只能无奈地赞叹："你们真是太厉害了。"

针对伦敦市场体系成熟，工商银行相对陌生的问题，团队将所有监管风险规定为卖方义务，要求卖方务必"交给工商银行一个干净的银行"。工商银行团队在律师的协助下对这一条款做了精心设计，对于"监管者"的定义外延广阔，不仅包括通常意义上的行业监管机构，也包括司法机构等一切具有公权力的机构。看似一个简单的定义，但在随后发生的一起潜在诉讼风险中，双方才理解工行规定此条款背后的考虑有多么深远而精准。

难能可贵的是，尽管业务大相径庭，工商银行依然准确地捕捉到金融市场业务的关键在于人才资源的要义，不但在协议中约定关键人员离职率不得超过一定比例，同时也在协议谈判中对收购后管理层的安排做了精心设计。根据协议条款，收购后的银行保留管理层原班人马，同时工商银行派一个 20 人左右的精干中高层管理团队进驻银行各重要管理职能岗位，包括董事长和全面协助 CEO 工作的总裁。在维持原管理层稳定实现交割后平稳过渡的同时，也确保了工商银行的控制权和管理权。

金融城的严格审批

本次收购交易的主要审批机构为中国、英国和南非三国的监管机构（南非监管机构主要由南非标准集团负责）。此外，由于标银公众在阿联酋迪拜、新加坡、美国、中国香港等地设有分支机构，交易需要获得阿联酋迪拜金融服务管理局、新加坡金融管理局、美国金融业监管局、中国香港金融管理局的审批或同意。由于其他境外监管审批的态度很大程度上取决于英国监管机构的态度，于是伦敦金融城的审批成了重中之重。

金融审慎监管局（PRA）是英国主要监管审批机构，金融行为准则局（FCA）则会从行为监管的角度在审批程序中发挥作用。根据英国监管要求，工商银行需要就此次交易向 PRA 提交控制权变更申请，这份申请将包含工商银行和工商银行股东的信息，以及交割后标银公众业务、风险、合规、运营、IT、人力资源、公司治理等方面的规划，范围较广、内容较多。PRA 的审批分为预审批和正式审批两个阶段。

原则上，正式审批启动后，PRA 需要在 60 个工作日内完成审批。

在交易签约后，工商银行在第一时间就交易签约情况向 PRA 发出信函做了简要汇报。出于对英国监管的重视，2014 年 3 月 11 日，时任董事会秘书胡浩率工商银行代表团成员、标银公众 CEO 等人赴伦敦拜访了 PRA 和 FCA 审批部门负责人。在会谈中，胡浩详细介绍了工商银行的情况、境外并购的经验和案例、投资标银公众的原因以及对合资公司的战略定位。PRA 和 FCA 相关负责人对胡浩的介绍表示感谢，提出了英国监管机构对本次申请关注的主要问题：

关于业务模式的商业可持续性。PRA 表示高度关注标银公众商业模式的独立及可持续盈利能力。提出合资公司商业计划是本次报批材料的核心内容，需要涵盖商业模式、5 年财务预测、公司治理、资本和流动性管理等。英国监管延续了英国人的严谨风格，要求工商银行根据不同的情况，基本情形、压力情形（如合资公司收入增长目标较商业计划推迟 1 年、人均产出率未达预期、资本产出率未达预期、整体成本高于预期等）分别列出财务预算，PRA 将仔细审阅商业计划的假设前提，并评估计划的实际可操作性。胡浩表示理解 PRA 对未来合资公司独立商业可持续能力的审慎态度，指出工商银行认为合资公司依托双方股东资源有较大发展潜力，会按照英国监管机构要求会同标银公众在立足现实、审慎分析的基础上，制订合理、可实现的商业计划。

关于恢复与处置计划（Recovery and Resolution Plans，RRP）。PRA 官员表示，本交易申请材料的另一重点是交易对标银公众产生的影响和相应对策的分析，尤其是控股股东变更后如何调整标银公众的 RRP。胡浩表示，工商银行完全理解标银公众 RRP 对审批工作的重要性，目前标银公众已开始根据交易情况更新 RRP，不久工商银行派驻的工作团队也会加入这一工作。更新后的 RRP 将体现英国监管机构的要求和新的控股股东对合资公司的支持责任。工商银行集团一贯支持境外子机构的发展，未来如果出现极端情况，合资公司穷尽常规恢复手段仍无法满足英国监管机构对资本和流动性的要求，工商银行作为控股股东将按照股东协议的原则提供支持。

合资机构的人员稳定、盈利能力也是英国监管机构的关心重点。我们承诺工商银行不会大幅裁员或降薪，而是计划通过"开源"方式支持合资公司积极发展面向亚洲客户的新业务机会，增加收入实现盈利，从而达到业务健康成长、薪酬体系合理、员工队伍稳定的目标。

此次与英国监管的沟通很重要，监管表态较为正面。同时，通过面对面的深入沟通，工商银行更明确了英国监管的审批流程及报批重点。此次沟通后，工商银行会同标银公众正式准备申请材料，并与PRA和FCA建立了每周沟通工作进度的机制。

2014年7月2日，经过5个多月的精心准备，工商银行向英国审慎监管局递交了收购标银公众多数股权申请材料的草稿预审。监管对预审材料反馈总体正面，经修改完善，工商银行于8月14日正式向PRA递交了申报材料。鉴于前期紧密而充分的沟通，递交5天后，工商银行就收到了PRA的反馈，通知工商银行就标银公众公司治理安排的相关问题、外包服务框架协议、标银公众现任独立非执行董事简历、流动性管理框架的计算底稿等内容提供补充材料，要求在伦敦时间9月2日下班前反馈，并表示将于收到补充材料后开始正式计算材料审核期。工商银行战投部立即会同标银公众、派驻工作组、项目律师、国际业务部、法律事务部跨时区、跨地域连夜准备补充材料。仅看对外包服务框架协议的补充要求，英国监管的细致程度就可见一斑：由于标银公众的部分外包服务由标银集团提供，PRA希望工商银行与标银集团说明交易后双方股东向合资公司提供外包服务的相关权利义务，并明确每一项服务内容、服务费用、服务期限、服务质量、监控方式等。

从向PRA递交完所有申请材料开始计算审核期起，交易双方都数着日子过，尤其是到了12月，天天关注着联络邮箱。终于，12月10

日，工商银行收到了英国审慎监管局的正式批准。至此，金融城的严格审批告一段落，工商银行向标银公众收购成功又迈进了一大步。

除英国监管审批外，中国银监会也对这次中资商业银行第一次收购从事全球市场业务的专业机构的交易高度关注，全程给予工商银行宝贵的支持和指导。2014 年 3 月工商银行向银监会提交申请材料后，银监会多次通过面谈、电话和书面文件等方式与工商银行沟通，协助工商银行对交易主要风险进行分析、把控，并与英国监管机构数次召开电话会议，交换对交易关键问题的意见，表达对工商银行的支持。经反复修改和完善，工商银行 2014 年 11 月最终正式提交银监会的项目可行性研究报告正文达 180 页，是工商银行历次收购项目中最详尽全面的一份。

周密的整合准备

工商银行在协议中规定协议签署后 3 个月内双方建立执行委员会，并约定未经工商银行事先书面同意，标银公众不能采取一些可能对全球市场业务产生重大影响的，如发行股票、处置重大资产、改变业务性质等行动。为进一步深入掌握情况、监控公司经营、介入相关问题整改过程、参与标银公众重组、会同总行与标银集团进行附属协议谈判，工商银行派驻工作团队尽早进驻工商银行标银公众。一方面保证平稳交割，另一方面结合实际，完善合资公司交割后商业计划和过渡期整合思路，保证交割后工商银行对公司治理的控制和对经营管理的有效参与及逐步掌控。

鉴于此，交易协议签署后，工行立即挑选精兵强将，组成了派驻标银公众筹备组。筹备组具有丰富国际业务经验和开阔的国际视野，还有近十名经验丰富的处级干部，阵容强大。

访问标准公众公司

逐步理顺管理机制。除了前述的高层和中层管理人员安排外，为保障交割后合资公司业务顺利开展，加强总行对合资公司的管理，工商银行在交割前通过制定年度经营授权、设定风险限额等措施，逐步理顺了对标银公众的管理机制。在这个过程中，工商银行展现了既遵循原则又不失灵活性的管理技巧。例如，在制定年度经营授权时，工商银行考虑到标银公众费用开支较大、收不抵支的现状，坚持严格按照总行对境外机构的统一要求，规定标银公众购置房屋、车辆应逐项报批，新增房屋租赁、固定资产装修改造等应逐笔报批等，而在确定授信评级授权时，考虑到标银公众的全球市场业务与工商银行在业务类型、授信评级方法等方面存在较大差异，工商银行提出了既尊重标银公众现实情况，又利用监管规定把控风险底线的方案，即同意标银公众暂按其现有客户评级办法为客户评定信用等级，并研究未来逐步向工商银行总行客户评级管理办法过渡的可行性及方案。在此基础上，标银公众按英国监管要求核定辖内单一法人客户、集团关联客户及跨区域关联客户的授信额度，核定的最高授信额度不超过英国监管要求的上限。

提前进行整合准备。一个收购项目的成功与否很大程度上取决于后续整合。因此，工商银行收购项目组与筹备组、标银公众、标银集团定期召开执行委员会，来自北京、伦敦、约翰内斯堡的同事们一道列出交割前所需要完成的各项任务、实时更新工作进展、讨论需要决策的事由或遇到的难点，每一项任务都有具体时间节点和对接人员。完成一项划掉一项，复杂的工作开展得井井有条，配合得忙而不乱。例如交易股份买卖协议中约定的，在签约后到交割前，工商银行需要与标准银行、标银公众洽谈的若干协议、机构重新命名及标识等品牌设计方案、总行对标银公众的业务授权、风险限额设定、流动性支持、交割日审计安排、交割后向总行报告的路径、方式等。这些工作为交割后合资公司的平顺过渡打下了坚实基础。

鉴于中后台在支持标银公众业务发展中发挥着重要作用，工商银行对交割后中后台整合安排形成了初步思路，认为总体而言，标银公众前台业务中存在部分工商银行未涉及的业务、产品、币种，工商银行缺乏这些业务的运行流程、管理经验、风控框架和处理系统，整合难度较大。对合资公司的中后台整合要通过深入调研了解，在促进业务发展、控制业务风险、满足合规要求的前提下，坚持由简到难、前中后台统筹、成本与效率并重的原则，逐步实现原由标银集团或第三方承担的功能先转移至合资公司或工商银行，对部分工商银行业务熟悉、系统支持的功能逐步实现与工商银行集团体系的融合。并购团队还牵头与工商银行各专业部门细致研究，分别确定了合规管理、风险管理、运营管理和信息科技方面的细分整合思路，为交割后整合工作指明了方向。

周全可行的商业计划。在这次整合过程中，商业计划是一份非常重要的文件，它既是监管审批要求提交的材料，也是合资公司未来几年经营的一份纲领性文件。工商银行和标银集团都非常重视这份商业计划，成立了由工商银行战投部、项目筹备组、标银公众及其专门聘请的市场知名咨询公司组成的商业计划起草组。为充分利用工商银行和标银集团的全球网络、客户资源，起草组与工商银行金融市场部、贵金属业务部、国际业务部、公司业务部等近十个部门召开了多场专题讨论会，逐个分析其与合资公司当时的业务合作情况，并探讨了交割后与合资公司的潜在合作机会，之后请咨询公司总结整理并量化处理。商业计划以标银公众 2014 年财务预算作为测算基础，对 2015—2019 年合资公司的资本充足率、效益、规模、成本等指标作出发展规划，并罗列了实现这些目标的路径与措施，勾画了未来发展的重点，主要是开拓面向中国及亚洲客户、具备较好发展基础和广阔发展潜力的十项新业务机会，包括提供针对中国客户的境内外商品对冲和避险产品、发展面向中国客户的基础金属和大宗商品等实物商品交易业务、向境内外中国客户提供本外币金属逆回购融资服务、扩大长期商品供货协议（off‐take）业务规模、扩大能源业务规模、为工商银行境外贷款客户提供 FIC（外汇、利率、信用）对冲和避险产品、向全球客户分销工商银行的贷款和债券等产品、扩大 FICE 逆回购业务规模、拓展非洲以外的股权业务，以及拓展人民币国际化过程中的利率、外汇、信用交易业务机会。

喜极而泣的时刻

2015 年 2 月 2 日晚，伦敦 Gibson Hall 内灯火通明，觥筹交错，人头攒动，工商银行收购标银公众多数股权项目的交割典礼在此举行，工商银行正式成为标银公众的控股股东，并将其更名为工银标准银行。外界可能只看到了一条并购新闻，但工商银行和标银集团，尤其是双方并购团队深知此次交易的艰辛不易。此次收购交易从初步意向的形成到交割的圆满完成历经了近四年的时间，"这是一项复杂的交易，几个报告像书一样厚，项目持续研究的时间已经是工商银行并购史上最长了"。这次收购很特殊，与过去的十几次收购不同，是工行第一次针

工银标准银行（标银公众交割后的新名称）开业仪式，
左二是中国驻英大使刘晓明、左三是时任工商银行行长易会满、
左四是标准银行联合 CEO 本·克鲁格

对境外业务条线的收购，并购对象不同于传统商业银行的性质，整个过程我们始终很慎重。

此次收购创了多个第一，意义重大。易会满行长在交割典礼上表示："工银标准银行成功展业，是工商银行在 2008 年入股南非标准银行集团、2012 年收购阿根廷标准银行后，与南非标准银行集团的又一次重大合作，充分体现了工商银行与南非标准银行集团的紧密战略合作伙伴关系。这次收购是中国银行业首次通过并购国际银行的方式进入全球金融市场领域，必将成为中英两国金融合作的重要里程碑事件。"

驻英国大使刘晓明出席了交割庆典，对工银标准银行的成立表示热烈祝贺，称此次并购是中国金融业实施"走出去"战略又一重要进展。刘晓明大使表示："中国要缔造'金融大国'，需要打造国际化的金融机构，积极参与国际金融市场并占有一席之地。中国工商银行就是一个典型，此次交易是工商银行加速国际化经营迈出的重要一步，有利于工商银行借助伦敦这一世界金融中心平台，提升在国际大宗商品交易领域的参与度和金融服务能力。我相信，工银标准银行今后必将顺应中英贸易和投资关系强劲增长的形势，抓住发展机遇，服务两国企业，为中英经贸合作的不断发展作出贡献。"

此情此景，工商银行、南非标准银行的并购团队、项目筹备组和双方中介机构，相互拥抱，喜极而泣。

2月2日交割典礼前，易会满行长赴标银公众，与履新的管理层召开座谈会。在会上他坚定了大家对标银公众未来发展的信心，也提出了工作的具体方向和要求。在此次来伦敦之前，他主持召开了研究工商银行集团支持标银公众未来发展的专题会议，决定成立以其为组长，董事会秘书胡浩以及金融市场部门、公司业务部门、国际业务部门、机构业务部门、贵金属业务部门负责人参加的业务支持领导小组，将集全行之力，自上而下，通过渠道、客户、业务、资金的全方位支持，协助交割后的工银标准银行健康发展。在工商银行集团内部，将赋予工银标准银行重要战略定位。易会满行长就各个业务机会以及与总行业务的对接进行了详细的部署。

最后，易会满行长给新管理层鼓劲道："中国的北方有座高山，叫'泰山'。大家以后有机会到中国可以去看一看。中国还有句古话，'人心齐，泰山移'，是说只要大家目标一致、同心协力，就能够移走泰山这样的高山。所以，我相信，只要我们大家一起努力，工商银行和南非标准银行集团一起努力，工商银行集团的境内外机构一起努力，再加上工银标准银行自身的不懈努力，早日盈利是可以实现的，我们双方股东都有这个信心。"

扎稳脚跟，危中觅机

交割的完成是整合的开始。当交割新闻还在金融圈发酵时，工银标准银行已经启动了营销工作，对中资客户的营销自然成了工作重点。

2016 年 3 月上旬，营销团队赴北京、上海、浙江、山东，逐户走访了中投、中石化、中海油、中铝、五矿等重点客户。为使重点客户进一步了解工银标准的业务，深入探讨合作机会，扩大有效中资客户基础，工银标准于 4 月 21 日上午在工商银行总行举办了商品业务暨全球金融市场业务论坛，逾 30 家有全球金融市场业务、商品交易业务需求的在京大型"走出去"企业的高级管理层、10 余家境内外主要财经媒体参加了论坛。

当时，大宗商品价格波动加大，中资企业利用国际资本市场对冲价格风险越来越必要。2014 年，中国非金融类对外直接投资流量达 1029 亿美元，预计未来十年对外投资总规模将达 1.25 万亿美元。中资企业在境外进行投资、并购、工程承包时，不仅需要境外债权或股权融资，也需要银行量身定制符合国际交易规则的汇率、利率产品。工银标准银行拥有伦敦金属交易所、伦敦铂钯市场协会、伦敦金银协会、伦敦证券交易所、纽约商品交易所、东京商品交易所、上海黄金交易所等多家境内外交易所会员资格，是迪拜、印度、中国及东南亚黄金、白银、铂族金属的主要实物供应商和包销商，也是全球领先的铜、镍、锡实物交易商，并能提供超过 100 种货币的汇率、利率组合产品，不仅包括 G20 货币，还包括"一带一路"沿线、非洲及南美主要新兴市场国家货币。可为中国客户提供贵金属、基本金属等大宗商品包属租赁与回购、外汇买卖、汇率避险、利率互换等服务。

论坛上，来自工商银行总行、工银标准银行的业务专家与多家行业龙头企业嘉宾展开了热烈讨论。就中资企业如何应对大宗商品市场波动的挑战，"走出去"中资企业如何深层次影响着国际资本市场，工商银行如何通过全球化的交易平台帮助中资企业规避商品市场风险、利用全球资本进行了充分交流，与会嘉宾一致认为工银标准银行这一中资银行全新的交易业务平台对服务"走出去"步伐日益加快的中资企业意义重大，合作可期。

然而，现实总不会如理想般一帆风顺。工银标准的业务模式与传统商业银行迥异，业务收入和盈利不基于资产负债规模及息差费率水平，而受外部市场环境、客户交易活跃程度及市场风险偏好影响明显。2015 年以来，全球金融市场仍处于低迷状态，彭博大宗商品期货指数从 2011 年高点下挫达 50%，创 15 年以来最低点，国际油价也自 2014 年 6 月以来雪崩式下跌……

受上述外部市场环境恶化影响，2015 年主要国际金融和大宗商品市场的参与者均表现不佳，财务数据和股价同比大幅下降，部分机构还陷入严重经营困境。例如，在大宗商品方面，全球最大的大宗商品贸易商嘉能可 2015 年全年亏损近 50 亿美元，而其在 2014 年净赚 23 亿美元，全年股价下跌达七成；亚洲最大的大宗商品贸易商来宝集团全年利润下降超过 50%，企业评级在 2015 年底被国际评级机构穆迪降级为垃圾级，全年股价跌幅逾六成。在全球金融市场业务方面，摩根士丹利债券交易收入暴跌超过 50%，德意志银行也因衍生品交易损失导致全年亏损近 70 亿欧元，渣打银行净亏损也超过 20 亿美元……全球市场风雨飘摇，似乎看不到任何希望。

面对如此严峻的市场环境，总行和工银标准的管理层不为困难所惧，而是紧紧立足于长期发展的战略基点，理性客观地分析当前形势，依托工商银行的全球网络和客户优势，危中觅机，拓展市场，积极应对挑战。

一方面，积极发挥工银标准的专业优势，重点推进与工商银行集团的机构整合和业务联动工作。在组织架构方面，重新整合工银标准内部的公司营销资源，成立了客户关系部门，全面牵头营销工商银行全球客户，整体推动集团内外联动、外外联动。同时，工商银行集团全面梳理集团客户，遴选出最有业务潜力的 200 余家工商银行客户作为工银标准重点客户，逐户推动。在内部机构联动方面，工银标准通过实地拜访、视频会、电话会等多种形式，向集团内 20 余家机构提供业务培训，寻求合作机会；积极推进与工银国际和工银亚洲签署债券资本市场协议，与境内外机构签署分润合作备忘录，建立业务合作及分润机制；与总行金融市场部及贵金属业务部紧密联系，共同探讨贵金属业务合作机会。

工银标准的专业能力与集团的客户网络资源有机结合，取得了成效。在能源和大宗散货业务方面，创新推进实物原油回购新业务，成功完成与中石油的原油回购业务，成为新的利润增长点。同时，积极推进与中石油等中外资大型能源企业的原油仓储融资、原油纸货交易、航油套保等业务。

在金属业务方面，抓住德意志银行退出实物商品领域的契机，从德意志银行整体承接智利国家矿业（CAP）铁矿石预付款业务，综合获得客户融资性收入和实物商品贸易收入。积极与集团境外机构联动，推进与俄罗斯铝业、俄镍等多项预付款融资业务谈判。对收购后工商银行集团贵金属业务资源进行初步整合，总行贵金属业务部增加了从工银标准的借金总量，将收入留在集团内部。积极拓展贵金属仓储和清算业务线，打造新的利润增长点，提升工商银行集团在贵金属业务领域的市场地位和实力。

在债券资本市场方面，完成了总行次级债、人民银行离岸人民币债、宝钢欧元债等项目的债券承销或分销，进一步提高了债券发行市场占比。特别是在中国人民银行伦敦50亿元人民币债券发行期间，工银标准安排了在伦敦的全部发债流程，得到了人民银行的高度评价。

在套期保值业务方面，充分发挥工银标准具备全球主要交易会员资质的优势，为总行金融市场部入市交易提供经纪清算业务，并积极拓展面向中铝、云铜等国有大型矿业公司的套期保值业务，服务实体经济发展。与纽约分行合作，为中石化等企业的银团贷款提供利率及汇率的套保业务，与工银租赁开展人民币掉期交易，与专项融资部合作提供多个项目的套期保值服务。

在金融市场交易方面，一是积极响应"一带一路"倡议，充分发挥工银标准在新兴市场货币上的交易能力和经验，支持总行新增80个新兴国家外汇交易货币，带动全行可交易货币从20个增加至100个，交易产品覆盖即期、远期、掉期及无本金交割远期外汇交易（NDF），为中资企业走出去提供了丰富的风险管理工具。二是进一步加强外汇衍生产品合作，外汇掉期交易和期权等衍生产品交易量自交割以来实现大幅增长。三是积极推进离岸人民币（CNH）做市业务，全年累计交易量近2400亿美元，并通过Bloomberg、360T、FxAll、Integral、Mako FX以及标银集团的Emarket Trader电子系统提供做市报价服务。

另外，利用工商银行整体的运营和管理规模优势，在风险管理、IT系统建设、文化和人员等方面持续推进工银标准的整合，加强与工商银行集团的战略协同与融合，实现运营效率提高和结构优化。同时，工银标准也深入挖潜，加强成本控制。

在扎稳脚跟的同时，工商银行也没有忘记"危中觅机"这个自己擅长的法宝，工银标准抓住机会成为伦敦贵金属清算系统清算银行并收购贵金属仓库就是个很好的例子。

在国际市场打拼多年后，标银公众在国际贵金属市场积累了丰富经验，产品覆盖面也较广，但受制于信用评级不高，市场规模有限，始终缺乏两项重要业务：贵金属一级清算与实物仓储。因此，标银公众需要借助一级清算商的清算系统与金库才能为客户提供贵金属清算与仓储服务。这种借用，不仅将自身及客户信息拱手告知竞争对手，而且一级清算商也可能对标银公众任意提高服务门槛。

工商银行收购标银公众后，原先困扰标银公众的市场规模与信用评级等问题随之而解，工银标准开展贵金属一级清算和仓储业务具备了基本条件。

　　机会出现了！自 2008 年国际金融危机之后，贵金属作为全球商品市场的重要组成部分，伴随世界经济的持续低迷，也出现了先扬后抑的走势。2015 年初，随着国际金价剧烈波动和大宗商品市场持续低迷，从事贵金属业务愈发受到高额资本要求和严苛监管政策的压力。一些大银行集团不得不通过剥离部分商品资产和业务来应对日益严苛的经营环境。很快，一家深受金融危机困扰的欧洲大型国际投行宣布将退出贵金属现货业务，包括退出伦敦贵金属清算公司（LPMCL）和金库仓储服务。工银标准闻讯后，迅速组建项目小组，就获取金库与申请 LPMCL 会员资格事宜成立项目组。

　　项目组评估认为，从业务和收益角度看，LPMCL 会员资格具有重要意义。这是因为，全球实物贵金属交易的绝大部分在伦敦完成，因此伦敦在贵金属，尤其是在黄金上的地位等同于纽约在美元清算中的地位。换句话说，谁掌握了伦敦的贵金属清算，谁就掌握了全球黄金的命脉，而伦敦贵金属的清算是由六家银行组建的 LPMCL 控制。LPMCL 成立于 2001 年，其组建的贵金属清算系统是全球黄金市场核心清算系统。在工银标准加入之前，LPMCL 的成员均为欧美大型跨国银行，包括德意志银行、巴克莱银行、汇丰银行、摩根大通、加拿大丰业和瑞银集团。全球参与黄金交易的个人、公司、机构乃至央行，都需要在上述六家银行开立贵金属账户，才能完成交易清算。

　　拥有金库，是对 LPMCL 清算会员资格的有益补充，不仅可通过仓储、托管等服务获得收益，而且可通过金库为客户提供贵金属实货、贵金属检验等个性化服务，还能利用库存开展贵金属租赁和融资中介服务。

　　但因 LPMCL 自 2005 年以后就未接纳过新的会员，因此工银标准的会员申请遇到了不小的阻力，金库服务协议受让过程也不是很顺利，项目面临了暂时停滞的困难……

　　2016 年初，LPMCL 会员之一的巴克莱银行宣布，计划退出实物商品领域。工银标准迅速意识到，退出实物商品领域，意味着巴克莱有可能同时退出贵金属实物领域。考虑到巴克莱作为 LPMCL 会员，拥有现成的金库资源，它将为工银标准提供新的机遇。

工银标准总结前期经验，适时制定了针对性战术，用巴克莱替代原项目方案：第一，主动联系巴克莱，直接表达购买金库的意愿；第二，充分利用工商银行集团优势，请总行协助拿下金库和 LPMCL 会员资格。

此时此刻，来自工商银行集团的指导成了金库竞标方案顺利完成的助推剂。总行就如何开展竞标等事宜给出了详细而专业的指示，工银标准项目组夜以继日地加班加点，形成了操作方案，及时将标书提交给巴克莱银行。凭借优质的竞标方案，工银标准最终赢得了巴克莱金库竞标。

与此同时，LPMCL 会员资格的申请也取得了重大进展。面对 LPMCL 现有会员的犹豫，工银标准与工商银行总行紧密配合、积极互动，充分调动集团资源和智慧，与现有会员进行了艰苦谈判。

我在随习近平主席高访团访英之际，与巴克莱银行集团副董事长进行了会面。会面中我明确表达了工商银行总行对工银标准申请 LPMCL 会员的关注与支持。我还在各种场合，向 LPMCL 主要成员行的高层进行主动说明与沟通，当面向摩根大通的董事长杰米·戴蒙请求支持，并向其中部分成员行的主席或 CEO 亲笔去函。

2016 年 6 月 6 日，工银标准终于成功获得 LPMCL 会员资格，成为该机构自 2005 年以来第一家新会员。不久之后，2016 年 7 月 4 日，工银标准购买的巴克莱金库也顺利交割。自此，工商银行成为第一家在伦敦拥有贵金属清算会员资格和金库的中资银行。

此次收购，不仅完善了工商银行集团的贵金属服务能力，使工商银行集团具备了从零售到批发、从实货到纸货，涵盖贵金属清算、做市、定盘、仓储及风险管理全流程、一站式的国际服务标准和实力。更重要的是，这是中资银行第一次真正进入国际贵金属和国际商品市场核心层，代表了中国已经进入国际金融市场的话语圈，为中国争取国际商品和金融市场话语权与规则制定权，奠定了坚实基础。

一年多的努力收到了回报。2016年上半年，工银标准业务收入持续改善，成本控制措施初见成效。3月以来，抓住市场回暖的契机成功完成多个大额项目，收入情况显著好转，各月均完成当月财务目标，优于序时预算目标进度和上年同期的经营表现。

2016年4月，工银标准正式获准成为伦敦金银市场协会（LBMA）146家会员中的第14家黄金与白银即期做市商，其余13家都是欧美一流的大型国际银行；5月，工银标准获美国监管机构批准，成为符合美国《多德—弗兰克法案》下美国商品期货交易委员会（CFTC）认可的注册掉期交易商（swap dealer），也是首家获认可的中资控股掉期交易商。工银标准的交易能力和市场地位正得到越来越广泛的市场认可，它也正向着收购时制定的战略目标稳步迈进。

保持定力，行稳致远

跨境收购兼并是一项复杂的系统工程，不仅需要高屋建瓴的战略谋划，全面细致的尽职调查，权衡利弊的交易谈判，更需要持之以恒的管理整合，面临波折时的战略定力。

工银标准收购后的整合管理并非一帆风顺。工银标准的主要业务侧重于大宗商品和新兴市场业务，具有较强的周期性特征；收购初期由于管理团队磨合需要时间，与工银集团协同未充分发挥，2015—2016年连续两年出现了较大程度的亏损。通过加强与工商银行境内外客户的合作，工银标准经营状况不断改善，2017年实现了首次扭亏为盈，也是这家机构自国际金融危机以来的首次盈利。然而2018年和2019年大宗商品市场低谷、英国脱欧、美联储加息、中美经贸摩擦等一系列挑战频发，在市场萎靡和监管要求同步趋严的双重压力下，大宗商品需求减弱，商品行业利润空间显著收窄，给工银标准再次提出了新的挑战。

工银标准并购初期的经营波动引起了各方关注，其业务模式能否持续一度成为监管机构和股东单位关注的焦点，甚至有人开始怀疑收购标银公众是不是一个正确的选择，也有人开始质疑工商银行是否能够消化这样一个独特的业务条线并购。面对艰难的外部环境和未来发展的不确定性，工商银行集团在关键时刻经过审慎研究，肯定了工银标准对国家和工商银行集团的战略价值，坚定支持工银标准作为集团全球大宗商品和外汇、利率交易平台，通过实施脱困振兴战略举措，充分提升子行价值创造力、市场竞争力和风险控制力，为中资企业提供套期保值交易服务，为我国参与国际大宗商品定价获取战略价值。

在工商银行集团上下共同的支持和努力下，工银标准通过优化公司治理、调整管理团队、优化业务条线、裁减冗余人员、精简机构布局、深化集团整合等一系列措施，经受住了新冠肺炎疫情全球暴发和金融市场剧烈动荡的双重考验，主营业务收入稳步提升，经营成本得到有效控制，风险管理基础进一步夯实，经营状况持续向好，2020年和2021年连续两年保持在盈利在1亿美元左右，2022年第一季度盈利超过2亿美元，获得了监管认可，外部评级显著提升。

与此同时，工银标准作为工商银行唯一的大宗商品和海外金融市场专业平台，不断深入与工商银行集团在战略、产品、客户、管理、文化等各方面的整合推进，从服务国家战略和满足中资企业国际化、综合化金融服务需要来看，充分发挥了其拥有的牌照资质优势、产品专业优势、全产业链综合服务能力、国际监管合规能力，特别是发挥其在新兴市场、黄金仓储和清算、大宗商品跨境人民币服务等领域的独有优势，在服务实体经济支持服务重点中资企业、支持金融市场双向开放、推进"一带一路"建设、人民币国际化战略、实施 ESG（环境、社会和公司治理）战略践行绿色金融等方面发挥了重要作用，显著提升了中资综合化服务能力。

第十六章

伊斯坦布尔

欧洲向左　亚洲向右

——收购土耳其纺织银行

走进丝绸之路上的美丽国度：土耳其
填补战略布局空白

土耳其横跨亚、欧两洲，是连接欧洲、亚洲、非洲的十字路口，地理位置十分优越。从风光旖旎的地中海到白雪皑皑的阿勒山，从宽广辽阔的沿海平原到雄壮伟岸的高原之巅，土耳其这片郁金香绽放的神奇土地，以其独特的美丽令全世界旅游者心往神驰。与中国一样，土耳其有着悠久的历史和灿烂的文化。东西文明在此荟萃，欧亚文化在此交融，辉煌璀璨的土耳其文明由此孕育。

土耳其国土面积约78万平方千米，人口7000多万，80%以上人口是土耳其族，其余为库尔德族、亚美尼亚族、阿拉伯族和希腊族等。99%的居民信奉伊斯兰教。土耳其地处欧亚接合部，扼守黑海通往地中海的海峡，北临俄罗斯，向东是高加索、中亚地区，向西是欧洲，南面与东南面是北非、中东，战略地位极为重要。从伊斯坦布尔出发 4 小时飞行时间内，可抵达 50 个国家和地区，覆盖全球 1/4 的人口。

土耳其是继中国、印度、俄罗斯、巴西等金砖国家之后又一个蓬勃发展的新兴经济体，与墨西哥、印度尼西亚、韩国共同被称为"迷雾四国"（MIST）。近年，在全球经济不景气的环境下，土耳其成为东欧及中东地区少有的保持快速稳定发展的经济体。近年来，土耳其经济保持强劲的发展势头，取得了巨大的发展成就，是西亚、东欧地区第一大经济体，世界第 17 大经济体，已成为本地区最具吸引力和活力的经济体之一。

中土两国人民友谊源远流长。两国地处亚洲东西两端，举世闻名的丝绸之路早就将两国人民联系起来。当今两国同为拥有强劲活力的新兴经济体，经济互补性较强，经贸往来基础良好，增长迅速，前景广阔。2000—2014 年，中土双边贸易额从 14 亿美元增至 277 亿美元，增长近 19 倍。随着"一带一路"合作领域的扩大、推进，中土两国经贸、投资合作潜力巨大。

作为连接欧亚大陆、经济稳定发展、银行业效益良好、与中国经贸合作潜力较大的重要新兴经济体，土耳其一直是工商银行关注的市场，并将其作为拟进入的重点空白市场纳入了工商银行 2012—2014 年境外发展战略规划。早在 2011 年，工商银行就派人去土耳其考察，了解到土耳其对外资银行申请本地储蓄银行牌照的最低资本金要求为 3 亿美元，申设成本相对较高。考虑到之前收购泰国 ACL 银行交易对价为 5 亿多美元，收购澳门诚兴银行交易对价为 5 亿多美元，通过 5 亿～6 亿美元有望控股收购一家中小型银行进入当地市场，同时还可获得现成的网络、客户、团队和业务基础，是较为可行的选择，风险也在工商银行承受范围内。如果收购成功，工商银行将成为唯一一家在土耳其有营业性机构的中资银行，能够为中土经贸往来和"新丝绸之路经济带"建设提供更全面、更优质的服务。鉴于此，工商银行管理层决定以战略并购方式进入土耳其，暂时不考虑自主申设。

邂逅 A 银行和 T 银行

2012 年 8 月，工商银行并购项目团队第一次考察土耳其。工商银行对标的的甄选原则是购买一个中型规模、有一定网点、有一定团队、经营较为传统的银行。对于这类银行的收购及整合，工商银行具有一定经验，无论在统一系统、管理风险偏好，还是人才储备等方面都比较得心应手。考察前，团队把当地的银行捋了一遍，当时市场上有两家银行进入了视野：一家是纺织银行（Tekstilbank，以下简称 T 银行），另一家是 Alternatifbank（以下简称 A 银行）。

在这之前的另一个机会是比利时股东控股的丹尼斯银行（Deniz Bank）。丹尼斯银行是土耳其一家中型银行，按总资产计在土耳其排名第 9，有 600 多家分支机构。时逢欧债危机，比利时方面压力较大，急于退出，对价近 40 亿美元，约 1.34 倍 PB。管理层当时的考量是，这样的体量对工商银行来说偏大，又在一个不太熟悉的新兴市场，加之工商银行判断欧债危机仍在发酵，于是否决了这个机会。

工商银行对土耳其市场相对陌生。第一次来到土耳其，团队感觉到，这是一个既古老又现代的国家，一方面经历了古罗马帝国、奥斯曼帝国，土耳其遍布着华丽肃穆的清真寺、拥有《荷马史诗》中描述的特洛伊城遗址等历史古迹。另一方面作为一个伊斯兰国家，女士们搭着头巾却没有裹起脸，街上的人穿着时尚，海外游客也较多，感觉仿如穿梭于一个迷人的欧洲城市。

工商银行项目团队接触的第一家银行是纺织银行。那天，纺织银行用船来酒店接团队成员。那艘船能容纳十余人,路上穿越了连接欧亚两洲的博斯普鲁斯海峡,从酒店所在的新城来到了纺织银行所在的老城。迎接他们的是 60 余岁的蒂尔古特·伊尔玛兹(Turgut Yilmaz)先生——纺织银行的实际控制人,他身材魁梧、目光透露着老练和精明,陪同的还有他的律师及 CEO 等银行高管。虽然以前他和中国人打过些交道,主要是航运方面的生意,这是他第一次和中国的银行接触。第一次见面他略显拘谨,而且感觉对交易是否能做成心里也没底。双方的谈话很直接,涉及了价格问题,他暗示希望可以和国际金融危机前出售的市场价格类似,市净率在 1.7 倍左右。

项目团队接触的第二家银行是 A 银行,这家银行的控股股东拥有更强的背景,其家族拥有土耳其最大的啤酒商 EFES,他表示期望的价格是市净率 1.8 倍以上,不能低于 1.8 倍。A 银行股东对中国的了解相对更多,曾是吉利汽车在土耳其的代理商。

谈完后,项目团队把两家银行的大致情况向工商银行董事会做了汇报。总体来说,两家银行的资产规模、网点分布、业务类型、客户分布、愿意出售的股权比例相当,A 银行的财务指标略好,ROE 为 10%(T 银行为 5%)。当然,工商银行如果接手并注入资源,其财务情况都将得到改善。此外,A 银行的股东背景更强,可能在更多方面与工商银行有合作、协同的空间。

完成此次访问后不久,纺织银行的控制人伊尔玛兹先生去上海洽谈其他业务。董事会秘书胡浩得知消息后,专程赴上海与其会面,并找了一家地道的清真餐馆与伊尔玛兹先生共进晚餐。据回忆,那顿晚餐十分愉快,一名同行的工商银行员工竟然在席间用阿拉伯语熟练地背诵了一段《可兰经》,让伊尔玛兹先生十分惊喜。之后,工商银行又安排了纺织银行与工银租赁就轮船租赁业务的潜在合作进行了拜访与交流。至此,两家银行的互动进了一步,双方合作的信心与诚意也增强了。A 银行却再没有与工商银行联系推动项目进程。工商银行董事会在听取汇报后决定，两家银行的收购机会都可以考虑，视具体的价格、出售意愿而定。

然而，很快传出市场消息，A银行与卡塔尔资产排名第二的卡塔尔商业银行进行了频繁接触，并于2013年2月达成了收购交易，交易对价约为4.9亿美元，市净率约是2倍，超出了工商银行的预计。当然，口袋鼓鼓的中东投资者的收购动机与工商银行完全不同，他们在收购兼并方面相对比较激进。比如卡塔尔，其市场本身很小，但资金非常充沛，需要把资金布局开来，投到自己熟悉的市场是较好的选择。工商银行的国际化战略则是跟随客户，引领客户建立全球网络。工商银行项目团队成员回忆说，当初很庆幸没有和中东的投资者去比拼价格，但同时，卡塔尔商业银行的成功收购也提醒工商银行要加快谈判进程，毕竟土耳其中小型银行的控股权收购机会又进一步稀缺了。

T 银行的历史

纺织银行成立于1986年，总部位于伊斯坦布尔。截至2012年6月底，拥有44家分行，其中22家位于伊斯坦布尔、3家位于安卡拉，员工有800多名。纺织银行持有商业银行牌照，业务重心是面向中型企业客户的公司银行与国际贸易融资业务，管理层计划进一步发展零售业务。该行旗下拥有全资子公司Tekstil Securities持投行牌照，开展证券经纪和投资银行业务。纺织银行在伊斯坦布尔证券交易所上市，公众持股量为24.5%，控股股东GSD控股集团持股约75.5%。

1992年，GSD控股公司收购了纺织银行30%的股权。2002年又通过一系列包括增持股份在内的交易，控制了纺织银行75.5%的股份，其余24.5%为流通股。GSD控股公司位于伊斯坦布尔，1999年在伊斯坦布尔证交所上市。旗下拥有多家子公司，涉足银行、保理、租赁、外贸、海运等综合性业务。GSD 控股公司以国际贸易起家，对发展国际贸易及运输业务有较丰富的经验。近年随着全球经济复苏，世界贸易也逐步活跃且呈增长态势，GSD 控股公司判断土耳其作为欧亚大陆的运输枢纽，未来航运业务将有很好的发展机会，货船价格也正处于历史低位。因此，GSD 控股公司把业务重心从金融转向航运，希望投入更多资金发展海运，并已在中国及韩国投资建造干散货船队。

2008 年，GSD 控股公司曾以竞标方式公开出售纺织银行，当时的竞标者荷兰合作银行（Rabobank）先提交了 2.2 倍市净率的报价并完成了尽职调查，随后阿联酋 ENBD 银行在尚未开展尽职调查的情况下提交了 2.6 倍市净率的报价。因 ENBD 银行提出了较高报价，GSD 控股公司决定延长交易进程给 ENBD 银行提供尽职调查时间。但 2008 年下半年国际经济金融环境迅速恶化，一些国际金融机构倒闭或出售加剧了市场动荡，在 ENBD 银行尽职调查期间，潜在买家的自身经营受到了国际金融危机冲击。荷兰合作银行被迫将战略重点转向国内市场以维持自身经营稳定，阿联酋 ENBD 银行则因自身流动性问题接受了 11 亿美元的政府救助，两个潜在买家相继退出了竞标过程。2009—2011 年，受国际金融危机和欧债危机叠加影响，投资者对欧洲经济的不确定性预期增强，土耳其银行业没有发生控股权并购交易，其间仅有西班牙毕尔巴鄂比斯开银行（BBVA）于 2010 年宣布收购土耳其 Garanti 银行 24.89% 的少数股权。2012 年以来，随着欧洲经济逐步企稳，再加上土耳其经济在本轮危机中的较好表现，土耳其银行业并购交易再度活跃。2012 年上半年，先后发生了科威特 Burgen Bank 收购希腊 EFG Eurobank 控股的土耳其 Tekfen 银行、俄罗斯储蓄银行收购比利时德克夏集团控股的土耳其丹尼斯银行两笔控股权收购交易。

谈判路漫漫

——老练的对手

初步过招

2013 年 1 月，工行与纺织银行控股股东 GSD 控股公司就收购纺织银行 75.5% 股权开始磋商，战投部战略并购团队再次赴土耳其，此行的主要目的是锁定交易价格。在谈判过程中，工商银行团队以可比交易价格为依据降低对方的价格预期。团队提出，土耳其市场的前一笔收购案成交于 2012 年 9 月，即俄罗斯储蓄银行收购比利时德克夏集团控股的丹尼斯银行，交易对价约为 38.7 亿美元，约 1.34 倍市净率。相比纺织银行，丹尼斯银行的质量更好、资产规模更大、盈利能力更强，纺织银行没有理由要价更高。对这一观点纺织银行也表示愿意接纳。最后，对方提出能接受的市净率不低于 1.5 倍，工商银行坚持市净率不高于 1.5 倍。其实，初步询价后双方都心知肚明，价格会定在 1.5 倍左右。此外，纺织银行的大楼在 2012 年进行了重估，为了进一步压价，工商银行提出将重估后增值的部分作为减项的要求，这样一来，整体市净率初步确定为 1.48 倍。

在交谈中，工商银行明显感觉到双方在企业文化上的差异。对方一直比较着急，觉得从尽职调查、协议谈判到协议签署，紧锣密鼓地推进，2 个月的时间也该能完成了，完全不了解大型中资企业的规章制度、决策程序，做一个大型商业决策是非常慎重的，没他们想象得那么简单。

2013 年 2 月，A 银行的交易信息正式对外公布，交易对价明显高于市场预期，项目团队可以感觉到纺织银行开始后悔与工商银行之前洽谈的价格，谈判的难度明显增加，谈判的氛围急转直下。纺织银行没有直接提出价格方面的要求，而是从几个关键的协议开始和工商银行说不。由于进入土耳其市场符合工商银行跟随客户、服务客户的国际化宗旨，工商银行还是决定继续跟进纺织银行的出售。2月下旬，土耳其银行监理署官员来华访问，我会见了他们。我在会谈中提到，有不少中国的公司在土耳其从事基础设施的建设，将来在这些领域，尤其是基础设施建设融资方面，工商银行是可以有所作为的，并且土耳其作为一个连接东西方的重要国家，有来自东方的、亚洲的银行有利于当地银行体系的发展。

2013 年 3 月 18 日至 22 日，工商银行战投部、法律部会同项目律师三赴土耳其，与纺织银行控股股东 GSD 控股集团（以下简称卖方）实际控制人蒂尔古特·伊尔玛兹先生、纺织银行资金部负责人侯赛因·伊梅斯（Huseyin Imece）及法律顾问就股份买卖协议主要条款安排和交易排他协议做了数轮磋商。工商银行项目团队当时和对方明确了几条原则：首先，价格是绝对不能变的，其他什么都可以谈，但价格是底线。其次，重要条款我们不会让步，例如对特定贷款和重大诉讼等突出风险必须作出尽可能的保护。

当时工商银行考虑，在自身出价与市场行情相比不高的情况下，不排除卖方继续接触其他高价竞争的潜在买方，在股份买卖协议正式签署前改变出售意愿。为尽可能降低交易不确定性，提高对交易的掌控力，有必要先与卖方就股份买卖协议主要条款的安排达成一致，并在开始全面尽职调查前与卖方签署排他性协议，以约束卖方在一定期限内只能单独与工商银行接触。卖方感受到了工商银行的诚意，同意了工商银行的诉求。同时，工商银行提出在交易对价中扣除两笔金额，一是预留出 1000 万美元的交易对价调整金额，以激励银行管理层在交割前勤勉尽责；二是把 1000 万美元交给第三方托管，在交易完成一年后如果卖方没有出现重大违约再支付给卖方。起初，卖方并不同意，认为这不是市场惯例，但经过工商银行反复沟通和坚持，对方最终同意了 1000 万美元调整对价保留金额和 1000 万美元托管账户金额的安排。

贷款保护拉锯战

2013 年 5 月，工商银行战投部战略并购团队再次赶赴土耳其开展尽职调查，对业务、财务、法律三个领域的关键问题与风险点做了进一步调查和核实，这是工商银行第四次赴土耳其。经尽职调查和实地访谈，项目团队发现目前纺织银行的风险点主要集中在贷款和诉讼两方面。

做了一周的现场尽职调查，工商银行最关心的问题是资产质量。纺织银行的不良率为 6.06%，相比国内银行较高，工商银行担心在收购后资产质量会进一步恶化。与此同时，工商银行感觉到纺织银行是一家经营保守的银行，其杠杆率及风险偏好一直不高。尽职调查后，工商银行提出了在前期双方达成一致的基础上，增加一个细化的核心诉求：要求纺织银行对抵押率低、评级低、金额大的贷款在交割后一定时间内的劣变风险作出合理比例保护。按照这一标准，当时要求纺织银行保护的贷款金额量达到了其贷款金额总量的 20% 多。就是这一要求引发了双方长达几个月的拉锯战。纺织银行觉得可以就某几笔工商银行担忧的特定贷款进行保护，但不能采取"一刀切"的方式，对金额如此庞大的贷款全部进行保护，这完全不符合银行业惯例。

这里有个小插曲。就在工商银行尽职调查后不久，土耳其爆发了示威活动。示威活动起因于部分伊斯坦布尔市民不满政府决定拆除市中心塔克西姆广场（Taksim Square）附近的加济公园（Gezi Park），将之改建为军营及商场。5 月 27 日，公园拆除工程开始，小部分示威民众在加济公园展开静坐抗议，遭到警方驱赶。5 月 31 日，警方越趋激烈的暴力驱赶使民怨达到顶点，越来越多的民众涌入塔克西姆广场周边区域，警民冲突一发不可收拾，示威活动迅速蔓延至全国 67 个城市。与此同时，示威者的诉求提升至对土耳其总理埃尔多安的强势领导及诸多政策的不满。据外电报道，6 月 1 日，警方从塔克西姆广场撤出，紧张形势有所缓解；6 月 2 日，伊斯坦布尔和安卡拉虽仍有零星警民冲突，但大部分市区暂时趋于平静；6 月 4 日，土耳其工会号召总罢工，这为未来局势发展又增加了不确定性。

受这次事件影响，土耳其伊斯坦布尔交易所 100 指数（ISE 100）6 月 3 日（示威活动后第一个交易日）下跌 10.5%，金融股指数下跌 10.7%，而纺织银行股价由每股 1.80 里拉下跌 17.2% 至每股 1.49 里拉。6 月 3 日，土耳其里拉对美元汇率由 1.87 里拉兑 1 美元下跌至 1.88 里拉兑 1 美元，达到 17 个月低点。再加上美联储退出量宽政策对新兴经济体的普遍影响，土耳其一度出现资金外流、汇率波动，工商银行也放慢了谈判节奏。

经过一段时间的静默期，工商银行并购团队再次向纺织银行提出，纺织银行的不良率明显高于土耳其银行业平均水平，加之近期土耳其的局势不好，既然你们认为贷款质量没有问题，那工商银行的要求其实只是把你们的承诺用法律文件形式固定下来。这也不完全是商业惯例问题，这是双方的商业讨论。双方就这一问题一直僵持着，谁也不肯让步。

贷款保护协议没谈妥，项目团队就不能把项目拿上董事会讨论，对方开始怀疑工商银行是否不想收购了。他们有些紧张，主动派出了谈判代表希望能够推进项目。这次出马的是纺织银行的董事长，也是 GSD 集团的"二把手"阿克金·图勒（Akgün Türer）先生。图勒专业性强、很精明，一打交道就知道他谈判经验丰富，但因为他在项目前期参与不多，和工商银行项目团队契合度有限，不了解工商银行的谈判风格与行事作风，例如哪里是工商银行的底线、哪些方面有让步的空间，不能很好把握谈判的尺度。他一上来就显得非常强硬，工商银行在重要条款上一不让步，他就说不谈了。双方甚至互相威胁过好几次，最严重的一次是在项目拟上报工商银行董事会讨论的前一周，项目团队告知图勒由于工商银行董事会讨论的材料需要在会议召开前一周向各位董事提供，因此周五是决定项目是否能在本月上董事会的最后期限。工商银行战投部并购团队向图勒细致又耐心地解释了为什么这些是工商银行的核心诉求、为什么工商银行认为这是合理的要求，以及为什么一定要在明天的这个时间得到纺织银行的明确答复。到了第二天北京时间下午 6 点，双方还没有达成一致，工行团队给图勒发了一封邮件：现在已经过了昨天约定的最后时间，鉴于核心条款双方还未达成一致，工商银行无法将该收购项目提交至 6 月的董事会进行讨论。北京时间晚上 8 点，也就是土耳其时间下午 3 点，纺织银行就这一紧急情况召开了临时会议，他们知道工商银行在周五下班前向他们发这样一封邮件表明了工商银行对待项目的严肃态度，也意识到项目可能因此中断，这是他们不愿看到的结果。图勒立即致电战投部负责人，请求马上就协议中未达成一致的条款进行谈判，并相信当天晚上一定能够谈出结果。该负责人有礼有节地答道："我可以现在不下班，和你一条一条地谈，但 6 月的董事会仍然上不了。"言下之意是，我之前和你说的情况和期限都是真的，而不是在虚张声势。后来，该负责人回忆起双方这段较量时说："如果当时我退一步，那在以后的谈判中，我将完全丧失威信。"这一次打击给了纺织银行一个沉重的教训，他们意识到工商银行的作风是果断的，说话是慎重和负责任的。

这件事又再次反映了不同企业文化间的碰撞。伊尔玛兹先生——纺织银行的实际控制人非常沮丧，他不理解为什么工商银行在最后关头这么倔强、不愿妥协，他得出的结论是工商银行一定是不想促成交易了。如果放在纺织银行，召开一个董事会，凑齐 5 名董事只需几个电话，半个小时都用不了，然后很快就能做一个决定。但他不知，工商银行作为一个有着严格公司治理流程的庞大机构，有自己的规章制度和决策链条。伊兹尔玛表示很后悔，他是愿意接受工商银行之前提出的条件的。

经过几番沟通，工商银行项目团队决定争取将项目上报7月的董事会进行讨论。当时，标银公众的项目也在推进，团队先去伦敦和新加坡进行尽职调查，然后马不停蹄地赶往伊斯坦布尔与纺织银行谈判。然而，意想不到的情况发生了。

虚惊一场

2013年7月21—24日，战投部会同法律事务部和项目律师赴土耳其与卖方就交易协议分歧条款进行磋商，这是工商银行第五次赴土耳其。那天，项目团队成员克服了北京—伦敦—新加坡—土耳其几个时区的时差、长时间国际旅行的困顿以及在伦敦、新加坡好几日高负荷尽调工作的疲惫，怀着再次谈判的热情来到伊斯坦布尔，伊尔玛兹先生靠海边的三层办公室。万万没有想到，毫无征兆地，伊尔玛兹先生异常愤怒，对工商银行项目团队大发雷霆："工商银行没有一点诚意，你们骗了我。我今天正式告诉你们，纺织银行不与工商银行合作了。"项目团队当时有两个选择：一是拍拍屁股走人，谈判到此为止；二是为了完成使命，运用谈判技巧，不赌一时之气、逞一时之强。并购团队负责人对成员说："我们先下楼吧。"纺织银行当时的CEO瑟姆（Cim）女士见谈判破裂，赶紧跟着下楼，慌忙地打圆场。项目团队对她说："这样吧，让伊尔玛兹先生冷静一下，我们在一楼等一个小时，喝会儿茶，如果一小时后他还是这个态度，那我们也没有办法，只能离开。"经过之前的接触，项目团队都知道伊尔玛兹这个人很情绪化，但说实话，团队成员心里也不是特别有底。大约半小时后，伊尔玛兹的秘书请项目团队上楼，大家意识到谈判还有转机。

一见到工商银行团队上楼，伊尔玛兹先生就问道："你们是不是要对特定大额贷款做全额保护？"工商银行团队马上回应，"不是全额保护，是合理比例的保护"。伊尔玛兹先生恍然大悟，"你们的条件我可以答应。刚才完全是误会，我的顾问没有和我解释清楚，我误解了工商银行的意思，你们的要求我可以接受。你们和我的顾问下去谈具体细节吧，原则上没有问题。"

接下来，项目团队和纺织银行的谈判团队把需要保护的贷款一一画圈，一个一个过。半小时前，谈判差点完全崩盘，现在又握手言欢，对方显得十分友好，午饭热情招待，买了各种土耳其烤肉卷、各式饮料点心。会议从上午开到下午，安排得很紧张，最后一天会议一直开到晚上 11 点，双方都想要乘势推进，一鼓作气，将协议全部谈完，连晚饭都没顾上吃。结束后，项目团队回到酒店，所有的餐馆都关门了，最后只能去餐厅的酒吧吃了便餐，充充饥。

据工商银行项目团队回忆，团队当时的谈判意志很坚定，没有受到对方情绪波动的影响。并购工作还是很艰苦的，那次土耳其考察，连在伊斯坦布尔进行简单观光、了解当地风土人情的机会都没有。谈判结束后，团队以为大功告成，带着愉悦的心情回到北京，准备将收购项目上报 8 月的董事会进行决策。但不料，卖方又再次出了状况，突然给了工商银行一个"惊喜"。

卖楼风波

就在上报董事会前，工商银行突然被告知纺织银行把办公大楼卖了。这怎么得了？在毫不知情的情况下，对方做了这么大的动作，而工商银行只是在事后才被告知。纺织银行给工商银行的解释理由是，之前的办公大楼比较陈旧，地理位置也不够好，是自有物业，资产不产生什么效益。如果将楼卖掉，转手去金融区租办公楼，这样一来，不仅能获得更核心的地理位置，费用也不高，省下来的钱还可以产生每年 10% 的资产回报。当然，从资产配置的经济角度上说，这种操作是合理的，但问题是对方给了工商银行一个突然袭击，很明显的是，卖楼的事已在暗中运作了几个月，但在整个谈判过程中对方毫不露声色。双方的信任被打破，关系自此再度急转直下，所有项目进程被立即全面叫停。一冷就是两个月。

2013 年 10 月，纺织银行为自己自行卖楼的行为感到过意不去，为了扭转局势，董事长图勒特地飞来北京拜访工商银行，向工商银行当面解释卖楼的原因，表示仍有合作诚意，并愿意承担一切由于卖楼所产生的包括运行管理、转移衔接等各方面的费用及损失。胡浩出面与其进行了会谈。一开始，对话还较为顺利，双方决定在之前谈判的基础上增加一些保护条款。就在临别前，图勒突然说："既然条件都谈妥了，希望工商银行能尽快给纺织银行答复。"我们答应说："可以，下周我们给你一个态度。"图勒说："不行，你们得明确告诉我这个项目是能做还是不能做。"胡浩解释道："我们指的态度就是一个很具有倾向性的意见，但工商银行不能立马承诺你会做这个项目，我们需要上报管理层，需要一定时间。"然而，图勒要求工商银行两天后必须给一个明确的书面答复，这是工商银行无法做到的，书面答复是具有法律效力的，而且在这么短的时间内作出决策不够慎重，工商银行需要一个考虑及决策的时间。图勒态度很坚决："如果下周一工商银行不给我们答复，我们就终止对话。如果工商银行能给出承诺，伊尔玛兹先生下周就飞来北京，和你们董事长握手。"气氛一时间凝固了，晚餐的最后十分钟草草收场，临别前，图勒说："希望下次还有机会握手，如果没有缘分的话，就彼此保重吧。"

但就在去机场的路上，图勒已经开始为自己的冒失后悔了，毕竟这笔交易对 GSD 集团来说至关重要，纺织银行占了整个集团 70% 的资产，这样的威胁是不理智的。晚上 10 点多，图勒让他的项目律师给项目团队打电话，委婉地表示还有一些讨论的余地。一开始，工商银行对纺织银行的种种善变与急躁予以理解与容忍，毕竟是不同国家、不同制度环境、不同规模的机构，行事风格有很大差异。但这次对方的冒失让项目团队对其的信任跌倒了新的低点。就这样，该项目再次搁置。

据工行并购团队回忆，团队一度比较悲观，经过三番五次与卖方激烈地谈判和争执，团队几近丧失信心。

言归于好

一转眼到了 2014 年中国春节，离项目正式启动已经整整一年了。卖方计划采取公开竞标方式出售控股权，但又考虑到如竞标出售需要再次耗费相当的人力、物力和时间成本，重新配合潜在买家尽职调查，并进行协议谈判，而工商银行前期已完成尽职调查，双方也就协议条款基本达成一致，是最为理想的买家。卖方更换了财务顾问，通过该顾问从中斡旋，为项目推进做最后努力。因为中间搁置时间较长，项目团队要求重新做尽职调查，并让纺织银行全力支持，及时提供更新的材料及数据。对方表示愿意配合，并希望工商银行立即开始工作。3月，项目团队又进行了线上补充尽职调查，纺织银行也非常配合。同月，土耳其地方选举结束，执政党正发党取得了决定性的胜利，外界对土耳其政治社会环境趋于稳定的信心增强；同时，在土耳其央行紧缩货币政策的作用下，美元对土耳其里拉汇率逐步趋于稳定。在上述背景下，双方最终对项目实施达成一致。

4 月 11 日，在工商银行董事会即将审议项目的前夕，战投部并购团队专程飞到土耳其就股份买卖协议做最后磋商，并表达合作诚意。这已经是项目团队第六次造访土耳其了，一如既往的紧张，北京时间 4 月 11 日凌晨一点起飞，土耳其时间当天早晨五点到达，八点半开始协议收尾工作，下午在酒店完善董事会议案，午夜从伊斯坦布尔机场起飞返程，4 月 12 日午后到京立即赶回工商银行在金融街的办公大楼完成董事会议案和股份买卖协议的定稿。团队在这次考察中发现，新的办公大楼已经启用，运转正常，达成协议的最后一个障碍扫除了。

4 月 29 日，工商银行和土耳其 GSD 控股公司签署了纺织银行

75.5%股份买卖协议。本次收购迈出了至关重要一步，双方随后将履行境内外监管报批手续，同时工商银行也按照协议约定派出项目组进驻纺织银行开展交割前的准备工作。

高层出访，推动监管审批

协议达成前，工商银行在与土耳其银行监理署的沟通中就本次收购得到了正面反馈。签约后，为推动监管审批，工商银行管理层决定由董事会秘书胡浩带队第一时间赴土与土耳其政府和相关监管机构沟通项目情况，争取支持。2014年5月中旬，胡浩率团出访土耳其。在访土期间分别会见了土耳其副总理阿里·巴巴詹先生，土耳其财政部部长穆罕默德·西姆塞克（Mehmet Simsek）先生，以及土耳其银行监理署和土耳其资本市场委员会相关负责人。

工商银行团队访土期间，阿里·巴巴詹副总理正在伊斯坦布尔参加政府论坛，在得知工行拜会请求后，特别在论坛所在地伊斯坦布尔瑞士酒店安排会面。会谈中，胡浩向阿里·巴巴詹副总理介绍了工商银行的经营规模、盈利能力、资本充足水平、国际化发展成绩，表示工商银行一直看好土耳其市场，因此通过收购纺织银行进入当地。收购后工商银行将保持银行现有员工队伍的稳定，依托当地员工和纺织银行的本地化经验，在遵守当地监管法规的前提下，增强纺织银行的市场地位，重点面向当地的企业、个人，以及中土贸易投资和社会文化交往等提供良好金融服务，为土耳其经济发展作出应有贡献。

阿里·巴巴詹副总理非常欢迎工商银行进入土耳其，指出近年来中土贸易额持续增长，两国企业之间互动日益密切，两国政府层面及监管机构的合作与往来也越来越频繁。阿里·巴巴詹副总理谈到，2010年，时任总理温家宝访土为促进中土经贸往来做了大量工作，并特别强调希望中土在金融领域加大合作力度。此后，中国财政部、人民银行也与土耳其方面有进一步沟通。2012 年，时任国家副主席习近平访土期间也就中土经贸往来做了深入讨论，并再次希望中土加强金融合作。2013 年，阿里·巴巴詹副总理与李克强总理在大连夏季达沃斯年会期间会面，中土金融服务合作是讨论的重点话题之一。由此可见，中土两国高层都希望在金融领域进一步加强合作。

阿里·巴巴詹副总理指出，本次收购将由土耳其监管机构独立审批。土耳其政府对工商银行通过收购进入当地的态度是正面的。土耳其市场欢迎外资进入，对所有国际投资者待遇相同，没有任何歧视。土耳其政府支持中国的银行在土耳其开展更多的业务和市场活动。阿里·巴巴詹副总理还表示，未来工商银行会越来越认识到土耳其的地缘优势和区域经济金融优势，可能会考虑把土耳其作为中东欧地区业务中心。

在拜会阿里·巴巴詹副总理后，工商银行团队又立即飞赴土耳其首都安卡拉，拜会了土耳其财政部部长穆罕默德·西姆塞克先生，以及土耳其银行监理署和土耳其资本市场委员会负责人。土耳其政要和监管机构负责人均表示对工商银行进入土耳其将给予支持。其中，土耳其财政部部长表示，对像工商银行这样的国际金融机构参与土耳其银行体系欢迎之至。目前中土经贸往来蒸蒸日上，中国已成为土耳其第三大贸易伙伴，主要贸易额来自中国向土耳其的出口，因此他本人很欣慰地看到中国的银行在土耳其投资。他还建议，纺织银行对于工商银行来说是一家小银行，后续工商银行可考虑扩大投资，进一步发展业务，做大资产规模，获得规模经济效应，分享土耳其经济金融发展成果。

时任土耳其银行监理署主席穆基姆·奥兹特金（Mukim Oztekin）先生也认为，工商银行通过收购方式进入土耳其市场是非常明智的选择。从资产、盈利、资本等角度看，工商银行是世界上最大的银行，这对当地市场、纺织银行以及当地员工都具有重要意义。相对而言，纺织银行是一家中小银行，希望其通过和工商银行联姻，利用工商银行的平台和资源，在土耳其进一步拓展分支网络，提升 IT 系统运营能力，大力发展业务，增强全面服务能力。

工商银行通过本次高层出访进一步明确了土耳其政府部门及监管机构对工商银行收购项目的支持态度，为后续交易顺利获得中国和土耳其监管机构的批准打下了良好的基础。2015 年 3 月和 4 月初，本次交易分别获得了中国和土耳其监管机构的批准，交易的重大先决条件满足。

项目组入驻，监控银行运营

2014 年 6 月，战投部陪同即将派驻土耳其纺织银行的中方项目筹备组负责人赴纺织银行考察。到达后，筹备组已经为项目组准备好了办公室、电话等设备，各方面都很配合，一改当初谈判的僵硬与强势，已经完全是利益共同体的一家人。筹备组组长、副组长等都是未来土耳其子行的高管成员，有在巴基斯坦、阿拉木图等境外分支机构或者总行归口管理境外机构的国际业务部门的任职经历，国际化经验较为丰富。项目组用英语可以和纺织银行的管理层顺畅交流，但也有部分纺织银行中层以下员工工作语言以土耳其语为主，英语不太流畅。有个筹备组领导长期在新疆工作，会说维吾尔语，据说和土耳其语较为相近，可以和当地员工进行日常交流，拉近了双方距离。筹备组还聘用了一个华人帅小伙，曾是土耳其青年乒乓球冠军，作为土耳其语翻译。所以，在国际化的过程中，有时候英文不见得能"吃遍天"，选拔、培养懂当地语言、文化风俗的中资银行管理者的确是中资银行国际化过程中面临的一大挑战。

2014 年 9 月，筹备组首批人员正式进驻纺织银行。按照前期安排，筹备组的主要职责包括几个方面：第一，股份买卖协议中约定了执行委员会机制，安排在签约后，由 3 名工商银行代表与 3 名卖方代表组成过渡期执行委员会，其中至少 1 名工商银行代表列席纺织银行董事会和各管理委员会会议，全面了解银行的经营管理。第二，项目团队深入纺织银行各部门，主动进行沟通交流，监测纺织银行重大经营和风险事项。第三，推动提名新董事会和高管层、银行更名等交割事宜。第四，积极了解市场，走访客户，加强客户和业务资源储备。第五，针对当地市场特点，编制了纺织银行交割后的战略目标、战略规划及"一行一策"方案。

同时，工商银行总行战投部的并购团队作为坚实的后盾，与前方筹备组密切配合，共同推进监管审批、准备交割事宜。并购团队主要负责衔接总行和中介机构，筹备组主要负责联系纺织银行和当地机构。由于有时差，并购团队的同事们经常快下班的时候开始多方电话会，一开就是几个小时。有次纺织银行在土耳其时间晚上 7 点（北京时间晚上 12 点）接到并购团队的电话，他们感觉不可思议，对工商银行的敬业精神由衷佩服，这大概又是一个文化差异的体现。随着交割清单上"已完成"的项目越来越多，交割日逐渐临近了。

工银土耳其扬帆起航

2015 年 5 月 22 日，董事会秘书胡浩带领工商银行交割团队与土耳其 GSD 控股公司董事长伊尔玛兹先生在伊斯坦布尔马斯拉克（Maslak）广场纺织银行总部大楼进行了股权资金和法律文件交割。按照交易协议约定，工商银行向 GSD 控股公司支付约 2.3 亿美元基础交易对价，另向双方开立于纽约梅隆银行的托管账户支付交割 1 年后再行释放的 1000 万美元托管款。与此同时，GSD 控股公司将其持有的纺织银行

开业仪式上我介绍工银土耳其管理团队

我与时任土耳其副总理阿里·巴巴詹先生

75.5% 的股份划转至工商银行的证券账户。在交割当天，召开了特别股东大会和董事会，会上接受了公司全部董事辞呈，并任命工商银行提名的候选人担任子行董事。至此，工商银行正式接管纺织银行并成为其控股股东，工银土耳其也成为中资银行在土耳其设立的第一家营业性机构。

5 月 25 日，我拜会了土耳其总统埃尔多安，总统表示对工商银行进入土耳其非常欢迎，对未来中土两国经济金融贸易合作发展充满信心。当日晚 8 时，在伊斯坦布尔历史悠久的契拉昂宫酒店大会议厅，我与时任土耳其副总理阿里·巴巴詹先生、伊斯坦布尔省副省长、土耳其银行监理署和土耳其资本市场委员会相关负责人、土耳其前总理梅索特·伊尔玛兹（Mesut Yilmaz）先生、中国驻土耳其使馆郁红阳大使等 500 余名来自中土政商各界的嘉宾齐聚一堂，中国工商银行成功收购土耳其纺织银行的庆典开幕。随着激昂的背景音乐，我首先致辞"中土地处亚洲东西两端，都是历史悠久的文化古国，双边经贸往来源远流长。早在 2000 多年前，举世闻名的丝绸之路就把中土经济联结起来，伊斯坦布尔成为古丝绸之路通往欧洲的门户……土中两国经济金融合作越来越紧密，新收购的纺织银行抓住历史机遇，在服务土耳其经济发展和中土商业往来中实现自身的健康、持续发展，在土中之间架起一座新的金融友谊桥梁！"之后郁红阳大使、阿里·巴巴詹副总理等中土政要先后致辞。我与郁红阳大使和伊斯坦布尔省副省长共同按下揭牌启动按钮，红色舞台背景墙徐徐展开，一个巨大的"工"字行徽从背景墙后推出，各式中土两国的特色图案不断变换投射到"工"字行徽上。在数字灯光的映衬下，"工"字图形时而身披中国青花瓷纹，时而呈现土耳其蓝，镁光灯最终定格在红底白边的标准"工"字图形。此时此刻，契拉昂宫大宴会厅内掌声雷动，这不仅是为这场精彩的庆典喝彩，更是为中国工商银行、中国银行业和强大的中国喝彩。

服务"一带一路"，工商银行在路上

2013 年 9 月和 10 月，习近平主席在出访中亚和东南亚国家期间，先后提出共建"丝绸之路经济带"和"21 世纪海上丝绸之路"的重大倡议。在中国经济进入新常态、国际经济形势发生深刻变化的背景下，推进"一带一路"建设，一方面是中国扩大和深化对外开放，以开放促改革，推动中国经济提质增效升级的需要；另一方面是加强中国与沿线各国（地区）互利合作，使国际社会分享中国经济发展红利，促进世界经济繁荣的需要。金融作为现代经济的核心，资金融通是共建"一带一路"的重要支撑，中国产业资本"走出去"需要中国的商业银行提供全球化的金融服务。

土耳其横跨欧亚大陆，是"一带一路"的重要节点，工银土耳其也将成为工商银行服务"一带一路"建设、国际产能合作、中资企业"走出去"重要一环。交割后，工银土耳其管理层立即投入全面整合工作，明确"立足本地，辐射周边，联通欧亚"的战略定位，从品牌更换、完善内部管理、推动业务发展等着手实施整合，取得了良好的效果。

一是成功实施品牌更换。2015 年 11 月，在完成新公司章程在当地注册后，纺织银行正式更名为工银土耳其，工银土耳其正式启动了全面品牌更换。工银土耳其由徐克恩董事长、高向阳总经理直接指挥，周密部署，确保品牌更换顺利实施。2016 年 1 月，工银土耳其位于伊斯坦布尔、安卡拉、伊兹密尔等地的所有 44 家分行的内外标识、ATM 和网上银行的客户界面、全部业务凭证和宣传资料在同一时间进行了切换变更，并将品牌更换信息第一时间通知现有客户，在品牌更换的同时保证了业务运营平稳过渡。工银土耳其品牌更换完成，在当地市场引起了强烈反响，客户纷纷表示欢迎 ICBC 登陆土耳其市场，期待开展进一步合作。

二是推进营销管理机制改革。按照总行分层营销管理架构，将工银土耳其主要依靠分行营销机制改为总部直接营销与分行中小客户营销相结合的分层营销模式，即总部前台部门负责跨境客户、本地大型客户和大型项目直接营销，分行主要负责中小客户和个人客户营销。此外，开展"名单制"营销，引入总行"名单制"的营销管理经验，要求工银土耳其前台分行营销部门深入挖掘中资"走出去"客户、当地 100 强客户及本地行业领先客户清单，明确"名单制"客户拓户推进要求、时限和负责人，迅速优化客户结构，壮大客户基础。

三是完善公司治理，提高决策效率。根据总行对境外机构管理整体要求，更新、完善了子行公司治理、组织架构管理的相关制度、流程。交割后，工银土耳其成立了信用委员会，负责子行信贷业务审批；新成立了跨境业务部、办公室和董事会秘书处，厘清了前台、中后台部门的职责和工作汇报路线，规范了子行决策程序，提高了子行决策效率。

另外，根据土耳其监管的规定，由于纺织银行是上市银行，工商银行收购纺织银行控股权将触发针对剩余流通股东的强制要约收购。在获得必要的境内外监管批准后，工商银行于 2015 年 7 月 20 日至 8 月 14 日向纺织银行的剩余股东发起了要约收购，要约期结束后工商银行在纺织银行的持股比例从 75.5% 增至 92.82%。至此，工商银行成功完成了对工银土耳其的大比例控股。

自 2015 年 5 月完成并购交割之后，截至 2016 年 6 月末，在交割后短短一年内，工银土耳其的总资产较交割日增长 105%，达 24.3 亿美元；贷款余额增长近 70%；盈利能力也显著增强，营业收入同比增长 38%，净利润同比也大幅增加。工银土耳其的稳健经营也得到了评级机构、同业、客户和市场的广泛认可。惠誉将工银土耳其的长期外币发行人违约评级从交割前的 B + 级上调至 BBB 级，该评级甚至高于土耳其政府的长期外币发行人违约评级（BBB – 级）。作为土耳其首家中资营业性金融机构，工银土耳其的收购交易被视为中土金融合作的典范。截至 2019 年末，工银土耳其资产更是实现 3.9 倍增长，ROA 和 ROE 分别达到 0.9% 和 16.9%，高于同业的平均水平。不良贷款从 6.5% 降至 0.5%，大幅领先同业。这家昔日土耳其的小银行，也是不良贷款率甚高的银行，2018 年被当地评为土耳其唯一的"年度国家银行"和"最佳投资银行"。在 2019 年又被英国《银行家》杂志评为"土耳其最佳商业银行"和"土耳其最佳投资银行"。

包括收购土耳其纺织银行在内的 16 次并购，工商银行过往的经验和教训弥足珍贵，展望未来，前景更加广阔。在这一重要的历史关口，需要更准确判断未来全球经济金融形势和银行业的发展方向，充分利用当前内外部各种有利因素，不断提升竞争实力，推动国际化经营纵深发展，既将自身发展为具有较强竞争力的跨国银行，也更好地服务中国在新常态下的可持续发展和经济的全球化进程。